Gerard Hughes

In Gottes Lachen einstimmen

Gerard
Hughes

In Gottes Lachen einstimmen

Wege zur inneren Freiheit

echter

Aus dem Englischen übersetzt von Matthias Wörther
Titel der Originalausgabe:
God of Surprises
Darton, Longman and Todd Ltd
London 1985, 1996

*In Dankbarkeit allen gewidmet,
die mich auf dem inneren Weg
begleitet haben*

Die Deutsche Bibliothek – CIP-Einheitsaufnahme

Hughes, Gerard:
In Gottes Lachen einstimmen : Wege zur inneren Freiheit /
Gerard Hughes. [Aus dem Engl. übers. von Matthias Wörther]. –
Würzburg : Echter, 1998
Einheitssacht.: God of surprises <dt.>
ISBN 3-429-02062-X

Umschlag: Uwe Jonath
(Photo: Superbild. Internationales Bildarchiv)
Gesamtherstellung: Echter Würzburg
Fränkische Gesellschaftsdruckerei und Verlag GmbH
ISBN 3-429-02062-X

Inhalt

Vorwort zur ersten Auflage

Vor neun Jahren habe ich ein Buch mit dem Titel »In Search of a Way« geschrieben, das zwei Reisen schildert: eine Wanderung über 1800 Kilometer von London nach Rom, und jene, auf der wir uns alle befinden. Sie hat mit unserer Empfängnis begonnen und wird mit unserem Tod enden. Das vorliegende Buch ist ein Ratgeber für jene zweite Reise, auf der wir uns alle befinden. Es ist ganz besonders für jene irritierten, verwirrten oder enttäuschten Christen geschrieben, die in einer Haßliebe mit der Kirche verbunden sind, der sie angehören oder einmal angehört haben.

Ich bin Katholik, Priester und Jesuit. Viele Leute glauben immer noch, daß katholische Priester, und ganz besonders die Jesuiten unter ihnen, niemals unter Irritationen, Verwirrungen oder Enttäuschungen leiden. Ich schon.

Lange Zeit war ich der Meinung, solche negativen Gefühle seien Anzeichen des Versagens und ich müßte gegen sie angehen oder sie wenigstens ignorieren, wenn ich Ordenspriester bleiben wollte. Heute weiß ich, wie falsch diese Meinung war, denn Gott ist ein Gott der Überraschungen, der in der Dunkelheit und Tristesse der Welt unsere falschen Vorstellungen und vermeintlichen Sicherheiten zerstört. Bricht Gott so in unsere Welt ein, glauben wir, uns selbst zu verlieren. Wir gleichen dann aber dem Weizenkorn: Wenn es nicht stirbt, um neues Leben hervorzubringen, bleibt es allein und vertrocknet.

Weil der Gott der Überraschungen so schmerzhaft in mein Leben eingebrochen war, bekamen manche Aussagen des christlichen Glaubens, die mir so vertraut waren, daß sie mich langweilten, einen neuen Sinn. Indem Gott das Gespinst um unseren verschlossenen Geist zerreißt, tritt er in ihn ein. Er ist nicht länger weit weg und irgendwo »da draußen« oder hält sich nur in Tabernakeln und steinernen Gotteshäusern auf, sondern wir lernen ihn kennen, wie er über unsere Verwirrung lächelt, uns zunickt und sich in unseren Fehlschlägen und Enttäuschungen als unsere einzige Zuflucht, unser Felsen und unsere Stärke offenbart.

Der menschliche Geist und das menschliche Bewußtsein sind sehr vielschichtig. Es stellt sich am Anfang immer als Bedrohung dar, wenn wir auf eine unbekannte Schicht stoßen, weil wir von Natur aus fürchten, was wir nicht kennen. Der Gott, der uns zu sich ruft, ist der Grund und Fels unserer Existenz. Unser Weg durch die Schichten des Bewußtseins wird immer von einem gewissen Maß an Unsicherheit, Schmerz und Verwirrung begleitet sein. Diese negativen Gefühle kann man als leichte Rippenstöße Gottes betrachten. Das Leben meint es gut mit uns, und Gott wirkt in den Tatsachen des Lebens.

Jesus sagt: »Mit dem Himmelreich ist es wie mit einem Schatz, der in einem Acker vergraben war. Ein Mann entdeckte ihn, grub ihn aber wieder ein. Und in seiner Freude verkaufte er alles, was er besaß, und kaufte den Acker« (Mt 13, 44).

Dieses Buch verfolgt nur eine Absicht: Es möchte ein paar Möglichkeiten aufzeigen, wie man den verborgenen Schatz dort finden kann, wo man am wenigstens nach ihm suchen würde: in uns selbst.

Die meisten Reiseführer sind wenig aussagekräftig, solange wir die Kunstwerke oder Sehenswürdigkeiten, die beschrieben sind, nicht direkt vor Augen haben. Oft sind sie auch mühsam zu lesen. Dieser Reiseführer für den inneren Weg bildet keine Ausnahme. Am Ende jedes Kapitels finden sich Übungen, so daß sich die Leserinnen und Leser von sich aus auf den Weg machen können. Was man selbst entdeckt, hat mehr Gewicht und ist wertvoller als alles, was ich geschrieben habe. Deshalb bietet das Buch keine ins einzelne gehenden Anweisungen, sondern beschränkt sich darauf, Wegweiser aufzustellen.

Der innere Weg ist nicht gradlinig. Die Reiseroute führt quer durch die Schichten unseres Bewußtseins. Wenn man auf einer Ebene seines Bewußtseins glaubt, sich auf den Gott der Überraschungen zuzubewegen, erkennt man unter Umständen auf einer tieferen Ebene, daß man nur die ersten Schritte gemacht hat und den Reiseführer erneut zu Rate ziehen muß. Einige Leser, die mit dem inneren Weg vertraut sind, werden an bestimmten Wegabschnitten mehr Interesse haben als an anderen. Ich stelle deshalb eine Wegübersicht zusammen, die sich des Gleichnisses vom Schatz im Acker bedient.

Kapitel 1 belegt anhand von Beispielen die Tatsache, daß sich der Schatz in uns selbst befindet.

Kapitel 2 beschreibt die Stationen auf dem Weg, der uns zum Acker führt, in dem der Schatz verborgen liegt.

Kapitel 3 schildert den Acker, in dem der Schatz verborgen liegt, aber der Acker erweist sich als Dschungel. Er ist von wilden Tieren und Ungeheuern bewohnt, die sich als Gott maskieren.

Kapitel 4 gibt Hinweise darauf, wie man Pfade entdecken kann, die durch den Dschungel zum Schatz führen. Es geht um einige Formen des Gebets.

Kapitel 5 zeigt, daß wir unsere Reise nicht nur im Kopf und mit dem religiösen Teil unseres Ichs machen, sondern daß sie unsere ganze Existenz betrifft und alle Dimensionen des Lebens berührt: unsere Beziehungen zu anderen Menschen, das Verhältnis zu unserem Körper, unsere Haltung gegenüber Reichtum, Ansehen und Macht, aber auch unsere Stellung zu den wirtschaftlichen, sozialen und politischen Strukturen, in denen wir leben. In diesem Kapitel wird die Lage des Schatzes genauer beschrieben.

Aber wie fängt man überhaupt damit an, nach dem Schatz zu graben und die Oberfläche zu durchstoßen? Davon handelt das 6. Kapitel. Es ist ein Kommentar zu den Worten Jesu: »Kehrt um, und glaubt an die frohe Botschaft!« (Mk 1, 15).

Kapitel 7 erteilt praktische Ratschläge, wie man die Oberfläche durchstoßen kann.
Kapitel 8: Menschen, die nach dem Schatz graben wollen, lassen sich oft entmutigen, wenn sie entdecken, daß die Oberfläche härter und dicker ist, als sie erwarteten, und sie selbst schwächer und hilfloser sind, als sie es vermuteten. Das Kapitel setzt sich mit diesen Schwierigkeiten auseinander und macht Vorschläge, wie man sie bewältigen kann.
Kapitel 9 handelt davon, wie man den Schatz erkennt, wenn man ihn findet. Der Schatz heißt Christus. Die Juden erkannten ihn nicht. Auch wir erkennen ihn noch nicht, eine Tatsache, die durch den fiktiven Brief eines Gemeindepfarrers illustriert wird, der sich über das subversive Verhalten eines seiner Gemeindemitglieder beschwert.
In Kapitel 10 geht es um die Öffnung der Schatzkiste, also darum, wie man Christus kennenlernen kann. Das Kapitel beschreibt grundlegende Verhaltensmuster im Leben Jesu, die in den Evangelien sichtbar werden. Sie besitzen auch für uns Bedeutung.
Kapitel 11 zeigt, wie man Leiden, Tod und Auferstehung Jesu in den Sorgen und Freuden unseres eigenen Lebens erkennen kann.
Kapitel 12: Die Entscheidungen, die wir im alltäglichen Leben treffen, bestimmen darüber, ob wir uns dem Acker nähern und ob wir tatsächlich in Richtung des Schatzes graben. Das Kapitel ist keine Abhandlung über die Kunst der Entscheidungsfindung, sondern enthält einige grundlegende Richtlinien, wie man als einzelner oder in der Gruppe Entscheidungen herbeiführt.
Kapitel 13 behandelt die Angst vor einem Atomkrieg – eine Angst, die uns alle beherrscht – im Licht der Aussagen des Buches.

Ich widme dieses Buch in Dankbarkeit allen, die mich auf dem inneren Weg begleitet haben. Indem sie mir ihre eigenen inneren Erfahrungen mitteilten, wurden sie zu meinen

Lehrmeistern. Schließlich danke ich der Gesellschaft Jesu, die mich in die Exerzitien des heiligen Ignatius einführte und durch sie geleitete. Der Einfluß der »Geistlichen Übungen« ist in jeder Zeile des Buches spürbar. Ich danke Pater Jock Earle, meinem Provinzial, der mir die Zeit gab, es zu schreiben.

Gerard W. Hughes

Aus dem Vorwort zur zweiten Auflage (1995)

Die Aufnahme, die das Buch gefunden hat, seine hohen Verkaufszahlen, die Übersetzungen in andere Sprachen einschließlich des Angebots einer Übersetzung ins Chinesische waren eine große und freudige Überraschung. Am meisten aber ermutigten mich die Briefe von Menschen jeden Alters, verschiedener Nationalität und aus sehr unterschiedlichen Sektoren des religiösen, politischen, sozialen und kulturellen Spektrums. Sie bestärkten mich, weil sie die Wahrheit unterstrichen, daß wir die Einheit in Gott nicht herstellen müssen, sondern daß wir sie nur zu entdecken brauchen. Viele Menschen haben mir geschrieben, daß ihnen die Übungsvorschläge am Ende jedes Kapitels geholfen haben, zufriedener mit sich zu werden und eine größere Offenheit und Toleranz in ihren Beziehungen zu andern zu entwickeln.

In den zehn Jahren seit der Veröffentlichung des Buches haben alle meine Erfahrungen diese Wahrheit bestätigt: Gott wirkt in allen Dingen, er ist gegenwärtig in jedem Ereignis und in jeder Person, gleichgültig ob sie einer Religion angehört oder nicht. Obwohl ich von einem Gott der Überraschungen schrieb, hätte ich mir, wie die meisten anderen Leute auch, niemals träumen lassen, daß im Lauf weniger Jahre schriftstellerischer Tätigkeit die Sowjetunion auseinanderbrechen, Nelson Mandela zum Präsidenten der Republik Südafrika werden und im Libanon Frieden herrschen würde, daß Friedensvereinbarungen zwischen Israelis und Palästinensern zustande kommen, die Philippinen einen unblutigen Staatsstreich erleben, Verhandlungen zwischen England und Irland zu einem Waffenstillstand führen und daß schließlich sogar die Cruise Missiles aus Greenham Common und Molesworth verschwunden sein

würden, wodurch sich die unmittelbare Gefahr eines nuklearen Konfliktes verminderte.
Trotzdem habe ich in der vorliegenden Neuauflage das letzte Kapitel – »Das Tal spricht – Gott und die atomare Bedrohung« nicht verändert, denn, wie ich damals schrieb, »es ist äußerst unwahrscheinlich, aber nehmen wir einmal an, wir könnten uns mit Hilfe der Atomwaffen von der sowjetischen Bedrohung befreien. Wie lange würde es dauern, bis wir einen anderen Feind gefunden hätten? Wir würden einen neuen Anlaß für einen Kalten Krieg finden, wiederum aufrüsten und unsere Politik mit der altvertrauten Lügenpropaganda rechtfertigen. Bevor wir uns dem wirklichen Feind nicht gestellt haben, ist früher oder später mit dem Holocaust zu rechnen.« Der wirkliche Feind ist in uns selbst. Er zeigt sich in unserer individuellen wie kollektiven Flucht vor dem Gott des Mitleids in die Sicherheiten der Götzen Reichtum, Macht und Statusdenken.
C.G.Jung schrieb einmal, er könne nicht für andere definieren, wer Gott sei. Seine Arbeit beweise jedoch empirisch, daß das Denkmuster Gott in jedem existiere und daß dieses Muster über die größten Energien für die Transformation und Transfiguration unseres natürlichen Seins verfüge. Der Schatz liegt in jedem von uns verborgen. Die Gottesherrschaft wirkt in uns, wie es die Hefe im Teig tut. Wir können diese Hefe wegschließen und auf einem Regalbrett unseres Bewußtseins einlagern oder sie in das Durcheinander der Ereignisse unseres Lebensalltags hineinkneten, damit ihre verwandelnde Kraft Wirkung zeigt. Jeder grundlegende Wandel beginnt im Inneren jedes einzelnen, oder er findet überhaupt nicht statt.
Ich würde gerne mit einer verheißungsvollen Bemerkung schließen und meinen Lesern und Leserinnen versichern, daß sie nach der Lektüre dieses Buches aller ihrer Sorgen ledig sind oder daß das Streben nach einem geistlichen Leben die Antwort auf alle Probleme der Welt ist. Aber die

Wahrheit ist nicht so einfach. Gott ist ein beunruhigender Gott. In jeder Form von Religion und Spiritualität gibt es immer die Versuchung, Gott anzupassen. Man erschafft sich einen Gott, der uns selbst, unsere Freunde und unser Land begünstigt und der unsere Feinde vernichtet. Aber Gott ist der Gott, der sich seiner Schöpfung erbarmt und dessen lebensspendender Geist in allem wirkt. Er ist der Gott, der alle bequemen Vorurteile und falschen Gewißheiten in uns zerstört, gleichgültig ob sie religiöser oder profaner Herkunft sind. Das tut uns sehr weh, aber es ist der Schmerz einer Neugeburt.

»Gott ist mir näher, als ich mir selbst es bin«, sagt Augustinus. Deshalb kann ich mit der zuversichtlichen Bemerkung schließen, daß Gott in allen Dingen und in jedem Menschen lebendig ist. Der beste Ratschlag, den ich geben kann, lautet: Lassen Sie Gott den Gott der Barmherzigkeit sein, für Sie selbst und durch Sie für andere.

Gerard W. Hughes

1. Wo dein Schatz verborgen liegt

...denn ich grüß ihn, den Tag, wo ich ihm begegne, und segne, wenn ich begreife.
(G. M. Hopkins, »Der Schiffbruch der Deutschland«)

Der Schatz liegt in uns verborgen. In diesem Kapitel führe ich das Beispiel eines Menschen an, der den Schatz in seinem Inneren zu entdecken begann. Ich nenne aber auch einige Beispiele, wo Menschen den Schatz besaßen, ihn aber nicht erkannten. An diese Beispiele schließt sich eine genauere Betrachtung der chaotischen Komplexität des inneren Lebens an. Das innere Leben läßt sich nicht ignorieren, es beeinflußt jeden Aspekt unseres individuellen und sozialen Lebens.

Der Jesuitenorden wurde im 16. Jahrhundert von einem baskischen Adligen namens Iñigo von Loyola gegründet, später bekannt als Ignatius von Loyola. Iñigo wuchs am spanischen Hof auf und war Ende Zwanzig ein wilder, vitaler, eitler, ehrgeiziger, lüsterner, risikofreudiger und wagemutiger Mensch von einer aggressiven Rechtgläubigkeit. Noch nach seiner Konversion wollte er einen Mauren töten, der beiläufig in einem Gespräch die Jungfräulichkeit Marias in Zweifel gezogen hatte. Zum Glück für den Mauren überließ Iñigo die Entscheidung seinem Maultier, das eine bessere Unterscheidungsgabe besaß als sein Herr. Es zog einen anderen Weg vor, und der Maure blieb am Leben. Im Jahr 1521 befand sich Iñigo unter den Verteidigern der Stadt Pamplona, die von zahlenmäßig weit überlegenen französischen Truppen angegriffen wurde. Der Kommandant wollte die Festung übergeben, aber Iñigo beharrte darauf, weiterzukämpfen, bis ihn eine Kanonenkugel traf und schwer verletzte. Die siegreichen Franzosen behandelten den verwundeten Gefangenen so gut sie konnten und schickten ihn zur Genesung zurück nach Loyola. Monatelang hatte er große Schmerzen und vertrieb sich die Zeit mit Tagträumen, die drei und vier Stunden dauern konnten. Er stellte sich die Heldentaten vor, die er vollbringen würde, wenn er wieder gesund wäre, und die vornehme Dame, deren Liebe er erringen könnte – aber die Tage waren lang. Iñigo bat darum, daß man ihm Romane zu lesen gebe, um Ablenkung zu finden. Doch in Loyola gab es keine Romane, so daß er sich mit der »Vita Christi« des Kartäusers Ludolf von Sachsen und einer Sammlung von Heiligenviten zufriedengeben mußte. Während er diese Bücher las, überließ er sich einer zweiten Art von Tagträumen. Iñigo stellte sich nun vor, er würde die Heiligen in ihrer Askese übertreffen. Einer der Heiligen, der angeblich nur von Kräutern, frischer Luft und Gebet zu leben vermochte, faszinierte ihn besonders. Iñigo sagte sich: »Wenn andere das können, dann kann ich es auch. Wenn es Dominikus und Franziskus konnten, dann kann ich es auch.«

Wochenlang wechselte er zwischen diesen beiden Formen von Tagträumen hin und her, bis ihm plötzlich etwas deutlich wurde, was nicht nur sein eigenes, sondern auch das Leben von Millionen anderer Menschen ändern sollte:

Während der Träume empfand er beide Arten als angenehm, aber hinterher stellte er fest, daß er sich, wenn er von seinen großartigen Taten und von der Dame, deren Liebe er erringen würde, geträumt hatte, gelangweilt, leer und traurig fühlte. Hatte er jedoch davon geträumt, die Heiligen zu übertreffen, fühlte er sich glücklich, voller Hoffnung und ermutigt. Er dachte über diese Diskrepanz nach und lernte so seine erste Lektion in der Kunst dessen, was er später die ›Unterscheidung der Geister‹ nennen sollte. Ich möchte sie die ›Unterscheidung zwischen unseren schöpferischen und zerstörerischen inneren Stimmungen und Gefühlen‹ nennen.

Dieses Detail aus Iñigos Biographie liefert eine erste Antwort auf die Frage: »Wo finden wir unseren Schatz?« Er

liegt in unseren inneren Stimmungen und Gefühlen verborgen.
Bevor Sie weiterlesen, sollten Sie einmal versuchsweise die eigenen Tagträume betrachten und sich fragen: Wie fühle ich mich, wenn sie vorbei sind? Gelangweilt und leer oder hoffnungsvoll und ermutigt? Allerdings sollten Sie jetzt noch nicht versuchen, diese Beobachtungen zu analysieren. Es genügt, die Nachwirkungen der eigenen Tagträume einfach festzuhalten.
In den folgenden Beispielen möchte ich Menschen vorstellen, die über einen großen inneren Reichtum verfügen und ihn sehen, aber nicht in seinem Wert erkennen können. Zum Beispiel Jock, ein Schotte. Jock, sandfarbenes Haar, Sommersprossen, war groß und schweigsam. Von Beruf Raumgestalter, hatte er im Augenblick keine Arbeit. Ich besuchte Freunde, die ein Zimmer herrichten ließen, und Jock half einen Tag lang aus. Er arbeitete wie ein Mönch, der ein Schweigegelübde abgelegt hat. Seine Gesprächsbeiträge beschränkten sich auf ein gelegentliches »Ja« oder »Mhhm«. Bevor er mit uns aß, verschwand er auf ein Bier oder zwei und trank dann Wein zum Essen. Trotzdem verharrte er in seiner inneren Klausur, seine »Jas« und »Mhhmms« gelegentlich mit »Tjas« ergänzend. Gegen Ende des Essens sprachen wir über Nordwales, wo ich damals arbeitete. Jock schaute mit unverkennbarem Interesse von seinem Teller hoch und fing an zu reden.
»Also«, sagte er, »ich bin diesen Sommer in Wales gewesen. Das war mein erster Urlaub, den ich nicht zu Hause verbrachte.« Ich kann mich nicht mehr an alle Einzelheiten erinnern, denn es war eine lange Geschichte. Entweder war er gerade von seiner Freundin sitzengelassen worden und versuchte sie in Nordwales wiederzufinden, oder er wollte weg, um alles zu vergessen. Jedenfalls meinte er dann: »Wissen Sie, was ich dort gemacht habe? Ich bin in den öden Moorlandschaften spazierengegangen. Meine Kumpel werden mich für verrückt gehalten haben, aber ich war

glücklich. Ich ging an die Steilküste und saß einfach nur da. Das Meer war unglaublich groß, und ich fühlte mich sehr klein, aber ich war glücklich. Bescheuert, oder? Meinen Kumpels kann ich das nicht erzählen, die halten mich für nicht richtig im Kopf.«

Jock verfügte über eine natürliche Fähigkeit: zu staunen. Angesichts der Schöpfung wurde er sich seiner Winzigkeit bewußt, was ihn nicht entsetzte, sondern glücklich machte. Das Staunen ist der Anfang der Weisheit, und das Glück, das er verspürte, war ein Vorgeschmack der von Freude erfüllten Demut, die darin besteht, unsere Bedeutungslosigkeit und Abhängigkeit einfach anzunehmen. Er verlor sich ganz im weiten Blick von der Höhe der Felsen, ohne diesen Eindruck verändern oder überformen zu wollen. Er besaß also in Ansätzen die Gabe der Kontemplation, aber die übertriebene Abhängigkeit von der Meinung seiner Kumpel würde die weitere Entwicklung seiner Gabe wahrscheinlich ersticken. Jock hielt sich nicht für einen religiösen oder spirituellen Menschen. Er nahm die Freude wahr, die ihm aus seiner Gabe zu staunen und zu betrachten zufloß, aber er verstand sie nicht als Geschenk, sondern schämte sich dafür. Es war also unwahrscheinlich, daß er sie kultivieren und sich von ihr zu einem reicheren Leben führen lassen würde.

Jane hatte vor, im Rahmen ihres Sprachstudiums für ein Jahr nach Spanien zu gehen. Als sie mich besuchte, war sie sichtlich durcheinander. Auf meine Frage, was denn nicht in Ordnung sei, meinte sie, sie fühle sich schlecht, weil die Aussicht auf ein Jahr Spanien sie so glücklich mache. Ich war verblüfft, aber da ich vor kurzem einen Kurs über Beratungsgespräche mitgemacht hatte, wiederholte ich ihre Aussage, wie ich es gelernt hatte: »Die Vorfreude auf ein Jahr Spanien beunruhigt dich also?« »Ja«, antwortete sie, »aber vor allem irritiert mich, warum ich glücklich bin: In Spanien muß ich nicht länger die Katholikin spielen, und wenn ich am Sonntag nicht in die Kirche gehe, verärgere ich meine Eltern nicht und es gibt keinen Streit zu Hause.« »Also gehst du nur deshalb weiterhin zur Messe und gibst vor, eine Katholikin zu sein, weil du Ärger mit deinen Eltern vermeiden willst?« »Und mit den Verwandten und einigen katholischen Freunden«, fügte sie hinzu. Ich fragte sie, was sie nach ihrem Abschluß machen wolle, und sie antwortete, sie gehe nach Peru, um dort zu unterrichten. Nach Peru wollte sie, weil sie einiges über das Land gelesen und eine Reihe von Dokumentarfilmen gesehen hatte. Sie wußte, daß dort große Armut herrschte und die Kinder der Bauern kaum Gelegenheit hatten, etwas zu lernen. »Ich habe so viel geschenkt bekommen«, sagte sie, »daß ich etwas von dem, was ich bekommen habe, mit denen teilen möchte, die wenig oder nichts haben.« »Hast du je daran gedacht, daß du eine Berufung von Gott haben könntest?« fragte ich. Sie entgegnete mir, ich solle nicht albern sein. Jane war der festen Überzeugung, daß das, was sie verspürte, nichts mit Religiosität zu tun hatte. Religion hieß für sie, die Sonntagsmesse zu besuchen und die übrigen Kirchengebote zu halten. Religiös oder spirituell sein bedeutete für sie, die Lehren der Kirche zu verstehen und anzuerkennen. Die Messe war für sie eine langweilige und nichtssagende Angelegenheit, und die kirchlichen Lehren stellten ihrer Meinung nach Aussagen über eine Wirklichkeit dar, die keinen Sinn für sie besaß. Sie wollte das alles loswerden und endlich leben, aber sie besaß noch nicht genug innere Stärke, um ihren Überzeugungen zu folgen. Sie meinte, ungläubig und ohne Spiritualität zu sein, aber was sie in erster Linie bewegte war Mitgefühl. Sie wollte teilen, was ihr geschenkt worden war, und aus Dankbarkeit dafür wollte sie anderen dienen. Ihr Wunsch, Mitgefühl zu zeigen, zu teilen und zu dienen, erinnerte an die Charakterisierung, die Paulus von Christus gab. Christus hielt nicht daran fest »wie Gott zu sein, sondern er entäußerte sich und wurde wie ein Sklave und den Menschen gleich« (Phil

2, 6f.). Jane besaß mehr, wofür sie dankbar sein konnte, als ihr bewußt war, doch ihre Auffassung von Gott, Kirche und Religion führte dazu, daß sie sich selbst als ungläubig und kirchenfern betrachtete.

Vor kurzem hielt ich an mehreren Wochenenden Kurse mit einer Gruppe geschiedener und getrennt lebender Katholiken. Ich hatte diese Gruppe ermutigt, über ihre Scheidungserfahrungen bzw. die Erfahrungen des Getrenntlebens zu sprechen. Am ersten Wochenende war ich wegen der Intensität der Gefühlsäußerungen in der Gruppe sehr nervös. Einige wüteten gegen ihre früheren Partner und gegen die Kirche, die sie nun für den Rest ihres Lebens zu einem erzwungenen Zölibat verurteilte oder sie im Falle einer Wiederverheiratung vom Empfang der kirchlichen Sakramente ausschließen würde. Andere waren so sehr in ihren Selbstzweifeln gefangen, daß sie gegen nichts und niemanden mehr wütend sein konnten. Sie hatten geliebt, aber ihre Liebe war verwelkt. Sie hatten einander vertraut und ihr Vertrauen war enttäuscht worden. Sie hatten den schlimmsten Zustand überhaupt erreicht und sahen sich mit ihrer eigenen Leere und Nichtigkeit konfrontiert. Sie standen an der Schwelle der Verzweiflung, von wo es nur noch ein Schritt bis zum Selbstmord ist. Sie glaubten, Versager zu sein, und schon der bloße Versuch zu beten schien ihnen zwecklos, denn sie hatten gegenüber sich selbst, gegenüber ihren Partnern und erst recht gegenüber Gott versagt. Was sie als Religiosität kennengelernt hatten, befähigte sie nicht, ihr Leid zu verstehen und dadurch zu wachsen, sondern verstärkte den Schmerz, die Schuldgefühle und die Überzeugung, von allen zurückgewiesen zu werden. In ihrem religiösen Leben wurde statt dessen betont, daß sie nicht nur ihre Partner verloren und ihre Familie zerstört hatten, sondern auch in einem Zustand der Entfremdung von Gott lebten.
Ich wußte, daß ich ihnen keine Antworten geben konnte,

aber sie halfen sich gegenseitig. Oft waren gerade diejenigen, die es am härtesten getroffen hatte, die größte Hilfe. Keiner verurteilte den anderen, und niemand wurde ausgeschlossen. Es gab keine Intoleranz und keine moralischen Zeigefinger, sondern man setzte sich einfach dem Schmerz aus und ließ den anderen nicht damit allein. Jeder war dem anderen Christus, um in den Worten des Glaubens zu sprechen, und vermittelte dessen Frieden, seine Barmherzigkeit und seine Hoffnung. Aus ihrer Todeserfahrung heraus nahmen sie ein wenig teil am Leben des Auferstandenen, was ihnen Kraft gab, der Zukunft mit Hoffnung entgegenzusehen. Für viele von ihnen waren Gott und Christus jedoch ferne und unwirkliche Gestalten, die nur in ihr Leben traten, um sie zu verdammen und ihre Gefühle der Ausgrenzung zu verstärken.

Vor ein paar Jahren mußte ich regelmäßig von Nordwales nach London fahren und nahm für gewöhnlich Anhalter mit. Ich trug keine klerikale Kleidung und gab auch nicht zu erkennen, daß ich Priester war, es sei denn, ich wurde danach gefragt. Ich versuchte mit denen, die ich mitnahm, über ihr Leben, ihre Hoffnungen und Ziele ins Gespräch zu kommen. Abgesehen von einem Zeugen Jehovas, der mich auf der Fahrt bekehren wollte, kann ich mich an niemanden erinnern, der in irgendeiner Weise religiös orientiert war. Viele waren knapp bei Kasse, aber keiner schien sich um Geld Gedanken zu machen. Sie lehnten das Leistungs- und Konkurrenzdenken ab und suchten etwas, für das zu leben sich lohnte. »Ich möchte für andere da sein«, war eine typische Aussage. Viele Leute schimpfen über den Materialismus und den Mangel an Spiritualität in unserer Zeit, aber der Begriff ›Spiritualität‹ hat eine so enge Bedeutung bekommen, daß wir ihre Existenz nicht erkennen, wenn wir ihr bei uns oder bei anderen begegnen.

Ich habe diese Beispiele angeführt, um den Wert unserer eigenen inneren Erfahrungen zu illustrieren. Sie können uns die Richtung zeigen, in die unser Leben gehen sollte, und uns die Einsicht und die Kraft verleihen, sie auch einzuschlagen. Iñigo reflektierte das, was er erlebt hatte, lernte allmählich, es zu verstehen, und veränderte sein eigenes Leben so, daß er das Leben von Millionen anderer dadurch beeinflußte. Die anderen Menschen, von denen ich erzählt habe, besaßen einen großen inneren Reichtum, ohne seinen Wert zu erkennen. Einige mißdeuteten ihn, aber niemand kam auf den Gedanken, daß die eigenen inneren Erfahrungen irgend etwas mit Gott oder Christus zu tun haben könnten. Aber genau dort begegneten sie Gott.

Jeder von uns besitzt dieses reiche und vielschichtige innere Leben der Gedanken, Erinnerungen, Gefühle und Wünsche. Seine konkrete und einzigartige Gestalt ist das Ergebnis unserer Anlagen und all dessen, was wir getan haben und was uns widerfahren ist. Es gibt keine Erfahrung in unserem Leben, die nicht auf irgendeine Weise in unserem Körper und in unserem Geist ihre Spuren hinterlassen hat. Zwar ist der Großteil der Erfahrungen, die wir machten, so tief in unserer Erinnerung begraben, daß sie für unser Tagesbewußtsein nicht mehr zugänglich sind, aber diese verschütteten Erinnerungen beeinflussen weiterhin unsere Wahrnehmung der Wirklichkeit und bestimmen so die Art und Weise, wie wir handeln und reagieren.

Es ist erstaunlich, daß wir diesem inneren Leben so wenig Aufmerksamkeit schenken, obwohl es der Schlüssel zu unserem Verhalten ist. Wir gleichen Reitern auf wilden Pferden. Sie brechen zur Seite aus, bäumen sich auf und schlagen mit den Hufen. Wir sind ratlos, warum sie sich so aufführen (»Keine Ahnung, was über mich gekommen ist. Ich weiß nicht, warum ich es gemacht habe«), und verwenden unsere gesamte Kraft und unseren Einfallsreichtum auf den Versuch, im Sattel zu bleiben. So werden wir auf unserem mühsamen Weg durch das Leben ständig hin- und hergeworfen. Es würde naheliegen, auf das Pferd einzugehen und es zu beruhigen, aber wir gehören zu einem Schlag von Reitern, denen ein solches Vorgehen bedenklich und unwissenschaftlich vorkäme. Unser Ethos verlangt, daß man das Pferd ignoriert, die Ohren steif hält und weiterreitet. In der Royal Navy, der Marine Englands, so wurde mir erzählt, dürften nur die Matrosen Gefühle zeigen. Offiziere seien darüber erhaben! Aber auch in religiösen Kreisen kann man immer noch den Ratschlag hören: »Gib nichts auf deine Gefühle!«

Unser inneres Leben, das, was unserer Reise das Ziel und die Energie gibt, gleicht diesem Pferd, aber wir neigen dazu, es zu ignorieren, weil das innere Leben nicht in Zentimetern oder anderen Maßeinheiten bestimmt werden kann. Wir gehen davon aus, daß es die Wissenschaft ist, die die Welt bewegt, und nicht die Liebe. Wir haben Ratio und Meßwerte vergöttlicht, aber unsere Natur und die Gefühle unterdrückt. Wie ein vernachlässigtes Kind nehmen die verdrängten Gefühle grausame Rache. Wenn sie nicht anerkannt und eingebunden werden, zerstören sie uns.

Die westliche Medizin, die den Körper lange als einen Mechanismus behandelte, der ohne Bezug auf das innere Leben des Patienten instandgesetzt werden könne, wird sich zunehmend der engen und verwickelten Beziehung zwischen den Erkrankungen des Körpers und den inneren Mißklängen von Geist und Gefühlen bewußt. Man kann nicht behaupten, daß jede körperliche Krankheit zu heilen wäre, wenn der innere Gleichklang von Kopf und Herz wiederhergestellt werden könnte, aber es besteht kein Zweifel, daß viele, vielleicht sogar der Großteil der körperlichen Krankheiten Ausdruck von psychischen Problemen sind. Unmut und Verbitterung über seelische Verletzungen in der Vergangenheit oder unsere Frustration über enttäuschte Erwartungen können sich in Arthritis, Krebs, Herzerkrankungen und anderen lebensgefährlichen Krankheiten niederschlagen.

Die Aufmerksamkeit der Öffentlichkeit wird von den Problemen der Wirtschaft und solchen der nationalen Sicherheit beherrscht. Damit wir unsere Freiheit schützen können, muß unser Zerstörungspotential größer sein als das der ›anderen‹ . Aber es kann keine Freiheit geben, solange wir unser inneres Leben ignorieren. Die psychischen Probleme eines Menschen drücken sich in Krankheiten aus. Das innere Ungleichgewicht eines Landes zeigt sich auf verschiedene Weise in Störungen der staatlichen Ordnung. Das innere Leben darf nicht mißachtet werden. Es stiftet Unruhe und kann uns, wenn es nicht anerkannt und angenommen wird, sogar zerstören.

Wir sind versucht, unser inneres Leben zu mißachten, weil uns widerstrebt, was wir dort entdecken. Nehmen wir zum Beispiel eine Mutter, die heftige Abneigung gegenüber ihrem Kind empfindet, sich ihrer Gefühle aber so schämt, daß sie sich diese nicht eingesteht. Sie tut so, als gäbe es diese Gefühle nicht, verwahrt sich gegen ihre starken Empfindungen mit einem Übermaß an Aufmerksamkeit für das Kind und redet sich ein, die ideale Mutter zu sein. Aber ihre Abneigung findet andere Ausdrucksformen, wenn sie sich ihr nicht stellt, und das Kind wird es mitbekommen. Vielleicht verhält sie sich übervorsichtig, besitzergreifend und dominant und schimpft ihr renitentes Kind nach dem Motto: »Wie kannst du nur so undankbar sein nach allem, was ich für dich getan habe?« Auf diese Weise fügt sie ihrem Kind erst recht Schaden zu. Wäre sie fähig gewesen, ihren Widerwillen anzunehmen, dann hätte sie erkennen können, daß solche Gefühle manchmal eine sehr natürliche Reaktion auf Kinder sind, daß es sich aber im Vergleich mit der wahren Tiefe ihrer Zuneigung um oberflächliche Empfindungen handelt.

Wenn das innere Leben ignoriert wird, bricht sich die Gewalt Bahn, sei es in Gestalt physischer oder psychischer Krankheit bei Individuen, in Form von Unruhen in einem Land oder als Krieg zwischen verschiedenen Nationen.

Was ich in diesem Kapitel gesagt habe, läßt sich so zusammenfassen:
Der Schatz liegt in unserem inneren Leben verborgen. Es ist das innere Leben, das unsere Wahrnehmung der Wirklichkeit prägt und unsere Handlungen und Reaktionen bestimmt. Wir neigen dazu, das innere Leben zu mißachten, aber es widersetzt sich dieser Mißachtung im Leben der Individuen wie im Leben der Kollektive. Ignoriert man es, verschafft es sich auf gewalttätige Weise Ausdruck.
In religiöser Begrifflichkeit nennt man dieses innere Leben die ›Seele‹, und die Kunst, sie kennenzulernen, zu heilen und ihre Bestrebungen ins Gleichgewicht zu bringen, heißt Spiritualität. Die Religion sollte die Bewußtwerdung des inneren Lebens unterstützen und uns lehren, mit ihm vertraut zu werden, denn es ist der Ursprung unserer Stärke und die Schatzkammer unserer Weisheit. So, wie sich Religion oft darstellt und verstanden wird, gelingt es ihr nicht, dieses Bewußtsein zu fördern. Im Gegenteil: Manchmal entzieht sie ihm zielstrebig die Grundlage. Das Versagen in der religiösen Unterweisung und im Erschließen dieses Bewußtseins ist die Ursache eines großen Teils der Verwirrung, des Befremdens und der Enttäuschungen, die so viele Christen in der Gegenwart bedrängen. Ein Schriftsteller brachte diese Tatsache in folgendem Satz zum Ausdruck: »Nichts verbirgt das Antlitz Gottes so sehr wie die Religion.«
Im nächsten Kapitel möchte ich dieses Versagen genauer betrachten und seine Ursachen untersuchen. Ich will auf diese Weise versuchen, die Wege zu dem Acker frei zu machen, in welchem unser Schatz verborgen liegt.

Übungen

1. Prüfen Sie die Nachwirkungen Ihrer eigenen Tagträume, wie ich es weiter oben vorgeschlagen habe.

2. Verfassen Sie Ihre eigene Todesanzeige. Das scheint ein merkwürdiger und morbider Vorschlag zu sein, aber ein Versuch lohnt sich.
Schreiben Sie nicht die Todesanzeige, deren Erscheinen Sie nach ihrem Tode befürchten, sondern diejenige, die sie sich in Ihren kühnsten Träumen wünschen. Lassen Sie Ihrer Vorstellungskraft freien Lauf. Wenn Sie die Anzeige formuliert haben, holen Sie sie von Zeit zu Zeit wieder hervor und entscheiden Sie darüber, ob Sie etwas hinzufügen oder korrigieren wollen.

Diese Übung kann sehr nützlich sein, um in engeren Kontakt mit dem eigenen inneren Leben zu kommen und vor allem auch mit unseren Begierden, die, wie wir später sehen werden, das Zentrum unseres inneren Lebens bilden und seine Richtung bestimmen.

2. Die Wege frei machen

Als ich ein Kind war, redete ich wie ein Kind, dachte wie ein Kind und urteilte wie ein Kind. Als ich ein Mann wurde, legte ich ab, was Kind an mir war (1 Kor 13, 11)

Der Schatz liegt in einem Acker, an den man zuletzt denken würde – in einem selbst. Die meisten von uns benötigen lange Zeit und wir müssen viele Hindernisse überwinden, bevor wir den Acker zu erkennen vermögen, in dem unser Schatz verborgen liegt, das heißt, bevor wir fähig werden, uns selbst zu finden und uns selbst anzunehmen, und damit auch Gott. Bevor wir uns selbst nicht annehmen, bleibt Gott eine ferne, schemenhafte Gestalt, die für die einen belanglos und für andere erschreckend ist.
Als ich etwa drei Jahre alt war, wurde ich eines Abends von einer meiner älteren Schwestern ins Bett gebracht. Ich saß auf der Bettkante und sagte das Wort »Gott«. Ich weiß heute noch, warum ich es sagte. Ich wollte sehen, was passiert.
Zu Hause betete die ganze Familie jeden Abend den Rosenkranz, bevor wir ins Bett gingen. Wir knieten auf dem Fußboden des Wohnzimmers mit Blick auf den offenen Kamin. Über der Feuerstelle hing in einem massiven Rahmen ein Bild unserer Großmutter. Sie trug einen Hut, der wie ein Felsgarten aussah. Ein Schleier verhüllte ihr Gesicht und ließ es sehr traurig und geheimnisvoll erscheinen. Beim Abendgebet bekam ich immer Angst vor dem Bild und befürchtete, daß die Großmutter als Reaktion auf unsere Gebete lebendig werden könnte.
Wenn ich diese frühen Erinnerungen betrachte, wird mir deutlich, daß Gott für mich als Kind eine geheimnisvolle, ferne, unberechenbare, aber mächtige Gestalt war – ein Eindruck, der sich später verstärkte, als ich mit sieben Jah-

ren die Katechismus-Definition von »Gott« auswendig lernen mußte: »Gott ist der unsichtbare, vollkommene Geist, der aus sich selbst heraus existiert und alle guten Eigenschaften ohne Grenzen besitzt«, eine Definition, die ihn als etwas beschrieb, das völlig außerhalb meiner Erfahrungen lag. Die Gefahr, daß er dort, außerhalb unserer Erfahrung, auch bleibt, ist groß. Merkwürdigerweise hat das Christentum trotz seiner Glaubensüberzeugung, daß das »Wort Fleisch geworden ist«, die göttliche Natur Jesu so sehr betont, daß seine menschliche Natur immer wieder vernachlässigt wurde. Wie seine ersten Jünger vermögen wir seine göttliche Natur nur über seine menschliche Natur erkennen. Aber im Unterschied zu ihnen können wir die menschliche Natur Jesu nicht sehen, und berühren und erfahren sie nur, insofern wir selbst Menschen sind und anderen Menschen begegnen. Die Mißachtung seiner menschlichen Natur und der Versuch, die menschliche Natur bei unserer Suche nach Gott zu übergehen, sind die Hauptursache für ein Gutteil der Verwirrung, Frustration und Enttäuschung unter den Christen.

Wir finden Gott in uns, wenn wir uns als Menschen entwickeln. Um dies zu veranschaulichen, beziehe ich mich auf Überlegungen, die sich im ersten Band von Friedrich von Hügels zweibändigem Werk »The Mystical Element in Religion« finden, einem Buch, das mir viele Einsichten in meine eigene religiöse Entwicklung und in die anderer Menschen vermittelt hat.

Von Hügel geht von den drei Hauptstadien in der menschlichen Entwicklung – Kindheit, Jugend und Erwachsenenalter – aus und charakterisiert sie durch die in ihnen jeweils vorherrschenden Bedürfnisse und Interessen. Er zeigt, daß die Religion in den drei Entwicklungsphasen diese jeweils vorherrschenden Bedürfnisse und Interessen berücksichtigen und kultivieren muß. Von Hügel schließt daraus, daß Religion drei wesentliche Elemente umfaßt: ein institutionelles Element, das den Bedürfnissen und Interessen der

Kindheit zugeordnet ist, ein kritisches Element, das der Jugendphase entspricht, und ein mystisches Element, das dem Erwachsenenalter korrespondiert. Bei der Analyse jedes Entwicklungsstadiums ist er darauf bedacht, nachzuweisen, daß die Bedürfnisse und Interessen der Kindheit im Jugendalter nicht verschwinden, ebensowenig wie die Bedürfnisse und Interessen der Jugend im Erwachsenenstadium völlig verschwunden sind, aber sie dürfen nicht mehr vorherrschen, wenn wir in das nächste Stadium hineinwachsen sollen. Religion muß alle drei Elemente beinhalten: das institutionelle, das kritische und das mystische. Es besteht immer die Gefahr, daß eines der Elemente auf Kosten der beiden anderen überbetont wird oder daß zwei von ihnen das dritte ausschließen, so daß die religiöse Entwicklung der Gläubigen Schaden nimmt. Von Hügels Analyse bezieht sich auf alle Weltreligionen. Im großen und ganzen werde ich sie jedoch nur auf das Christentum anwenden.

(Wenn ich in diesem Kapitel und in den folgenden ›die Kirche‹ sage, dann meine ich mit diesem Begriff, sofern ich nicht eine bestimmte Glaubensgemeinschaft ausdrücklich anführe, alle Kirchen, gleichgültig welcher Denomination, die sich zu »Jesus dem Herrn« bekennen. Ich möchte durch die Verwendung des Begriffs aber keinerlei Wertungen über diejenigen zum Ausdruck bringen, die sich nicht explizit als Christen verstehen. Als Christ glaube ich, daß Gott in jedem Menschen lebendig ist und jeden Menschen liebt).

In der Kindheit sind es vor allem die körperliche Aktivität und die sinnliche Wahrnehmung, die uns beherrschen. Unsere Hauptbedürfnisse heißen Nahrung, Wärme, Schutz und Liebe.

Ein Grundsatz der mittelalterlichen Philosophie lautet: »Die Sinne sind der erste Ursprung unseres Erkennens.« Jede menschliche Erkenntnis, einschließlich unserer Erfahrung Gottes, nimmt ihren Ausgang von Sinneseindrücken.

Sind die Sinnesorgane eines Kindes beeinträchtigt, ist es für sein weiteres Leben benachteiligt. Kleinkinder legen die Fundamente für ihre zukünftige Bildung, wenn sie ständig am Boden herumkrabbeln und alles berühren oder in den Mund nehmen, was in ihrer Reichweite liegt, vor Vergnügen glucksen, wenn sie ihre Rasseln schütteln, sich durch leuchtende Farben fesseln lassen und von ihren Müttern hochgenommen werden wollen, um sich ihnen nahe zu fühlen. Diese Sinneseindrücke sind das Ausgangsmaterial, von dem aus das Kind den entscheidenden Entwicklungssprung macht und beginnt, sich durch Gesten zu artikulieren und seine ersten Worte zu äußern. Wenn man ein Kind der Sinneseindrücke beraubt, ist es für den Rest seines Lebens benachteiligt. Es gibt kein Stadium der menschlichen Entwicklung, in dem wir ohne Sinneswahrnehmungen auskommen könnten – was aber nicht heißt, daß wir als Jugendliche und Erwachsene weiterhin Stunden damit verbringen sollten, auf dem Boden herumzukrabbeln!

Sobald ein Kind sprechen kann, wiederholt es, was es hört, auch wenn es den Sinn zunächst nicht versteht. Die meisten Kinder lieben den Klang von Reimen, und ihre Vorstellungskraft ist oft so lebhaft, daß sie Mühe haben, Vorgestelltes und Wirkliches auseinanderzuhalten. Ich kannte ein Kind, das jedes Mal einen Wutanfall bekam, wenn der Tisch nicht auch für seine imaginäre Freundin Frances gedeckt war. Als das Mädchen tatsächlich eine jüngere Schwester bekam, stellte sie es der imaginären Frances vor. Auch die jüngere Schwester entwickelte einen intensiven Bezug zu ihr und bestand darauf, beim Essen auf der anderen Seite neben der unsichtbaren Frances zu sitzen, ein Verhalten, das die beiden etwa ein Jahr beibehielten.

Das Gedächtnis eines Kindes muß sich mit Erzählungen, Familientraditionen und Geschichten über seine Umgebung anfüllen. Kinder nehmen im Normalfall alles für bare Münze, was ihnen die Eltern oder andere Leute erzählen. Ohne dieses Urvertrauen kann der Lernprozeß nicht beginnen. Sie müssen auch erfahren, was sie tun dürfen und was nicht. Es ist grausam, einem Kind keine klaren Vorgaben zu machen und es immerzu seinem ungeformten und unwissenden Geist zu überlassen. Eine ziemlich verstörte Frau, die eine traumatische Kindheit durchgemacht hatte, erzählte mir, daß es sie ungemein traurig machte, wenn sie sich daran erinnerte, wie die spielenden Kinder abends nacheinander von ihren Eltern nach Hause geholt wurden, während sie zurückblieb, ohne daß jemand nach ihr gerufen hätte.

Die bedeutsamsten emotionalen Bedürfnisse in der Kindheit sind die nach Schutz und Liebe, denn ohne sie lernt das Kind nicht, sich selbst und anderen zu vertrauen. Menschliche Fähigkeiten wachsen proportional zur Fähigkeit zu vertrauen.

Es gibt in der Kindheit natürlich viele weitere Bedürfnisse und Interessen. Das Kind nimmt Regelmäßigkeiten in seinen Sinneseindrücken wahr und beginnt sie zu deuten, es fragt und stellt Theorien auf, aber diese Beschäftigungen stehen nicht im Vordergrund.

Im gesunden Erwachsenen setzen sich die Bedürfnisse und Bestrebungen der Kindheit bis zu einem gewissen Grad fort. Wir sind stets auf Sinneswahrnehmungen angewiesen, unser Gedächtnis muß fortlaufend bereichert und neu geordnet werden, unsere Vorstellungskraft sollte lebendig erhalten werden, wir müssen fähig sein, gewisse Autoritäten zu akzeptieren, und wir brauchen Zuwendung und Aufmerksamkeit, gleichgültig wie erwachsen wir sein mögen. Doch wie kompetent und tüchtig wir auch sind, wir bleiben immer auf die Fähigkeiten von anderen angewiesen und können niemals alles alleine bewerkstelligen. Ein Stadium erreicht zu haben, in dem man auf die Zuwendung und Aufmerksamkeit von anderen verzichten könnte, würde bedeuten, daß man nicht mehr menschlich ist.

Das Christentum muß diesen menschlichen Bedürfnissen

entgegenkommen und die für ein Kind charakteristischen Bemühungen in der Zeit der Kindheit besonders unterstützen, aber auch sicherstellen, daß sie in der Jugend und im Erwachsenenalter ihren Platz behalten. Die Kirche darf nicht nur unseren Verstand, sie muß auch unsere Sinne ansprechen, wenn sie in der Verkündigung und in den Sakramenten von Gott spricht (wobei zu bedenken ist, daß wir jede Art von Wissen, einschließlich unseres Wissens von Gott, nur über unsere Sinne und dann durch Zeichen und Symbole erlangen können). Deshalb spielen für Orte der Anbetung die Architektur, die Bildgestaltung, die Beleuchtung, die Akustik und die Raumtemperatur eine so wichtige Rolle. Gottesdienste leben nicht nur von der Schönheit der Worte, sondern auch von Musik, Gesten und Zeremonien.

Ich weiß, daß dieser Standpunkt in einigen reformierten Kirchen scharf verurteilt wird, weil sie vor allem zurückschrecken, was einen Beigeschmack von Bilderverehrung besitzt. Auch ist mir die Gefahr bewußt, daß Äußerlichkeiten, die für eine Kirche und ihre Gottesdienste charakteristisch sind, zum Selbstzweck werden können, anstatt Verstand und Herz zum unsichtbaren Gott zu erheben. Das Anzünden einer Opferkerze wird dann zum Ersatz für die Sorge um unseren Nachbarn, aber dieses Risiko muß man eingehen. Es besteht immer die Gefahr, daß sich ein Kind davor scheut, den Schritt ins nächste Entwicklungsstadium zu machen, weil es an den Bedürfnissen und Interessen der Kindheit festhält. Aber natürlich ist das kein hinreichender Grund, es seiner Kindheit zu berauben.

Wie einem Kind die Geschichte seiner Familie weitergegeben wird, muß ihm auch die Geschichte der christlichen Gemeinschaft tradiert werden. Es ist wichtig, das Kind (aber auch die Jugendlichen und Erwachsenen) in die großartigen Erzählungen der Bibel und in das Leben der Heiligen einzuführen. Jede Religion braucht Erzähltraditionen. Kinder betrachten normalerweise alles als wahr, was ihnen erzählt wird, und es ist unwahrscheinlich, daß ein Kind fragt: »Worauf basiert Ihre Annahme, daß Gott existiert, und weshalb sollte ich das, was Sie mir sagen, für wahr halten?« Diese Probleme tauchen später auf. Wenn es keine Phase des Für-wahr-Haltens gibt, erwirbt das Kind nicht die Fähigkeit, Fragen zu stellen, weil es kein Fundament besitzt, von dem sein Fragen seinen Ausgang nehmen könnte.

Die Aufgabe der Katechese beschränkt sich nicht darauf, Fakten mitzuteilen, sondern sie muß auch Wertvorstellungen vermitteln. Es wäre grausam, ein Kind durch Versuch und Irrtum herausfinden zu lassen, was es darf und was nicht. Das Kind muß wissen, daß es weder stehlen noch lügen soll und den Pudding auf dem Teller läßt, anstatt ihn in seiner Wut an die Wand zu werfen.

Die Kirche muß einem Kind ihre Geschichte, ihre Lehrsätze und ihre Ethik in einer Form weitergeben, die das Kind auffassen kann, aber sie ist in gleicher Weise gehalten, diese Aufgabe gegenüber den Jugendlichen und den Erwachsenen wahrzunehmen. Es scheint überflüssig, eine so naheliegende Forderung überhaupt zu artikulieren, aber es ist offensichtlich, daß man ihr sehr oft nicht entsprochen hat. Einerseits wurden die Kinder in einer in hohem Maße technischen und abstrakten theologischen Fachsprache unterrichtet, andererseits erwartete man von den Erwachsenen, sie sollten ebendiese rätselhafte Sprache mit der naiven Gläubigkeit eines Kindes akzeptieren. Das institutionelle Element in der Kirche hat den vorherrschenden Bedürfnissen und Interessen des Kindes zu dienen, muß aber auch denjenigen von Jugendlichen und Erwachsenen Rechnung tragen.

Die Jugend wird normalerweise als Stadium zunehmender Bewußtheit der eigenen Sexualität charakterisiert, doch das ist nur ein Teilaspekt. Die Adoleszenz ist die Phase, in der man beginnt, gezielt Fragen zu stellen, in der man versucht, Zusammenhang und Sinn in der Vielfalt der Sinneseindrücke, Tatsachen, Lehren, Überzeugungen und Erfahrungen zu finden. Die griechischen Philosophen waren nicht die einzigen, die die ›Einheit in der Vielfalt‹ suchten: Wir alle tun das auf eine für jeden einzelnen charakteristische Art und Weise.

Ich unterrichtete vor längerer Zeit Religion in einer Klasse von aufgeweckten Fünfzehnjährigen. Weil die Schule darauf bestand, mußten die Jungen täglich die Messe besuchen. Also erarbeitete ich eine Unterrichtseinheit über die Geschichte und Entwicklung der Eucharistiefeier, studierte mit großer Sorgfalt ein entsprechendes Standardwerk und versuchte es in eine für die Klasse genießbare Form zu bringen. Nach fünf Minuten Unterricht zeigten die meisten Schüler jenen glasigen Blick, den sie für Gottesdienst und Religionsunterricht reserviert hatten. Am Ende der Stunde kam einer der Jungen zu mir. »Herr Pater«, begann er, »ich nehme an, Sie haben bemerkt, daß Sie ihre Zeit verschwenden.« Trotz des starken Verdachts, daß er recht hatte, war ich in diesem Augenblick nicht imstande, das zuzugeben. »Wieso glaubst du das?«, fragte ich zurück. »Weil ungefähr die Hälfte von uns Atheisten sind«, antwortete er. »Welche Hälfte?« Er zögerte und meinte dann, er müsse mit den anderen reden, bevor er die Frage beantworten könne. »Sag' mal«, hakte ich nach, »wie lange seid ihr denn schon Atheisten?« Mit ernster Miene antwortete er: »Seit zehn Tagen ungefähr.«

Später, nachdem er seine atheistischen Freunde konsultiert hatte, kam er zu mir und gab mir eine Liste mit den Namen. »Versteht ihr euch wirklich als Atheisten oder eher als Agnostiker?«, fragte ich ihn. Die Unterscheidung war bis dahin im Lehrplan noch nicht aufgetaucht. Also erklärte ich ihm, daß ein Atheist die Frage nach der Existenz oder Nicht-Existenz Gottes für sinnlos hält, während ein Agnostiker offenläßt, ob es Gott geben könnte oder nicht. Er entschied, daß seine Freunde und er, da sie aufgeschlossene Zeitgenossen waren, als Agnostiker wohl zutreffender beschrieben wären.

Wir gründeten einen ›Club der Agnostiker‹ und trafen uns regelmäßig außerhalb der Unterrichtszeit, um über das Problem der Existenz Gottes zu diskutieren. Eines der Clubmitglieder hatte Bertrand Russell gelesen und seine Erkenntnisse an die anderen weitergegeben. Sie waren zu der Ansicht gelangt, daß alle Phänomene in der atomphysikalischen Begrifflichkeit von bewegten Materieteilchen erklärt werden könnten und der Schlüssel zur Erkenntnis überhaupt darin läge, die mathematischen Formeln zu entdecken, deren Gesetzmäßigkeiten die Materieteilchen folgten.
In meinem Zimmer, wo wir uns immer trafen, stand ein Kohleneimer aus Blech. Bei einem der Treffen wandte ich mich an eines der Clubmitglieder, einen sehr ernsthaften jungen Mann, und fragte ihn: »John, glaubst du wirklich, daß der einzige bedeutsame Unterschied zwischen deiner Mutter und diesem Kohleneimer in der Verschiedenheit der mathematischen Formeln liegt, die die Bewegung der jeweiligen Atome beschreiben?« Er saß da und runzelte angestrengt die Stirn. Dann schaute er hoch: »Nein, es gibt keinen Unterschied«, sagte er. Er war entschlossen, an seiner Theorie und an der seiner Freunde festzuhalten.
Der ›Club der Agnostiker‹ ist ein gutes Beispiel für ein Charakteristikum der Jugend, nämlich die Suche nach Zusammenhang und Sinn in der Vielfalt der Erfahrung. Wir können als menschliche Wesen nicht existieren, ohne in unserem Leben irgendwelche Formen von Zusammenhang und Sinn zu entdecken. Selbst diejenigen, die man als ›verrückt‹ bezeichnet, besitzen in ihrem Denken und Handeln sinnhafte Muster, obwohl die ›Normalen‹ unter Umständen nicht in der Lage sind, diese zu verstehen. Die Grundannahme eines Paranoiden, daß die ganze Wirklichkeit eine Verschwörung gegen seine Person ist, mag völlig abwegig sein, aber für den, der diese Annahme akzeptiert, ist sein Verhalten logisch und schlüssig. Die schrecklichste Angst, die ein Mensch haben kann, ist die Angst vor Bedeutungslosigkeit und völliger

Negierung. Deshalb bemühen wir uns mit aller Kraft, irgendwelche Formen von Sinn oder Bedeutung zu finden. Dabei stehen wir immer in der Versuchung, uns mit derjenigen Theorie des Lebens oder demjenigen Sinnkonstrukt zufrieden zu geben, welches unser materielles Wohlergehen garantiert und uns die wenigsten Unannehmlichkeiten bereitet. Wenn wir in unserer menschlichen Entwicklung weiterkommen sollen, müssen wir die übereinstimmenden Elemente in unserer Erfahrung finden und eine Theorie des Lebens entwickeln, wie einfach und skizzenhaft diese Theorie auch sein mag. Wir brauchen Pläne und Zukunftsträume und eine Vorstellung davon, wie wir sie verwirklichen können, selbst wenn der Plan nur darin besteht, so wenig wie möglich zu denken und die eigenen Kräfte zu schonen. Um Sinn in unserem Leben zu finden, müssen wir Fragen stellen, Kritik üben, Ordnungen herstellen und Theorien über unsere Existenz entwickeln.

Das war es, womit sich der ›Club der Agnostiker‹ beschäftigte, und kein Mensch kann diesen Auseinandersetzungen aus dem Weg gehen, auch wenn wir es gelegentlich versuchen. Die Kirche muß Antworten auf diese tiefen menschlichen Bedürfnisse finden, indem sie Hypothesen und Theorien entwickelt, die nicht nur die systematische Schlüssigkeit der eigenen Lehre, sondern auch deren erhellende Interpretationskraft hinsichtlich unserer Erfahrungen mit dem Leben belegen. Eine Kirche, der es nur um die innere Logik ihrer Lehre zu tun ist, ohne daß sie diese in Bezug zur Alltagserfahrung setzt, verhält sich wie der besagte Paranoide. Lehre und Praxis einer Kirche mögen in einem schlüssigen Zusammenhang stehen, aber wenn ihre Grundannahmen falsch sind, dann entsteht eine Diskrepanz zwischen der Lehre der Kirche und dem Alltag der Menschen. Die Lehre, die uns vermittelt wird, spaltet sich ab und bildet einen Teil unseres Bewußtseins, der nichts mit unseren übrigen menschlichen Erfahrungen zu tun hat. Eine Kirche, die von der menschlichen Erfahrung isoliert ist, kann nur so lange überleben, als sie ihren Anhängern erfolgreich verbietet, Fragen zu stellen und selbst zu denken. Sie muß auf massive Weise die Bedeutung des Gehorsams gegenüber der kirchlichen Autorität betonen, wobei unter Gehorsam die fraglose Akzeptanz all dessen zu verstehen ist, was vom Lehramt verlautbart wird. Kennzeichen wahren Christentums sind seine intellektuelle Kraft und sein Bemühen, Sinn in jedem Aspekt des Lebens zu suchen. Wahres Christentum wird immer kritische Fragen stellen und sein Verständnis Gottes und des menschlichen Lebens weiter vertiefen. Im Zentrum der Religion stehen die menschlichen Erfahrungen. Für das Christentum ist Gott immanent, das heißt, er ist in allen Phänomenen gegenwärtig. Die Schöpfung selbst ist ein Zeichen, und zwar ein wirksames Zeichen seiner Gegenwart – ein Sakrament. Von daher erklärt sich die Betonung von Gelehrsamkeit und Wissenserwerb in der christlichen Tradition. »Fides quaerens intellectum«, wie Anselm von Canterbury schrieb, der Glaube sucht, sich selbst zu verstehen, denn es entspricht der Natur wahrer Gläubigkeit, Gott in allem am Werk zu sehen. Es gibt keine Fragestellung, die sich außerhalb des Fragehorizonts der Religion befindet. Wenn der Glaube an Gott schwächer wird, schwächt sich auch das kritische Element ab. Wenn das kritische Potential nicht gepflegt wird, bleiben Glaube und religiöse Praxis der Christen kindlich und besitzen wenig oder keine Relation zum Alltagsleben und dessen Ausdrucksformen.

Es ist ein Charakteristikum des Erwachsenenalters, daß wir uns in zunehmendem Maße der inneren Wahrnehmungen und der Komplexität der eigenen Gefühle und Emotionen bewußt werden. Diese Komplexität erschließt sich in unseren Handlungen, in unseren Begegnungen mit anderen und in den Beziehungen zu ihnen, in unserer Arbeit und in dem, was wir lesen, hören und sehen. Ebenso wird sie an inneren Reaktionen auf unsere Erfahrungen sichtbar, wenn wir hoffen, und in Zeiten der Verzweiflung, in Trauer und

Freude, bei Befürchtungen und Erwartungen, Gewißheiten und Zweifeln. Mit dem Bewußtsein der Existenz dieser inneren Welt wächst in gleichem Maß die Faszination durch sie wie die Furcht vor ihr. Wir kommen uns selbst näher, und damit auch Gott, der von den Mystikern als ›tremendum et fascinans‹ erfahren wurde, als erschreckend und anziehend zugleich. Jeder besitzt seine eigene, einzigartige innere Welt, die uns selbst geheimnisvoll bleibt und in ihrer Komplexität nicht verstehbar ist. Obwohl wir diese verborgene Welt nicht verstehen können, wissen wir, daß sie den Schlüssel zu unserem Glück und zu unserer Persönlichkeit enthält und daß unsere Wahrnehmung, unser Denken und folglich auch unser Handeln ihre Erklärung in dieser inneren Welt finden, die einen weit größeren Einfluß auf uns ausübt als die äußeren Umstände. Deshalb reagieren Menschen, die mit derselben Situation konfrontiert werden, auf so gegensätzliche Weise. Wenn wir uns als Erwachsene nur ein wenig Zeit zum Nachdenken nehmen, wird uns zunehmend die Komplexität unseres inneren Lebens bewußt, das sich aus vielen Schichten zusammensetzt. Es stellt ein Geheimnis dar und läßt sich letztlich nicht mitteilen.

Religion muß auf dieses Stadium unserer Entwicklung mit Ermutigung und Hilfestellungen antworten, unsere Faszination pflegen und unsere Befürchtungen beschwichtigen. Sie muß uns dieses Phänomen erklären und zeigen, daß es sich um einen höchst bedeutsamen Abschnitt unserer Reise zu Gott handelt. Wir sind jetzt eingeladen, ihm in den verborgenen und oft erschreckenden, geheimen Winkeln unseres Geistes und Gedächtnisses zu begegnen – jenem Gott, dessen Wege nicht unsere Wege und dessen Gedanken nicht unsere Gedanken sind. Es ist der Gott der Überraschungen, über den wir jetzt weniger nachdenken als ihn tatsächlich erfahren, der sich selbst eher durch unsere geheimnisvollen inneren Erfahrungen mitteilt als im Vollzug der durchdachten Formulierungen vorgegebener Gebete, den wir jetzt eher von innen her erfahren und weniger als jemanden, der uns von außen vorgesetzt wird. Man liebt ihn und lebt in seiner Gegenwart, anstatt über ihn zu theoretisieren. Im Unterschied zum institutionellen Stadium, wo er eher mit äußerem Zwang und Selbstdisziplin assoziiert wurde, anders auch als in der Phase der Kritik, wo es um intellektuelle Beweisführung ging, stellt er sich jetzt als selbstbestimmtes Handeln und innere Stärke dar. Damit die Kirche uns als Erwachsenen eine Hilfe sein kann, muß es in ihr das mystische Element geben.

Ich habe die drei Entwicklungsstadien nacheinander beschrieben, aber jede dieser Phasen enthält Elemente der beiden anderen. Im Kind gibt es bereits Ansätze der kritischen und manchmal der mystischen Entwicklungsstufe. Ebenso existieren in der von Kritik beherrschten Phase noch institutionelle Elemente, und es gibt ein Aufscheinen der mystischen, aber unsere Aufmerksamkeit richtete sich auf die Bedürfnisse und Interessen, die im jeweiligen Stadium vorherrschen. Bei einem Erwachsenen sind alle drei Elemente in einem gewissen Ausmaß gegenwärtig. Fehlen ihm ein oder zwei der Elemente, dann gerät seine Persönlichkeit aus dem Gleichgewicht. Wenn wir diese drei Stadien jetzt erneut betrachten, werden wir deren Erfordernisse und die jeder Phase innewohnenden Gefahren für das Leben wie für die religiöse Entwicklung genauer erkennen. Wir werden uns außerdem der Mühe bewußt, die es macht, von einem Stadium zum nächsten fortzuschreiten, und stellen fest, welcher Behutsamkeit es bedarf, um dabei die Entwicklungsphase, die wir gerade verlassen haben, nicht völlig zu verwerfen.

Die Gefahren des kindlichen Entwicklungsstadiums sind die Kehrseite seiner Vorteile. In der Kindheit wird für unsere grundlegendsten Bedürfnisse Sorge getragen. Das gestattet es uns, relativ passiv zu bleiben, während wir geschützt und sicher sind. Dieser Zustand wird dann zu einer Gefährdung für uns, wenn wir ihn so befriedigend finden, daß wir ihn nicht verlassen wollen und es vorziehen, auf der kindlichen Stufe stehenzubleiben. Aber auch dann, wenn wir diese Bequemlichkeiten zunächst verlassen, kehren wir später vielleicht auf die Stufe der Kindheit zurück, wenn uns die nachfolgenden Entwicklungsphasen zu beschwerlich werden. Es kann sogar sein, daß wir mit der Gewieftheit des Erwachsenen dafür sorgen, wieder wie ein Kind umsorgt zu werden, indem wir zum Beispiel eine Krankheit vortäuschen. Haben wir Erfolg damit, erkranken wir unter Umständen sogar tatsächlich.

Die Gefahr des institutionellen Elements in der Religion besteht darin, daß wir nie über einen religiösen Infantilismus hinauskommen. Wir hören Predigten und religiöse Unterweisungen, lassen uns sagen, was richtig ist und was nicht, und folgen so den moralischen und dogmatischen Lehren der Kirche. Eine Gefahr kann das deshalb sein, weil wir uns damit zufriedengeben und auf der erreichten Stufe stehenbleiben möchten. Unsere Gewieftheit als Erwachsene dient uns dazu, das Verharren in Passivität zu rechtfertigen. Die Art und Weise, wie zum Beispiel Katholiken der Glaube seit dem Konzil von Trient (1545–1563) oft vermittelt wurde, bestärkte sie in der Meinung, er sei eine Sache, die man nicht verstehen könne, von der man aber voll und ganz überzeugt sein müsse. Sie begegneten ihm in Form von Katechismen, in denen die in einer sehr technischen theologischen Fachsprache verfaßten Konzilsdokumente zu einem System von Fragen und Antworten zusammengefaßt waren. Diese Art von Unterweisung impfte ihnen eine kindliche Haltung ein, die kaum dazu ermutigte, sich weiterzuentwickeln. Ein Gutteil der gegenwärtigen Spannungen innerhalb der katholischen Kirche resultiert aus dem Gegensatz zwischen denen, die das institutionelle Element für das Wesen der Kirche halten, und den anderen, die mehr kritische und mystische Elemente in ihr fordern.

Auch stehen die Amtsträger in den Kirchen in der Gefahr,

die Menschen in ihrer kindlichen Haltung zu bestärken, indem sie deren Infantilität als ›demütiges, loyales, gläubiges und gehorsames‹ Verhalten bezeichnen und jeden mit dem Zorn Gottes bedrohen, der es wagt, anderer Meinung zu sein. Es gibt kein wirksameres Mittel, den wahren Glauben an Gott zu zerstören, als den Mißbrauch von Begriffen wie Loyalität, Demut, Gehorsam und Gläubigkeit. Zwar handelt es sich um bedeutsame Tugenden, die uns helfen können, den Anruf Gottes, der in uns wirkt, wahrzunehmen und ihm treu zu bleiben, aber sie für das Gegenteil zu mißbrauchen und jeden Glauben daran zu zerstören, daß Gott in unserem Denken und in unseren Herzen wirkt, ist eine Sünde und ein Skandal. Zu behaupten, jede Meinungsverschiedenheit mit den Lehrautoritäten entstamme der eigenen Sündhaftigkeit, nimmt den Gläubigen den Mut, ihren eigenen inneren Erfahrungen, wo sie Gott tatsächlich begegnen können, zu vertrauen. Jesus urteilt hart über jeden, der kindliches Vertrauen ausnutzt, denn »...für den wäre es besser, wenn er mit einem Mühlstein um den Hals ins Meer geworfen würde« (Mk 9, 42).

Infantile Gläubigkeit findet sich nicht selten bei Leuten, die in den Dingen der Welt durchaus nicht naiv sind und unter Umständen eine große Rolle in der Öffentlichkeit spielen. Sie haben ihre Religiosität weggeschlossen, damit sie ihrer Karriere und der Art und Weise, wie sie sie verfolgen, nicht in die Quere kommt. Oft sind das diejenigen, die sich am heftigsten jeder Veränderung in der Kirche entgegenstellen. Sie wollen ohne Wenn und Aber an ihrem Kinderglauben festhalten.

Wenn wir in der Adoleszenz nicht nach Formen von Zusammenhang und Sinn in unserem Leben suchen, vermögen wir keine Zielrichtung in ihm zu entdecken. Vielleicht geben wir uns mit einer Sichtweise zufrieden, die uns gestattet, Schmerz momentan zu vermeiden, aber aus Angst vor dem, was wir entdecken könnten, verweigern wir uns weitergehenden Fragen. Wenn wir weiterfragen und nach

Sinn suchen, besteht das Risiko, daß wir dadurch die Sicherheit, den Schutz und die Geborgenheit, deren wir uns im Kindheitsstadium erfreuten, verlieren. Unsere Suchbemühungen können dazu führen, daß wir die Ansichten unserer Eltern und Freunde, die wir zuvor fraglos akzeptiert hatten, ablehnen. Die Versuchung, mit dem Fragen aufzuhören, ist sehr stark, weil wir in unserem Leben nicht nur Sinn brauchen, sondern auch die Zuwendung, den Schutz und die Unterstützung, die wir von unserer Familie und von Freunden bekommen. Es ist schwer, den Eltern mit fragloser kindlicher Zuneigung zu begegnen, wenn man der Überzeugung ist, daß sie sich im Prinzip nicht von einem Kohleneimer unterscheiden und sie das auch wissen läßt.

Im Glauben tritt das gleiche Problem auf. Es kann äußerst ernste Konsequenzen haben, Kritik zu üben und Fragen zu stellen, wie die Opfer der Inquisition am eigenen Leib erfahren mußten. Fragen aufzuwerfen und Kritik zu üben kann auch heute noch Ehen und Familienbeziehungen zerstören, den Kirchenausschluß zur Folge haben und in manchen Ländern sogar zu langen Haftstrafen führen. Ich will damit nicht sagen, in einer Familie, einer Kirche oder einem Staat solle zugelassen werden, daß jeder glauben und tun dürfe, was ihm gefällt, und dabei trotzdem Mitglied der jeweiligen Gemeinschaft bleiben könne. Ich will nur unterstreichen, daß das Kritisieren und Infragestellen von religiösen Überzeugungen sehr riskant sein kann. Und das ist gut so. Wenn es gleichgültig wäre, woran wir glauben oder wie wir aufgrund unserer Überzeugung handeln, hätte der Glaube keinerlei Bedeutung für das Leben. Die zahlreichen Christen, die in einigen Länder der Welt im Gefängnis sitzen, weil sie die politischen Konsequenzen aus ihrem Glauben gezogen haben, sind eines der Zeichen für die Lebenskraft des Christentums.

Die Kirche muß die Kritikfähigkeit ihrer Mitglieder fördern. Versagt sie dabei, werden diese nicht in der Lage sein, ihren religiösen Glauben mit der Alltagserfahrung in Beziehung zu setzen, oder, anders gesagt, Gott wird so weit aus dem Lebensvollzug der Menschen ausgegrenzt, daß Religion als private, aber unschädliche Sonderlichkeit einer Minderheit erscheint.

Wenn die Kirche die Kritikfähigkeit fördert, dann muß sie damit rechnen, daß sie von ihren Mitgliedern in Frage gestellt und herausgefordert wird, und sie muß dazu bereit sein, ihre Denkansätze und ihr Handeln im Licht der Wahrheit zu prüfen und zu verändern. Eine solche Haltung ist einer Kirche nur dann möglich, wenn sie einen starken Glauben an die Gegenwart Gottes in allen Erscheinungen besitzt. Wie ein Kind mit einem tiefen Vertrauen in seine Eltern aus diesem Vertrauen den Mut schöpft, jede Frage zu stellen, so fürchtet sich eine Kirche, die wirklich auf Gott vertraut, nicht vor ihren kritischen Mitgliedern, sondern ermuntert sie auf deren Weg, nutzt ihre Weisheit, um sie zu begleiten, und warnt sie vor den Sackgassen, deren Kenntnis sie ihrer langen Erfahrung verdankt. Sie wird ihre Lehraussagen nicht als das letzte Wort in einer bestimmten Frage verstehen, sondern als Wegweiser, die ihre Mitglieder auffordern, den Weg in der angezeigten Richtung selbst weiter zu erforschen.

Wenn sich das kritische Element vom institutionellen und mystischen löst, wird es eher Rationalisten als religiöse Menschen hervorbringen. Die Hingabe an ein theologisches, moralisches oder philosophisches System wird den Platz der Hingabe an Gott einnehmen. Wer so auf ein System orientiert ist, verdächtigt jede Emotion und rät anderen Menschen, die Gefühle zu ignorieren. Wer Kritikfähigkeit kultiviert und dabei die beiden anderen Elemente vernachlässigt, tendiert dazu, unbeugsam und dogmatisch zu sein. Er hat Kindern und einfachen Menschen wenig zu sagen und verliert auch den Kontakt zur eigenen kindlichen Dimension und dem Geheimnis der Gedanken und inneren Gefühle, die viel zu komplex sind,

um in abstrakten Begrifflichkeiten einen angemessenen Ausdruck zu finden.
Es ist notwendig, erwachsen zu werden und sich das innere Leben zunehmend bewußt zu machen, weil der Ursprung unseres Denkens, Wünschens und Wollens und damit unseres gesamten Verhaltens in uns selbst liegt. Wenn wir der Begegnung mit dieser inneren Welt ausweichen, können wir uns selbst nicht erkennen und deshalb auch die Zielrichtung unseres Lebens nicht ausmachen. Wenn wir die innere Welt vernachlässigen oder uns in irgendeiner Weise gegen sie immunisieren, verlieren wir den Kontakt zu Gott, dem Ursprung unserer Freiheit, und verdammen uns dazu, zu leeren Persönlichkeiten zu werden.
Die Gefahr dieses Stadiums besteht darin, daß wir uns von dieser inneren Welt, ihrem Geheimnis und ihrer Macht so vereinnahmen lassen, daß wir das institutionelle Element im Leben, das, was uns überliefert wurde, die Autoritäten, die wir einmal akzepierten, und jede Form abstrakter Theologie und Philosophie zurückweisen und ablehnen, weil sie uns völlig unzureichend erscheinen, um die reiche Fülle der Wirklichkeit zum Ausdruck zu bringen, die wir in uns entdeckt haben.
Die Religion muß das Bewußtsein des inneren Lebens fördern, weil wir in ihm dem geheimnisvollen Gott, dem Gott der Überraschungen, begegnen, dessen Geist in jedem Menschen auf eine individuelle und einzigartige Weise Wirkung zeigt. Deshalb ist für erwachsene Christen die Schulung im Gebet noch wichtiger als die Unterweisung in dogmatischen und moralischen Fragen. Die Hauptbeschäftigung von Bischöfen und Geistlichen und ihr entscheidender Dienst an den erwachsenen Mitgliedern der Kirche sollte die Hinführung zum Beten sein.
Wird das mystische Element auf Kosten des institutionellen und kritischen Elements zu sehr betont, dann können die Ablehnung hergebrachter Gebete und Andachtsformen, die Abkehr von moralischen und dogmatischen

Lehraussagen und das Wuchern einer Emotionalität, die sich selbst nicht begreift, weil sie sich der Kritik entzieht, die Folge sein. In seinen schlimmsten Ausformungen kann das mystische Element, abseits von institutioneller Einbindung und kritischer Prüfung, ungezügelten Extremismus und gefährlichen Fanatismus hervorbringen. Es gibt im Leben der Kirche eine lange Geschichte dieser religiösen Verirrung.

Die drei fundamentalen Dimensionen im Christentum entsprechen also den drei Stadien der menschlichen Entwicklung. Jedes Stadium besitzt eine ihm innewohnende Tendenz, die beiden anderen abzulehnen oder sich mit einem davon zu verbinden, das andere jedoch auszuschließen. Ein häufiges Beispiel dafür ist der Schritt vom Institutionellen zum Mystischen unter Umgehung der kritischen Phase, eine ständige Gefahr für Anhänger der Pfingstbewegung und für charismatische Gruppierungen. Alle drei Elemente sind notwendig, aber erwachsene Menschen oder entwickelte Gruppen innerhalb der Kirche bringen unter Umständen das eine oder das andere Element besser zum Ausdruck, ohne deshalb die anderen beiden auszuschließen. Von Hügel nennt einige der großen Reformpäpste als Repräsentanten für das institutionelle Element, Thomas von Aquin als typisch für das kritische und Johannes vom Kreuz als charakteristisches Beispiel für das mystische Element. Auch eine Reihe von Orden dient ihm zur Illustration dieser Tatsache: die Jesuiten stehen eher für die Betonung des institutionellen, die Dominikaner für die Akzentuierung des kritischen und die Benediktiner für den Vorrang des mystischen Elements. Thomas More führt er als Beispiel für einen Menschen an, bei dem sich alle drei Elemente in einem harmonischen Gleichgewicht befunden haben.

Ziel dieser Analyse war es, die Zugangswege zum Acker der inneren Erfahrung freizumachen, in dem unser Schatz verborgen liegt. Viele Christen bleiben – worin sie manchmal tatkräftig von ihren Pfarrern bestärkt werden – so eng der institutionellen Dimension der Kirche verhaftet, daß sie jeden Schritt in Richtung kritisches Bewußtsein als Bruch der Loyalität und den Beginn von Häresie und Glaubensverlust betrachten. Vermutlich ist es die Überbetonung des institutionellen Elements, die die gegenwärtige Kirche mit ihren sinkenden Mitgliedszahlen und abhängigen, gehorsamen, fügsamen, uninspirierten und passiven Mitgliedern erzeugt hat: Gottes gelähmtes Volk.

Eine Kirche, die das kritische und das institutionelle Element fördert, aber das mystische vernachlässigt, wird intellektuell lebendig, aber eine spirituelle Wüste sein, und ihre Verteidiger von messerscharfer Logik, aber ohne Tiefe. Der Geist der Prophetie stirbt, und der tiefe Symbolgehalt der von der Institution bewahrten Riten und Rituale verliert seine Bedeutung, weil er in Frage gestellt und als irrelevant verworfen wird.

Aus der Lektüre dieses Kapitels sollte man nicht den Schluß ziehen, man müsse die Infantilität des institutionellen Stadiums und die Neigung zur Kritik in der Adoleszenz vollständig überwunden haben, bevor man hoffen könnte, in das mystische Stadium zu gelangen. Der vorliegenden Analyse ist es darum zu tun, die Restbestände infantilen und pubertären Verhaltens dingfest zu machen, die uns immer noch daran hindern, in unserem Glauben erwachsen zu werden. Den Regressionen Widerstand entgegenzusetzen, wenn sie auftreten, bringt uns auf dem Weg zu innerer Freiheit weiter voran.

Ich beschließe das Kapitel mit zwei Übungen. Die erste Übung dient dazu, die Analyse Friedrichs von Hügel besser zu begreifen. Die zweite besteht in der Niederschrift der eigenen Lebensgeschichte als einer Geschichte des Glaubens.

Übungen

1. Zur Analyse von Friedrich von Hügel:
a) Reflektieren Sie Ihre eigenen Erfahrungen mit der Kirche. Hat eines der Elemente auf Kosten der beiden anderen vorgeherrscht, oder standen zwei der Elemente auf Kosten des dritten im Vordergrund?
b) Wenden Sie dieselbe Frage auf Ihr Leben als Christ an. Hilft Ihnen das Analyseschema bei der Klärung der Ursachen, die Ihren eigenen Gefühlen von Verwirrung, Orientierungslosigkeit und Enttäuschung zugrunde liegen? Haben Sie diese Gefühle, weil Sie mit der Vorherrschaft eines der Elemente in der Kirche zufrieden waren und Sie die Konfrontation mit den anderen beiden bedauern? Oder fühlen Sie sich durch eine Kirche eingeengt, die dieses oder jenes Element auf Kosten der anderen betont?
c) Falls Ihnen die Analyse eine Hilfe ist: In welcher Weise erklärt sie einige der Ursachen, die für die gegenwärtigen Spannungen und Spaltungen innerhalb der eigenen Glaubensgemeinschaft und zwischen den Kirchen verantwortlich sind?

2. Zeichnen Sie Ihren eigenen Glaubensweg auf
(Das Alte Testament kann als Glaubensgeschichte Israels verstanden werden. Die Juden reflektierten in ihm ihre Geschichte mit einem kurzen Augenblick des Glanzes unter König David und langen Perioden der Treulosigkeit gegenüber Gott, der Niederlagen, der Demütigung und der Gefangenschaft. Im Licht ihres Glaubens betrachteten sie ihre Geschichte neu, nämlich als eine Geschichte, in der die Erfahrung von Not auch der Anstoß für die Befreiung aus Unglück und Bedrängnis war. Die Heilsgeschichte setzt sich in uns weiter fort. Der Geist Gottes, der in Jesus lebendig war und ihn von den Toten auferweckte, lebt jetzt in uns und entfaltet seine Wirksamkeit in den Geschehnissen unseres Lebens. Um Gott zu finden und die eigene Le-

bensgeschichte als Geschichte der Befreiung zu erkennen, müssen wir uns auf unsere eigene Geschichte beziehen. Dazu dient die folgende Übung.)

Zunächst stellt man sich die Frage: Was hat Gott in meinem Leben bedeutet? Notieren Sie sich knapp die auftauchenden Erinnerungen, ohne sie zu ordnen. Es spielt keine Rolle, ob es sich um Erinnerungen aus den letzten Jahren oder um Kindheitserinnerungen handelt.

Wenn die Frage: Was hat Gott für mich bedeutet? keine Erinnerungen auslöst, sondern Sie eher blockiert, sollten Sie die Frage in veränderter Form stellen: Welche Ereignisse und welche Menschen waren in meinem Leben von entscheidender Bedeutung?

Vermeiden Sie unter allen Umständen jede Art positiver oder negativer Bewertung Ihres Lebens und jeden Versuch einer analysierenden Deutung.

Haben Sie den Erinnerungsprozeß einmal begonnen, stellen Sie wahrscheinlich fest, daß eine Erinnerung die nächste wachruft. Notieren Sie die Erinnerungen ohne Ordnung, so wie sie auftauchen.

3. Innere Unordnung und falsche Gottesbilder

Denn ich tue nicht das Gute, das ich will, sondern das Böse, das ich nicht will (Röm 7,19)

Der Schatz liegt im Acker unserer inneren Erfahrung verborgen. Sobald wir erwachsen sind, werden wir uns nicht nur des Geheimnisses dieses Ackers und seiner Komplexität bewußter, sondern ebenso seiner Gefahren, und die Versuchung wächst, diese Tatsache einfach zu ignorieren. Auch wenn wir dies erfolgreich tun, bleibt unser inneres Leben wirksam, beeinflußt unser Verhalten und kommt uns oft ziemlich in die Quere.

In diesem Kapitel beschäftigen wir uns mit der Komplexität unseres inneren Lebens, mit seinen Gefahren und mit der Macht und dem Durcheinander der Antriebskräfte und Begierden in uns. Geistliche Führer geben den Rat, wir sollten uns Gott im Gebet zuwenden, wenn wir inneren Frieden finden und ins Gleichgewicht kommen wollen. Wir werden diesen Ratschlag kritisch untersuchen und fragen: An welchen Gott soll ich mich wenden?

Haben wir erst einmal damit begonnen, unsere inneren Gefühle genauer in den Blick zu nehmen, können wir leicht in Panik geraten, denn es ist durchaus möglich, daß uns das, was wir wahrnehmen, nicht gefällt. Wir bekommen es mit der Angst zu tun, daß uns bestimmte Gefühle überwältigen und zerstören könnten. Ist es ratsam, sich mit den inneren Gefühlen zu beschäftigen? Was bedeutet es, wenn man Haßgefühle, Ressentiments, Verbitterung, Grausamkeit und Zerstörungswut entdeckt? Reißen sie nicht die Herrschaft an sich und bringen mich dazu, Dinge zu tun, die ich nicht möchte, wenn ich ihnen Aufmerksamkeit schenke und sie in mein Bewußtsein eindringen lasse? Ist es nicht klüger, sie zu ignorieren? Wenn zum Beispiel ein Priester, der sich auf das Zölibat verpflichtet hat, seinen Sehnsüchten Raum gibt und heiraten möchte, zerstört das nicht sein Leben als Priester? Wenn Eheleute ihre geheimen Wünsche nicht verdrängen und feststellen, daß sie lieber alleine leben würden oder nicht mit diesem Partner, zerstört das nicht die Ehe? Wenn wir uns mit unseren Begierden beschäftigen und dabei spontan jedem inneren Wunsch folgen würden, verliefe unser Leben ziemlich chaotisch. Wir sind ein einziges Durcheinander widersprüchlicher Wünsche. Die meisten von ihnen werden uns nicht voll bewußt, aber sie bestimmen jede Entscheidung in unserem Leben mit. Es gibt im Neuen Testament eine sehr anschauliche Illustration dieser Tatsache: die Heilung des Besessenen von Gerasa. Die Erzählung ist von so zentraler Bedeutung, daß sie sich in drei der vier Evangelien findet.

Jesus hat den See überquert und verläßt eben das Boot, als sich ein Verrückter nähert, der völlig außer sich ist. Markus beschreibt den Mann im fünften Kapitel seines Evangeliums (Mk 5, 1–20) ziemlich detailliert. Er lebte in den Grabhöhlen und niemand konnte ihn bändigen, »nicht einmal mit Fesseln«. Er ist von einer hemmungslosen Raserei erfaßt, der keine Fessel gewachsen ist: »Schon oft hatte man ihn an Händen und Füßen gefesselt, aber er hatte die Ketten gesprengt und die Fesseln zerrissen; niemand konnte ihn bezwingen.« Die Raserei wendet sich gegen den Mann selbst: »Bei Tag und Nacht schrie er unaufhörlich in den Grabhöhlen und auf den Bergen und schlug sich mit Steinen.« Sein innerer Konflikt zerstört ihn. Als er Jesus sieht, läuft er zu ihm hin und schreit: »Was habe ich mit dir zu tun, Jesus, Sohn des höchsten Gottes? Ich beschwöre dich bei Gott, quäle mich nicht!« In ihm herrscht ein Dilemma: Auf der einen Seite fühlt er sich durch Jesus angezogen, auf der anderen weist er ihn mit aller Kraft zurück. In der Gegenwart Jesu sind beide Zustände zugleich lebendig. Jesus fragt ihn: »Wie heißt du?«, und der Mann antwortet sehr hellsichtig: »Mein Name ist Legion; denn wir sind viele.« Jesus treibt die Dämonen aus, die von dem Mann Besitz ergriffen haben. Die Szene endet damit, daß der Besessene, wieder zu Verstand gekommen und normal bekleidet, neben Jesus sitzt und ihn bittet, bei ihm bleiben zu dürfen. Gleichgültig, ob man der Überzeugung ist, daß es eine Besessenheit durch Dämonen gibt oder nicht, lohnt es sich, über diese Perikope nachzudenken. Dazu bedarf es keines endgültigen Urteils über die Wahrscheinlichkeit oder Unwahrscheinlichkeit einer Besessenheit durch Dämonen. Man sollte versuchen, sein eigenes inneres Leben im Licht dieser Erzählung zu betrachten.

Verstehen wir, was es heißt »in den Grabhöhlen« zu leben, dort, wo das Leben abstirbt und uns das, was uns einmal Freude und Vergnügen gemacht hatte, unberührt läßt, so daß wir in einem Zustand der Gleichgültigkeit und Apathie leben? Verstehen wir, was es heißt, »zu schreien und sich mit Steinen zu schlagen«, dann, wenn wir zum Beispiel voller Verbitterung und innerer Abwehr gegen das sind, was uns andere oder was wir uns selbst angetan haben, und schmerzlich erfahren, daß uns nicht vergeben wird oder wir selbst nicht vergeben können? Hatten wir schon einmal das Gefühl, »Legionen« von Identitäten zu besitzen, weil wir uns von einem Tag auf den anderen oder sogar im Verlauf eines einzigen Tages als völlig unterschiedliche Menschen erlebten? Waren wir nicht eben noch voller Sanftheit, Leichtigkeit und erfüllt von Wohlwollen gegenüber allem, vernunftorientiert und vergnügt, und im nächsten Moment geschieht etwas, was uns verdüstert und unvernünftig werden läßt, zu einer Zumutung für uns selbst und für jeden, der das Pech hat, in unsere Nähe zu geraten? Entdecken wir in uns selbst die widersprüchlichen Bestrebungen des Besessenen wieder, der einerseits auf Jesus zustürzt und ihn gleichzeitig anfleht, fortzugehen?

Könnten wir wirklich in die Abgründe unseres Selbst, in

unser Unterbewußtsein und in die unbewußten Schichten unseres Geistes hineinsehen, wir würden voller Schrecken alle Eigenheiten des Besessenen bei uns wiederfinden, aber wir würden zu unserer Erleichterung auch erfreuliche Eigenschaften entdecken. Was immer es an Verbrechen, Perversionen und Grausamkeiten schon gegeben hat: auch wir wären dazu fähig. Aber ebenso gibt es keine Form von Heldenmut, Selbstlosigkeit oder Liebe, die außerhalb unserer Möglichkeiten liegen würde. Sofern wir uns der Dimension des Bösen in uns nicht stellen, können wir auch unsere eigentliche Größe nicht wahrnehmen. Wenn wir das, was in uns ist, nicht wahrhaben wollen, nehmen wir unser wahres Selbst nicht zur Kenntnis und verleugnen unsere Individualität, unsere Freiheit und unsere Persönlichkeit oder, wie es bei Lukas heißt, »verlieren uns selbst« (Lk 9, 25).

Wir weichen zum Beispiel der Konfrontation mit unserem inneren Chaos und unserer Destruktivität aus, wenn wir sie auf andere Menschen projizieren. Diese Gewohnheit, die Schuld anderen zuzuschieben, ist gleichermaßen sehr subtil und sehr destruktiv. Weil sie so subtil ist, wird uns gewöhnlich überhaupt nicht bewußt, was wir tun. Für uns ist es vollkommen klar, daß der Fehler nicht bei uns liegt, sondern bei den anderen, ob es nun die Russen sind oder der Wohnungsnachbar. Und es ist eine destruktive Haltung, weil sie dem Nachbarn als Individuum oder Nation Schaden zufügt, aber die wahre Ursache der Destruktivität unberührt läßt, eben weil wir uns geweigert haben, deren Existenz anzuerkennen.

Die Weigerung, unsere innere Unordnung wahrzunehmen, erklärt sich aus unserer Angst vor Zurückweisung. Man kann die Ablehnung anderer Menschen so lange ertragen, als es welche gibt, die uns weiterhin den Rücken stärken und uns zusichern, daß wir für sie zählen. Was wir am allermeisten fürchten, ist die totale Ablehnung. Sie stürzt uns in einen Abgrund von Selbstverachtung, Nichtigkeitsgefühlen und Bedeutungslosigkeit. Erst wenn wir uns der Angst davor stellen, wird uns die Wahrheit über uns selbst sichtbar. Wir besitzen keine Bedeutung an sich, sondern definieren uns über Beziehungen. Es gibt kein ›Ich‹, das unabhängig wäre von unserem Bezug auf andere Menschen und die gesamte Schöpfung. Das Geflecht von Beziehungen, in dem wir leben, ist weder eine Abstraktion noch ein Gewirr blinder, irrationaler Kräfte, sondern es ist das Geheimnis Gottes, aus dem heraus die ganze Schöpfung lebt, sich entwickelt und existiert.

Wir führen die Erfahrung, nichtig zu sein, auf die Tatsache zurück, daß wir Geschöpfe sind, und kämpfen gegen unsere Geschöpflichkeit an. Um der Wahrheit über uns auszuweichen, ziehen wir alles andere vor und kämpfen verzweifelt um Selbstbestätigung und Anerkennung unserer Bedeutung durch andere. Wir brauchen irgendeine Form von Erfolg, wir wollen etwas Besonderes sein und wir brauchen die Gewißheit, daß die Leute uns zur Kenntnis nehmen. Um deren Anerkennung zu bekommen, geben wir vor, anders zu sein, als wir sind, heucheln Interesse an Dingen, die uns zu Tode langweilen, und umwerben Menschen, die wir verabscheuen. Wenn wir uns sehr viel Mühe geben, können wir sogar uns selbst davon überzeugen, daß wir ein Interesse für dies oder das haben und die besagten Leute wirklich mögen. Eine Heuchelei zeugt die nächste, und schließlich sind wir ohne Ausweg in einem undurchschaubaren Netz der Täuschungen gefangen. Wir spielen das Spiel des Lebens ohne Interesse und verlieren den Geschmack an ihm. Wir vergewaltigen unser eigentliches Ich und sind ständig irritiert durch Selbstzweifel und Kritik von außen. Wir leben in den Grabhöhlen und auf den Bergen. Tag und Nacht weint unsere Seele im Verborgenen, und wir tun uns und anderen Gewalt an. Thoreau schrieb: »Die große Masse der Menschen führt ein Leben voll Verzweiflung.«

Was ich geschrieben habe, wird einigen Leserinnen oder Lesern übertrieben und einseitig vorkommen, weil sie

keine Ähnlichkeiten zwischen sich und dem Besessenen von Gerasa finden können. Sie sind mit ihrem Leben zufrieden. Es ist wohlgeordnet und rechtschaffen, man respektiert sie. Sie kämpfen nicht gegen große Frustrationen an, sie sind nicht von unstillbarer Sehnsucht erfüllt und haben keine Angst vor sich selbst. Das kann darin begründet sein, daß sie ihre Krise bereits bewältigt und sich ihren geheimsten Ängsten und ihrem Schmerz gestellt haben. Sie haben ihre eigene Nichtigkeit vor Gott anerkannt und in ihm jetzt ihren Frieden gefunden. Es könnte aber auch sein, daß sie sich emotional noch auf der Stufe ihrer Kindheit befinden. Das, was in ihnen vor sich geht, ist ihnen noch nicht zu Bewußtsein gekommen.
Wenn man Vergleichspunkte zwischen sich selbst und dem Besessenen von Gerasa entdeckt, dann ist man ein Stück vorwärtsgekommen und der Wahrheit auf der Spur, auch wenn einem das Gefühl das Gegenteil suggeriert.
Sich das innere Chaos und die widersprüchlichen Begierden bewußt zu machen, ist gefährlich. Sie können uns überwältigen und dazu bringen, zu tun, was wir nicht tun wollen. Wenn wir, wie der Besessene von Gerasa, unsere Zuflucht bei Christus suchen können, um ihm zu zeigen, in was für einem Durcheinander wir uns befinden, und wenn wir dabei unser Augenmerk auf ihn richten, dann erhellt er unsere innere Finsternis und enthüllt uns Sehnsüchte, von deren Existenz in uns wir keine Ahnung hatten. Sie gehen über alles hinaus, was wir uns in unseren wildesten Phantasien denken oder vorstellen konnten. Die Kraft dieser tieferliegenden Wünsche kann jene anderen Bestrebungen, die uns hin- und hergerisssen hatten, besiegen, bändigen und in eine harmonische Ordnung bringen. Mit anderen Worten: Die Antwort auf den Konflikt in uns ist die Hinwendung zu Gott, oder für Christen, die glauben, daß Jesus das Bild des unsichtbaren Gottes ist, die Hinwendung zu Jesus. Aber was bedeutet ›Hinwendung zu Gott‹ oder ›Hinwendung zu Jesus‹? Kann ich sicher sein, daß Gott exi-

stiert? Und selbst wenn ich an die Existenz Gottes glaube, kann ich dann sicher sein, daß ich mich an Gott wende und nicht an ein von mir entworfenes Abbild meiner selbst, eine Projektion, die ich Gott nenne?

Als ich in Stonyhurst war, unterrichtete ich nicht nur die Klasse der agnostischen Fünfzehnjährigen in Religion, sondern auch eine sehr aufgeweckte Klasse von Dreizehnjährigen, die jedesmal nach einem Beweis für die Existenz Gottes fragten. Die fünf Wege des Thomas von Aquin, Anselm von Canterburys ontologischer Gottesbeweis und auch alle anderen Argumentationen, die ich finden konnte und die die großen Denker der Vergangenheit befriedigt hatten, machten auf diese Klasse keinen Eindruck. Die Schüler brachten das Argument vor, daß die zwei Religionsstunden pro Woche, ganz abgesehen von der täglichen Messe, den Andachten usw., keinen Sinn machten, wenn sie nicht von der Existenz Gottes überzeugt seien. Es befriedigte sie nicht, ›Gott‹ bis zum Ende des Schuljahrs als Arbeitshypothese zu akzeptieren.

Wenn wir darauf bestehen, wir müßten zuerst die Existenz Gottes beweisen, bevor wir uns ihm zuwenden können, werden wir ihn niemals finden. Wir versuchen dann nämlich, Gott, den Ursprung unserer Existenz, als logisches Problem zu betrachten, das man klar umreißen, einordnen und lösen könne, um ihm dann den Platz zuzuweisen, der ihm unserer Meinung nach zusteht. Ein solcher Gott existiert nicht. Wir können wie Thomas argumentativ zu dem Schluß kommen: »Wir müssen also notwendig eine erste Wirk- oder Entstehungsursache annehmen, und die wird von allen ›Gott‹ genannt« oder: »Wir müssen also ein Sein annehmen, das durch sich notwendig ist und das den Grund seiner Notwendigkeit nicht in einem anderen Sein hat ... Dieses notwendige Sein aber wird von allen ›Gott‹ genannt«, aber eine solche intellektuelle Schlußfolgerung, auch wenn sie eine hilfreiche Zwischenstufe sein kann, führt uns nicht zu einem personalen Gott, zum Gott Abrahams, Isaaks und Jakobs und zum Vater Jesu Christi. Der Gott der Philosophen und der Gott der alttestamentlichen Propheten unterscheiden sich grundlegend. Der Gott der Propheten ist sehr geheimnisvoll, aber auch voller Gefühle, ein Gott grenzenloser Barmherzigkeit, Zärtlichkeit und Liebe, und deshalb auch voller Wut, Zorn und Ungestüm, wenn diejenigen, für die er sorgt und die er liebt, einander ungerecht behandeln. Der Gott der Philosophen bleibt distanziert und unpersönlich. Der Gott der Propheten ist wie ein zweischneidiges Schwert, das unser Innerstes durchdringt und unsere geheimsten Gedanken und Gefühle freilegt, die primitivsten ebenso wie die erhabensten. Die Psalmen sind voll von beidem.

Die frühen Kirchenlehrer bezeichneten das Gebet als ein Gespräch von Herz zu Herz. Wir finden den wahren, lebendigen und liebenden Gott zuerst in unseren Herzen, und erst danach können wir ihn auch mit unserer Vernunft entdecken. Unser Herz ist nicht unvernünftig, sondern es hat seine Gründe, die dem Bewußtsein oft verborgen bleiben. Die Vernunft kann sie erst im nachhinein verstehen.

Wenn wir uns Gott zuwenden, müssen wir zuerst anerkennen, daß er ein Geheimnis bleibt, was immer und wer auch immer er sein mag. Wir können mit unserem endlichen Erkenntnisvermögen niemals angemessen erfassen, wer er ist. Wer nach einem klaren und präzisen Begriff von Gott sucht, wird ihn bei der Lektüre des vorliegenden Buches nicht finden. Wenn er denn doch eine treffende und klare Definition findet, kann er sicher sein, daß sie falsch ist. Gott ist ein Geheimnis, aber das heißt nicht, daß er völlig unverständlich wäre. Wir können das Geheimnis erfahren und unser Wissen darüber kann zunehmen, aber je weiter wir in das Geheimnis Gottes vordringen und je genauer wir es ermessen, desto tiefer werden wir von ihm erfaßt und desto besser begreifen wir wiederum, daß Gott ein Geheimnis ist.

Die Wahrheit, daß Gott ein Geheimnis ist, besitzt grundlegende Bedeutung. Jede Religion, die diese grundlegende Wahrheit ignoriert, führt uns in die Irre. Wenn wir ein äußerst ausgeklügeltes und geniales religiöses System errichten, dieses System aber nicht von der grundlegenden Wahrheit ausgeht, daß Gott ein Geheimnis ist, dann verwandelt sich unsere ausgeklügelte Religion in eine höchst kunstvolle Form der Idolatrie. Wir sind in der ständigen Versuchung, einen Gott nach unserem Bild und uns ähnlich zu machen. Wir wollen ihn im Griff behalten und domestizieren, und wenn wir ihm einen zentralen Ehrenplatz in unseren Herzen, in unserer Familie und unserem Land einräumen, so wollen wir doch die Kontrolle über ihn behalten. Gott entzieht sich jeder Vereinnahmung. Er bleibt jenseits von allem, was wir uns ausdenken und vorstellen können. »Gott«, so hörte ich einmal jemanden sagen, »ist eine Einladung.« Er ruft uns aus uns selbst heraus und führt uns über uns hinaus, er ist der Gott der Überraschungen, der Neues hervorbringt. Deshalb kann eine Kirche, die in ihrer Grundhaltung statisch und unbeweglich ist, kein wirksames Zeichen der Gegenwart Gottes in der Welt sein. Eine Glaubensgemeinschaft, die in sehr klaren Begriffen bestimmt, wer Gott ist, und den Zugang zu ihm garantiert, wenn man ihren eindeutigen Vorschriften folgt, wird immer ihre Anhängerschaft finden: Wir wollen Gott im Griff behalten. Jede Abweichung von diesen Vorschriften wird in einer solchen Gemeinschaft als Abfall von Gott selbst betrachtet.

Als 1962 das Zweite Vatikanische Konzil begann, wurde an erster Stelle der Entwurf einer »Konstitution über die Kirche« beraten. Der Entwurf hatte vor allem das institutionelle Element im Blick und behandelte im Einleitungskapitel die hierarchische Struktur der Kirche. Die Bischöfe verwarfen diese Vorlage. Das erste Kapitel der schließlich verabschiedeten Konstitution ist überschrieben: »Das Mysterium der Kirche«. Dieser Auftakt gab die Richtung des Konzils an und ist eine der Ursachen für die großen Ver-

änderungen, die seit dem Konzil in der Kirche stattgefunden haben und weiterhin stattfinden werden.
Die Kirche ist das »Sakrament der Gegenwart Gottes« in der Welt. Einige der christlichen Kirchen werden Einwände gegen den Begriff ›Sakrament‹ erheben, aber die meisten von ihnen sind ebenfalls der Ansicht, daß die Kirche ein Zeichen ist, und zwar ein wirksames Zeichen der Gegenwart Gottes unter uns. Gott ist nicht statisch. Eine Kirche, die ihrem Wesen treu bleibt, kann nicht statisch sein. Weil wir Gott niemals angemessen beschreiben können, können wir auch das Wesen und die Natur der Kirche niemals angemessen beschreiben. Da sie eine menschliche Einrichtung ist, braucht sie Institutionen, Gesetze, Lehrstühle, einen Kanon ihrer Lehren und Kommunikationswege, aber ihre Strukturen sind vorläufig und müssen stets weiterentwickelt werden. Gott übersteigt alles, und er ist immer größer als seine Kirche. Er wirkt überall in seiner Schöpfung, und er wohnt in jedem von uns. Im ›Buch der Weisheit‹ heißt es (11, 24–12,1):

»Du liebst alles, was ist, und verabscheust nichts von allem, was du gemacht hast; denn hättest du etwas gehaßt, so hättest du es nicht geschaffen. Wie könnte etwas ohne deinen Willen Bestand haben, oder wie könnte etwas erhalten bleiben, das nicht von dir ins Dasein gerufen wäre? Du schonst alles, weil es dein Eigentum ist, Herr, du Freund des Lebens. Denn in allem ist dein unvergänglicher Geist.«

Gott wirkt im Herzen jedes Menschen, er liebt jeden und zieht jeden zu sich hin. Er handelt ohne Ansehen der Person, ignoriert die menschlichen Rangordnungen und Statushierarchien und wirft sie über den Haufen: »Er stürzt die Mächtigen vom Thron und erhöht die Niedrigen« (Lk 1, 52).
Gott ist quer durch die christlichen Kirchen am Werk, in allen Religionen und in den Herzen jener, die nicht glauben. Keine Religion kann Gott für sich allein in Anspruch

nehmen, obwohl es die meisten von ihnen versuchen. Wenn man ihren Wegweisungen nicht folgt, so behaupten sie, könne man nicht gerettet werden.

Wir stehen ständig in der Versuchung, Gott nach unserem Bild zu gestalten, unsere Beschränktheit und Überheblichkeit zu vergöttlichen und das Ergebnis dann den Willen Gottes zu nennen. Gott ist ein Geheimnis, eine Einladung, und er ruft uns über unsere Beschränktheit hinaus. *Daß* er ist, nicht wie er ist, gibt uns Sicherheit.

Wir haben Anteil am Geheimnis Gottes, weil wir nach seinem Bild geschaffen sind. Da es keine zwei Menschen mit identischen Fingerabdrücken gibt, ist es nicht weiter erstaunlich, daß jeder von uns Gott auf seine eigene und einzigartige Weise erkennt und versteht. Das Ziel unserer Reise ist für alle gleich, aber unsere Reisewege sind verschieden, und wir müssen die Freiheit haben, sie selbst zu entdecken. In der Kirche findet man Weghinweise, vor allem in der Heiligen Schrift, aber auch in der Tradition, doch letztlich müssen wir unseren Weg selbst finden und die Verantwortung für unseren Reiseweg tragen.

Gott ist das Ziel unserer Reise, aber Gott ist ein Geheimnis. Das scheint auf den ersten Blick keine besonders hilfreiche Auskunft zu sein. Als ob uns jemand auf die Reise schickte und uns versicherte, die Reise sei notwendig und eine Frage von Leben und Tod, wir aber auf die Frage nach dem Ziel dieser alles entscheidenden Reise zur Antwort bekämen, das Ziel kenne man nicht und könne es auch nicht kennen, man wünsche uns aber trotzdem ›Alles Gute‹ und ›Viel Glück‹ .

Gott ist ein Geheimnis, aber wenn wir uns ihm zuwenden, dann führt er uns. Wir müssen nur darauf vertrauen, daß er es auch tun wird. Aber wie wende ich mich mit meinem ganzen Wesen Gott zu? Die Antwort, die man im allgemeinen in Büchern findet und von jedem zu hören bekommt, der Rat in geistlichen Fragen gibt, heißt, man müsse zu ihm beten. Nur, wenn man diesen Rat bekommen und vielleicht enthusiastische Bücher über die wunderbaren Dinge gelesen hat, die man durch Gebet erreichen kann und die das Beten bei anderen schon bewirkt hat, kann es passieren, daß man ins Leere redet, wenn man selbst zu beten versucht. Unsere innere Ruhelosigkeit oder die Unfähigkeit zur Konzentration tritt uns deutlicher denn je vor Augen. Es könnte auch sein, daß wir einen tiefsitzenden Widerwillen gegen das Beten in uns entdecken. Zögert man, es mit dem Beten zu versuchen, kann sich dahinter eine Vielzahl von Ursachen verbergen. Ich werde ein paar der gängigeren nennen.

Wenn wir beten wollen, müssen wir uns auf irgendeine Vorstellung von Gott beziehen. Diese Vorstellung hat Einfluß darauf, wie wir beten und ob wir überhaupt beten. Als Studentenpfarrer verbrachte ich gewöhnlich viel Zeit damit, Menschen zuzuhören, die den katholischen Glauben abgelegt hatten oder die dabei waren, es zu tun. Andere hatten Zweifel, ob sie guten Gewissens weiterhin Katholiken bleiben konnten, weil sie spürten, daß sie im Grunde nicht mehr an die Lehren der katholischen Kirche glaubten. Nachdem ich ihnen zugehört hatte, ermutigte ich sie immer, über ihr eigenes Verständnis von Gott zu sprechen. Nach vielen Gesprächen formte sich in meiner Vorstellung folgendes Phantombild von Gott.

Gott gehörte zur Verwandtschaft. Mama und Papa schätzten ihn sehr und schilderten ihn als einen liebevollen und vertrauten Freund der Familie, mit großem Einfluß und voller Interesse für jeden von uns. Gelegentlich nahmen sie uns mit, um den guten alten Onkel zu besuchen. Er wohnte in einem ungeheuren Gebäude, trug einen Bart und war schroff und furchteinflößend. Wir konnten die erklärte Bewunderung unserer Eltern für dieses Familienjuwel nicht teilen. Am Ende des Besuches wandte sich Onkel George an uns. »Hört gut zu, Freunde«, sagte er mit sehr strengem Blick, »ich möchte, daß ihr einmal in der Woche bei mir erscheint. Ich zeige euch jetzt, was passiert, wenn ihr nicht kommt.« Er führte uns in den Keller des Gebäudes. Es war dunkel, und mit jedem Schritt nach unten wurde es heißer. Schauerliche Schreie waren zu hören. Der Onkel öffnete eine der Stahltüren im Keller. »Schaut euch das gut an, Freunde.« Wir standen vor einer Schreckensvision. Überall waren glühende Öfen aufgestellt, die von kleinen Teufeln geschürt wurden. Sie warfen jene Männer, Frauen und Kinder ins Feuer, die es versäumt hatten, unseren guten Onkel zu besuchen oder die seinen Wünschen zuwiderhandelten. »Freunde«, sagte der Onkel, »wenn ihr mich nicht besucht, dann werdet ihr ziemlich sicher auch hier enden«, und führte uns wieder nach oben zu Mama und Papa. Als wir fest an der Hand von Papa und Mama nach Hause gingen, wandte sich Mama an uns und sagte: »Ihr liebt doch den Onkel aus ganzem Herzen und mit der ganzen Kraft eurer Seele und eures Geistes?« Und wir, obwohl wir das Ungeheuer verabscheuten, antworteten: »Ja, sicher«, denn etwas anderes zu sagen hieße, sich in die Warteschlange vor den Feueröfen einzureihen.

Solche Bilder begründen schon in zartem Alter eine religiöse Schizophrenie. Wir fahren fort, unserem Onkel zu sagen, wie sehr wir ihn lieben und wie gut er ist und daß wir nur das tun werden, was ihm gefällt. Wir halten uns an seine Wünsche, die man uns genannt hat, und wagen nicht einmal uns selbst einzugestehen, daß wir ihn verabscheuen. Dieser Onkel ist eine Karikatur, aber eine Karikatur der Wahrheit. Wir können uns einen Gott entwerfen, der ein Abbild unserer tyrannischen Ich-Anteile ist. Zwar ist es nicht mehr in Mode, uns die Hölle zu predigen, aber vor ein paar Jahrzehnten war es noch üblich, und es könnte durchaus wieder in Mode kommen. Höllenpredigten haben bei entsprechender Mentalität eine große Anziehungskraft, aber sie verwüsten gesündere und empfindsamere Gemüter.

Unser Begriff von Gott wird uns durch unsere Eltern, die Lehrer und die Geistlichen vermittelt. Wir können Gott nicht unvermittelt erfahren. Wenn wir Eltern und Lehrer als dominante Menschen erleben, die uns wenig Zuneigung zeigen und uns nicht um unserer selbst willen respektieren, sondern nur wertschätzen, insofern wir ihren Erwartungen entsprechen, wird diese Erfahrung unseren Begriff von Gott und die Art und Weise mitbestimmen, wie wir uns auf ihn beziehen. Unser Gottesbegriff ist dann nicht nur unangemessen, sondern völlig verzerrt. Verstandesmäßig mag uns klar sein, daß Gott nicht mit jenem Onkel vergleichbar ist, aber es sind die Gefühle, die bestimmen, wie wir uns Gott nähern, und Gefühle lassen sich nicht so leicht revidieren wie unsere Theorien. Besagter Onkel kann unseren Gefühlen nicht so leicht ausgetrieben werden. Obwohl unser Verstand weiß, daß Gott anders ist, ist man vielleicht dennoch ziemlich abgeneigt, sich ihm zu nähern, ohne zu wissen warum. Man findet tausend Ausreden, um das Gebet zu vermeiden: Ich habe zu viel zu tun, ich erfahre Gott in meiner Arbeit usw. Nur regelmäßiges Gebet kann uns von unseren falschen Gottesbildern befreien. Wir müssen Gott darum bitten, uns zu lehren, wer er ist, denn das vermag niemand sonst. »Gott wird nur von Gott selbst erkannt«, wie einer der frühen Kirchenlehrer sagte. Wir beten nicht um theoretisches Wissen von ihm, sondern um ein Erfahrungswissen, das unser ganzes Sein erfaßt und bestimmt, wie wir uns selbst, andere Menschen und die Welt um uns wahrnehmen. Dieses Erfahrungswissen von Gott verändert unsere Denkmuster und damit auch unsere Handlungsstrategien. Es öffnet Verstand und Herz und befreit uns aus den Beschränkungen, die Erziehung und Milieu uns auferlegen.

Der gute, alte Onkel ist die Karikatur *eines* falschen Gottesbildes, aber es gibt zahlreiche andere. Mag sein, daß wir diesen Onkel loswerden, aber an seine Stelle eine Art Weihnachtsmann setzen, so daß Gott zu einer wohlwollenden Gestalt wird, die gelegentlich in unser Leben tritt und uns Geschenke bringt. Man freut sich an ihm, solange alles gut geht. Bricht aber ein Unglück über uns herein, geben wir den Glauben an ihn auf. Der Weihnachtsmann ähnelt Gott, der die Liebe ist, schon ein wenig mehr als jener Onkel, aber er ist noch weit entfernt vom Gott der Bibel, der »sogar die Haare auf dem Kopf alle gezählt« hat (Lk 12, 7) und »mein Inneres geschaffen, mich gewoben hat im Schoß meiner Mutter« (Ps 139, 13).

Unser jeweiliges Gottesbild hängt stark davon ab, wie wir erzogen wurden und wie wir unsere Erziehung verkrafteten, denn unsere Theorien und unser praktisches Wissen leiten sich aus unseren Erfahrungen ab. Wenn die Erfahrung uns gelehrt hat, unter Gott eine Art Oberaufseher zu verstehen, der hauptsächlich an unseren Fehlern interessiert ist, wenn wir ihm vor allem in kalten Kirchen begegnet sind, wo man uns mit kaum verständlichen Lesungen und Predigten zu Tode langweilte, und wenn uns Gott dort als jemanden präsentiert wurde, der praktisch alles, was Spaß machte, mißbilligte, dann werden wir uns Gott kaum zuwenden wollen, gleichgültig, wie viele Menschen uns sagen, daß man beten müsse.

Sobald wir begreifen, daß wir ein falsches Gottesbild haben, sind wir auf unserem Weg zu Gott ein Stück vorwärtsgekommen. Im Laufe der Reise werden wir weitere Irrtümer entdecken, derer wir uns nicht bewußt waren. Es kann im ersten Augenblick sehr schmerzhaft sein, sie zu entdecken, aber dieser Schmerz gleicht dem Schmerz, der sich einstellt, wenn unsere gefesselten Gliedmaßen endlich losgebunden werden: er ist der Preis der Freiheit. Die Reise zu Gott ist eine Entdeckungsreise, und sie steckt voller Überraschungen. Im folgenden Beispiel ist die Rede von jemandem, der im Gebet entdeckte, daß er eine falsche Gottesvorstellung hatte.

Fred wurde als Musterchrist betrachtet. Er war jung, verheiratet und engagierte sich neben dem Beruf ehrenamtlich in einer Reihe von Initiativen. Er hatte ein lebhaftes Interesse an Theologie, pflegte einen bescheidenen Lebensstil, ging selten aus, weder ins Kino noch ins Theater, auch nicht zum Essen, und er und seine Frau verbrachten einen Großteil ihrer Freizeit in Gemeindesitzungen und Besprechungen. Einmal nahm er im Urlaub bei mir Einzelexerzitien. Ich ermutigte ihn, im Gebet Perikopen aus den Evangelien zu betrachten und sich in das Geschehen hineinzudenken, als ob es jetzt im Augenblick stattfinden und er selbst dazugehören würde. Am Ende jedes Tages sollte er mir von seinen Gebetserfahrungen berichten. An einem Tag hatte er sich die Hochzeit von Kana vorgestellt. Seine lebhafte Phantasie hatte ihm mit Speisen überhäufte Tische unter einem blauen Himmel vor Augen geführt. Die Gäste tanzten und alle waren bester Dinge. »Haben Sie Jesus gesehen?«, fragte ich ihn. »Ja«, antwortete er, »Jesus saß aufrecht in einem Stuhl mit hoher Lehne. Er war weiß gekleidet, hielt einen Stab in seiner Hand, trug eine Dornenkrone und hatte einen mißbilligenden Gesichtsausdruck.«

Die Vorstellungskraft ist eine wundervolle und oft vernachlässigte Fähigkeit. Mit ihrer Hilfe können wir die Geschehnisse der Evangelien sinnenhaft, gefühlsmäßig und mit unserem Verstand erfahren. Auf der anderen Seite projiziert sie Gedanken, Erinnerungen und Gefühle in unser Bewußtsein, die unsere Wahrnehmung, unser Denken und Handeln tatsächlich bestimmen, obwohl sie sonst in unserem Unterbewußtsein verborgen sind. Das Bild von Jesus auf dem Stuhl gab Fred einen tiefen Einblick in die Grundstruktur seiner Auffassungen von Gott und von Jesus, die ihm vorher nicht deutlich gewesen war. Hätte man ihn vor seiner betenden Betrachtung der Hochzeit von Kana gefragt: »Wie sieht deine grundlegende Auffassung von Gott und Jesus aus?«, hätte er wahrscheinlich geantwortet: »Gott ist ein Gott der Liebe, der Barmherzigkeit und des Mitleids.« Tatsächlich aber war tief in seinem Unterbewußtsein eine ganz andere Vorstellung von Gott entscheidend und beeinflußte sein Leben. Als er über das Bild des mißbilligenden Jesus nachdachte, wurden ihm viele Gegebenheiten in seinem eigenen Leben verständlicher. Er imaginierte einen Jesus, der jede Belustigung ablehnte und der immerzu nach ›guten Werken‹ verlangte. Es war ein tyrannischer Jesus, der nichts von den kleinen Freuden des Lebens hielt. Fred stellte fest, daß ihm seine vielfältigen Verpflichtungen und caritativen Tätigkeiten eigentlich keine Freude machten, er sich diese Tatsache aber nie eingestanden hatte. Er fühlte sich immerzu schuldig und von einem unerbittlichen Gott vorwärts gestoßen. Aber je stärker er sich selbst zum Gebet verpflichtete und je öfter man ihm riet, er solle sich Gott zuwenden, desto schlechter fühlte er sich. Dieses »Du sollst« in seinem Leben war jedoch so stark, daß er das Beten nicht aufgeben konnte. Er litt unter einer »Erstarrung im ›Du sollst‹ «.

Für Fred war diese Erkenntnis zunächst sehr schmerzlich, aber sie war der Anfang seiner Befreiung von einem tyrannischen Gottesbild. Sein Leben war nicht vertan. Fred war dem Gott treu geblieben, den er kannte, und seine aufrichtige Gefolgschaft brachte ihn auf einen neuen Weg. Gott bediente sich seiner Vorstellungskraft und seiner Gefühle, um ihn weiterzubringen.

Wenn ich den Ratschlag höre oder lese: »Wenn man betet, dann wird alles gut«, läuft es mir kalt den Rücken herunter. Ich habe zu viele Menschen kennengelernt, die durch Ratschläge dieser Art zerstört wurden, als daß ich über so etwas einfach hinweggehen könnte. Wenn ein falscher und tyrannischer Gott in einem Menschen herrscht, dann heißt mein Ratschlag: Stelle dich deinem Tyrannen.

Freud hat den Begriff »Über-Ich« geprägt. Kurz gesagt, bezieht sich dieser Begriff auf den Bereich unseres Geistes, der bewußt und unbewußt die vielen »Du sollst« der Kindheit, die uns von unseren Eltern und anderen vorgegeben wurden, derart assimiliert hat, daß sie zu einem festen Bestandteil unseres Denkens geworden sind und wir der Überzeugung sind, an ihnen aus eigener Entscheidung festzuhalten. Nehmen wir zum Beispiel das Kind, in das seine

Eltern große Hoffnungen setzen und die es ständig zu höheren Leistungen drängen. »Für unsere Familie ist nur das Beste gut genug«, unter Umständen verstärkt durch: »Für Gott ist nur das Beste gut genug.« Das Kind müht sich ab und scheitert, aber Fehlschläge darf es nicht geben, weil sie den Zorn der Eltern heraufbeschwören, und wenn Gott in der Erziehung eine Rolle spielt, dann kommt zusätzlich auch noch dessen Zorn über das Kind. Wie jedes Kind hat auch dieses Kind ein verzweifeltes Verlangen nach Zuneigung und Sicherheit, die für sein Überleben so wichtig sind wie die Nahrung und eine Bleibe. Das Kind kämpft weiter. Im Zentrum seines Lebens steht das Bemühen, Mamas Anerkennung zu gewinnen. Wenn die Mutter dominant genug ist und das Kind zu schwach, um in seiner Entwicklung in die Phase der kritischen Auseinandersetzung einzutreten, verwandelt es sich in den Augen der Mutter zum Musterkind. Sie wird sich an den Erfolgen des Kindes, seiner Fügsamkeit und an seiner Fixierung auf sie weiden. Das Kind macht den Ehrgeiz der Mutter zu seinem eigenen, und weit über ihren Tod hinaus bleibt ihr Ehrgeiz die Triebfeder im Leben des Kindes. Das Kind hatte nie eine Chance, seine eigene Persönlichkeit zu entwickeln, und sein Leben wird zwanghaft, frustrierend und voller Ängste sein, ohne daß es die Ursache dafür kennt: Das Ego des Kindes hatte nie eine Chance, sich auszubilden. Solange es nicht von seinem tyrannischen Über-Ich loskommt, wird es nicht frei sein. Ohne die Befreiung von diesem Über-Ich wird noch der Erwachsene ein Ideal zu verwirklichen suchen, das ihm Qualen verursacht und ihn physisch wie psychisch erschöpft, weil es ein ihm fremdes Ideal ist. Wenn das Christentum das institutionelle Element überbetont und das kritische und mystische ausschließt, und vor allem auch, wenn es ein Übermaß an Moralvorschriften beinhaltet, bei deren Mißachtung die ewige Verdammnis droht, dann kann es auf die Gläubigen dieselbe Auswirkung haben wie die ehrgeizige Mutter auf ihr Kind. Ein auf diese Weise realisiertes Christentum bringt ein tyrannisches religiöses Über-Ich hervor, das die individuelle Persönlichkeit erstickt, sie der inneren Freiheit beraubt und sie in eine ekklesiogene Neurose führt. Anstatt leicht und angenehm zu sein, wie er versprochen hat, wird das Joch Christi zu einer drückenden Last, die uns unter dem Gewicht von Angst und Schuld begräbt.

Das Phänomen ›Über-Ich‹ findet sich nicht nur bei Patienten in der Psychiatrie. Es existiert in uns allen, und vor allem in der Kindheit ist das Über-Ich ein gutes und notwendiges Wachstumselement. Wenn wir uns aber als Menschen weiterentwickeln sollen, dann müssen wir lernen, das Über-Ich loszuwerden. Wir können Gott nicht aus ganzem Herzen lieben und ihm mit der ganzen Kraft unserer Seele und unseres Verstandes dienen, wenn wir unser eigenes Herz und unseren Verstand noch nicht ausgebildet haben. Unser Schatz liegt verborgen im Acker unserer eigenen Erfahrungen und in dem inneren Leben, das sich aus diesen Erfahrungen ergibt.

Wir haben in diesem Kapitel einen etwas genaueren Blick auf die Komplexität unseres inneren Lebens mit seinen widersprüchlichen Bestrebungen und Gefühlen geworfen. Wir sind versucht, unser inneres Leben zu ignorieren, aber es widersetzt sich dieser Bemühung. Wenn wir es nicht anerkennen und integrieren, wird es uns früher oder später überrumpeln, unter Umständen dergestalt, daß wir selbst und andere dadurch Schaden nehmen. Geistliche Schriftsteller geben den Rat, wir sollten uns Gott im Gebet zuwenden, aber für uns kann Gott selbst schon das Problem sein. Die in uns wirksamen falschen Gottesvorstellungen können uns mit Angst erfüllen und eine erbarmungslose Tyrannei ausüben, die das Leben in uns erstickt. Im folgenden Kapitel werde ich einige Methoden des Gebets vorschlagen, die dazu verhelfen können, den falschen Gottesbildern, die uns beeinflussen, schneller auf die Spur zu kommen.

Übung

Lesen Sie langsam Kapitel 5, Vers 1–20 im Markusevangelium und meditieren Sie die Beschreibung, die Markus von dem Besessenen gibt. Notieren Sie jede persönliche Erfahrung, die Ihnen in den Sinn kommt, während Sie das Evangelium lesen. Am Schluß stellen Sie sich vor, sie stünden mit Jesus am Rand des Abhangs, als die Schweine in den See stürzen, und hörten, wie er sagt: »Hier versinkt deine Schwermut und dort dein Zorn, deine Verbitterung, dein Haß usw.«

4. Hilfsmittel für die Schatzsuche Methoden des Gebetes

Laßt ab und erkennt, daß ich Gott bin (Ps 46, 11)

Dieses Kapitel macht einige Vorschläge, wie man beten kann. Es sind Vorschläge, nicht Vorschriften, und sie beschreiben nur ein paar der möglichen Gebetsformen. Falls man nichts mit ihnen anfangen kann, folgt daraus nicht, daß man nicht beten kann, sondern nur, daß man mit diesen Methoden nicht zurechtkommt. Es gibt so viele unterschiedliche Weisen zu beten, wie es Menschen gibt. Jeder kann beten, aber jeder muß seinen eigenen Weg finden. Die in diesem Kapitel vorgeschlagenen Methoden erleichtern den Einstieg, denn mehr als einen Einstieg braucht man nicht. Ich hebe diesen Punkt besonders hervor, weil er von grundsätzlicher Bedeutung ist. Nur Gott allein kann uns lehren, wie man betet. Irgendwelche speziellen Methoden sollten uns dabei nicht im Wege stehen.

In früheren Zeiten versklavten herrschsüchtige Könige, grausame Tyrannen und sadistische Eroberer die Menschen. Heute werden wir in den demokratischen wie in den totalitären Staaten von Fachleuten beherrscht, die noch das kleinste Detail in unserem Leben diktieren, wenn wir ihnen nicht Einhalt gebieten. Glücklicherweise sind sich die Fachleute selten einig. Wenn beispielsweise die Fachmediziner mit ihren Einschätzungen alle recht hätten, dann könnten wir kaum noch etwas ohne Gefahr essen oder trinken und es gäbe sehr wenige Lebensäußerungen, die risikolos wären. Eine noch weitergehende Bedrohung unserer Freiheit stellen Psychologen oder Psychiater dar, wenn wir ihren Behauptungen einen so übertriebenen Respekt entgegenbringen, daß wir unsere eigenen Gedanken

und Intuitionen in jedem Fall für falsch halten. Dann schreiben sie uns vor, wie unsere Kinder zu erziehen sind und wie wir denken, fühlen und handeln sollten, damit wir vollwertige, bedeutsame, warmherzige und schöne Menschen werden.
Die römischen Kaiser kontrollierten ihre Dissidenten auch ohne die Unterstützung von Psychologen oder Psychiatern. Ihre heidnischen Untertanen waren religiöse Menschen, die an die Götter glaubten. Also erklärten sich die Kaiser zu Göttern. Dadurch wollten sie einen möglichst weitreichenden Einfluß auf den Verstand und die Herzen ihrer Untertanen erlangen, denn nicht alle ließen sich unter dem Motto ›Brot und Spiele‹ in den Griff bekommen. Jesus war versucht, Steine in Brot zu verwandeln und über alle Königreiche der Welt zu herrschen und genau die gleiche Form von Macht auszuüben. Er wies alle Versuchungen zurück: »Vor dem Herrn, deinem Gott, sollst du dich niederwerfen und ihm allein dienen« (Lk 4, 8). Religiöse Autoritäten und geistliche Lehrer werden immer in der Versuchung sein, im Namen Gottes Einfluß zu nehmen und Macht auszuüben. Jesus warnte seine Jünger davor, dieser Versuchung nachzugeben: »Ihr aber sollt euch nicht Rabbi nennen lassen; denn nur einer ist euer Meister, ihr alle aber seid Brüder. Auch sollt ihr niemand auf Erden euren Vater nennen; denn nur einer ist euer Vater, der im Himmel. Auch sollt ihr euch nicht Lehrer nennen lassen; denn nur einer ist euer Lehrer, Christus« (Mt 23, 8–10).
Wir brauchen Ärzte, Psychiater, geistliche Lehrer und Fachleute für jedes Wissensgebiet, und wir wären dumm, wenn wir nicht auf sie hören würden, aber wir dürfen nicht zulassen, daß Experten welcher Art auch immer unser Leben beherrschen. Wir brauchen geistliche Lehrer, religiöse Autoritäten und die Institution Kirche mit ihrem Lehramt, aber das Ziel aller Lehraussagen, der Kirchengebote und des Kirchenrechtes kann nur sein, uns empfänglicher, aufgeschlossener und gehorsamer gegenüber Gott zu machen,

der in uns wirkt. Wenn das mystische Element in der Kirche zu kurz kommt und wenn wir Gott nicht in unserem Innersten begegnen, dann verkommt unser Glauben zur Vergötzung der Institution oder zur Anbetung eines ideologischen Gedankengebäudes.

Gott ist tatsächlich unser Lehrer, und er allein kann uns das Beten lehren oder, genauer, er allein ist es, der in uns betet. »Denn ihr habt nicht einen Geist empfangen, der euch zu Sklaven macht», schreibt Paulus an die Römer, »so daß ihr euch immer noch fürchten müßtet, sondern ihr habt den Geist empfangen, der euch zu Söhnen macht, den Geist, in dem wir rufen: Abba, Vater!« (Röm 8, 15). Wenn man sich beim Beten immerzu fragt: »Bete ich richtig?«, dann deutet das darauf hin, daß man sich dem unterwirft, was andere für richtig halten. Gott teilt sich über die unverwechselbare Individualität mit, die er jedem geschenkt hat. Wir sollen uns Gott nicht nähern, als ob er nur auf die vorgefertigten Gebetsformeln der Eingeweihten antworten könnte. Wir müssen lernen, der eigenen Erfahrung zu trauen, die unsere reichste Wissensquelle ist. Selbstverständlich sollten wir auf die anderen hören, die uns bei der Erschließung und Interpretation unserer Erfahrung helfen können, aber wir dürfen nicht zulassen, daß sie unser Denken so beherrschen, daß wir die Stimme unseres eigenen Herzens mißachten, sonst schwören wir unserer Freiheit ab und verlieren uns selbst.

Viele Menschen finden keinen Zugang zum Gebet, weil sie an ihrem Gottesglauben zweifeln oder meinen, ihr Leben sei so in Unordnung geraten, daß sie sich Gott nicht zuwenden könnten, bevor sie es in Ordnung gebracht hätten. Steckt man in einem derartigen Dilemma, fragt man sich am besten: Welche Grundannahmen liegen meinen Widerständen gegen das Beten zugrunde? Geht man davon aus, daß die Selbsteinschätzung als Glaubenszweifler allein entscheidend ist und das eigene Versagen größer als die Barmherzigkeit Gottes? Will man beten, muß man seine Abhängigkeit eingestehen. Man hat weder die Schöpfung noch sich selbst hervorgebracht. Wer sich das eingestehen kann, der erkennt eine Macht an, die bedeutender ist als man selbst. Dabei spielt es keine Rolle, wie man sich diese Macht vorstellt und ob man sie als Person denken kann oder nicht.

Beten heißt hören. Der Psalmist sagt: »Laßt ab und erkennt, daß ich Gott bin« (Ps 46,11). Es ist schwierig, zu schweigen oder einfach nur still dazusitzen, aber noch schwieriger ist es, innerlich abzuschalten. Je mehr wir uns darum bemühen, desto stärker gleichen unsere Gedanken und Erinnerungen einem Schwarm zorniger Bienen.

Eines der größten Hindernisse für das Gebet ist die Unruhe unseres Geistes, der eine Abwehrmauer von Gedanken, Erinnerungen und Assoziationen um uns herum zieht. Gott, dessen Wege nicht unsere Wege und dessen Gedanken nicht unsere Gedanken sind, erhält keinen Zutritt. Wir gleichen verpuppten Geschöpfen. Die harte Schale des Kokons steht für unser kleinkariertes Selbstbild und unsere beschränkte Weltsicht. Beten wir, ohne innerlich ruhig zu sein, dann ist es, als ob wir an unseren Kokon stießen, ohne ihn verlassen zu können. Werden wir dagegen ruhig, so öffnet er sich.

Glücklicherweise kann sich unser Geist im Normalfall nicht auf zwei Dinge zugleich konzentrieren. Richte ich meine gespannte Aufmerksamkeit auf das, was ich in meinem großen Zeh fühle, kann ich mir nicht auch noch Sorgen über meine Finanzlage machen. Die nachfolgende Methode dient dazu, innere Ruhe und eine Entspannung des Körpers herbeizuführen.

Man setzt sich in einen Lehnstuhl oder mit überkreuzten Beinen im Lotussitz auf den Boden (falls man entsprechend gelenkig ist), hält den Rücken zwanglos gerade und entspannt den Körper. Wenn man auf einem Stuhl sitzt, stellt man die Füße fest auf den Boden und läßt die Hände auf den Oberschenkeln ruhen oder verschränkt sie im Schoß.

Dann schließt man die Augen oder fixiert sie auf einen Punkt direkt vor einem und lenkt seine ganze Aufmerksamkeit auf die Körperempfindung. Man kann mit den Füßen beginnen und langsam nach oben gehen. Immer wieder konzentriert man sich auf den Teil des Körpers, den man gerade spürt, auch wenn es nur für ein paar Sekunden ist. Man wechselt mit seiner Aufmerksamkeit von einem Körperteil zum nächsten, aber je länger man sich auf ein Körperteil konzentrieren kann, desto besser. Die Aufmerksamkeit gilt den Gefühlen selbst, nicht dem, was man über die Gefühle denkt. Wenn man unbequem sitzt oder einen Juckreiz verspürt und gerne seine Haltung verändern würde, dann nimmt man diese Störung einfach zur Kenntnis und sagt sich, daß alles in Ordnung ist. Ohne daß man sich bewegt, richtet man seine Aufmerksamkeit weiterhin auf die Körperempfindungen. Man kann das selten lange durchhalten, ohne daß unser Geist mit Kommentaren und Fragen auf sich aufmerksam macht. »Reine Zeitverschwendung! Was soll das mit Gebet zu tun haben? Ist das jetzt die Hindu-Masche? Worum geht es eigentlich?« Auf solche Kommentare und Fragen reagiert man wie auf den Juckreiz: Man nimmt die Einwände zur Kenntnis und konzentriert sich dann wieder auf das, was man spürt.

Am Anfang genügt es, wenn man die Übung etwa fünf Minuten lang macht, aber dann sollte man sie allmählich verlängern. Man stellt schnell fest, wie schwierig es ist, innerlich ruhig zu werden und die Gedanken abzustellen, aber wenn man konsequent bleibt, verbessert sich die Konzentrationsfähigkeit, und man entspannt sich. Viele macht diese Übung schläfrig. Sie kann also für jemanden, der unter Schlaflosigkeit leidet, durchaus eine Hilfe sein.

Hat man durch diese Übung ein gewisses Maß an innerer Ruhe erreicht, kann man, wenn man es möchte, dazu übergehen, in einem ausdrücklicheren Sinn zu beten. Dazu wiederholt man immer wieder einen Satz, den Paulus, von den Stoikern übernommen hat: »Denn in ihm leben wir, bewegen wir uns und sind wir« (Apg 17, 28). Wir begegnen Gott in jeder Erfahrung unseres Lebens. Je stärker der Kontakt mit uns selbst ist, desto stärker ist auch der Kontakt zu ihm. Wenn man so betet, sollte man aber jede positive oder negative Selbstbeurteilung möglichst vermeiden. Allzu leicht folgen wir dabei nicht Gott, sondern unseren falschen Vorstellungen von ihm. Kann man die Selbstkritik nicht vermeiden, sollte man sie wie den Juckreiz behandeln. Man nimmt sie zur Kenntnis, wendet sich dann aber wieder seinen Gefühlen zu.

Eine zweite, vergleichbare Übung besteht darin, daß man die bereits beschriebene Sitzhaltung einnimmt, dieses Mal aber die ganze Aufmerksamkeit auf den Vorgang des Ein- und Ausatmens richtet, ohne den Atemrhythmus dadurch zu beeinflussen. Man konzentriert sich beim Einatmen auf die kühle Luft, die in die Nase strömt, und auf die erwärmte Luft beim Ausatmen. Am Anfang kann die Atmung aus dem Rhythmus geraten, wenn man sich auf sie konzentriert, aber normalerweise dauert dieser Zustand nicht lange an. Halten die Rhythmusstörungen jedoch an, ist die Übung vorläufig nicht für einen geeignet. Die meisten machen die Erfahrung, daß sich bei dieser Übung der Atemrhythmus verlangsamt. Der Atem wird ruhiger, und es stellt sich Müdigkeit ein. Für sich genommen ist das eine gute Entspannungsübung. Wenn einem aber daran liegt, mit ihrer Hilfe Zugang zum Gebet zu finden, dann soll das Einatmen alles ausdrücken, wonach man sich im Leben sehnt, so unerreichbar es in der Realität auch scheinen mag. Im Ausatmen dagegen drückt man aus, daß man sein ganzes Leben mit den Sorgen, den Verfehlungen, der Schuld und dem Bedauern Gott anheimstellt. Wiederum ist es wichtig, weder positive noch negative Selbstkritik zu üben. Im Mittelpunkt muß der Wunsch stehen, auf Selbsteinschätzungen zu verzichten und sich nicht an sie zu klammern, als ob sie ein wertvoller Besitz seien.

Diese Vorschläge, wie man innerlich zur Ruhe kommen

kann, sollten als das betrachtet werden, was sie sind: Vorschläge, nicht Vorschriften. Natürlich heißt das Ziel, daß man im Gebet schließlich Frieden finden sollte, aber wie man dorthin gelangt, unterscheidet sich von Person zu Person. Manche können nur einschlafen, wenn sie ganz ruhig daliegen, andere werfen sich eine Zeitlang ruhelos hin und her. Einige werden schon ruhig, wenn sie einfach nur dasitzen, andere müssen zunächst auf und ab gehen. Aktiven und lebhaften Menschen mögen diese Konzentrationsübungen als Zeitverschwendung erscheinen, aber je geschäftiger und lebhafter wir sind, desto notwendiger und hilfreicher ist die Stille.
Eine weitere, sehr einfache Form des Gebets schließt sich an die Konzentrationsübungen an: das Beten mit dem ganzen Körper. Wir bringen jedes Körperteil und alle unsere Sinne Gott dar und bitten ihn, jede Faser unseres Wesens mit seiner Güte zu durchdringen. In einem Gedicht mit dem Titel: »Die Heilige Jungfrau verglichen mit der Luft, die wir atmen« sagt Gerard Manley Hopkins von Maria, ihr sei

»… dieses eine Werk nur aufgetragen:
Alle Glorie Gottes hindurchzulassen.«

Wir sprechen von einem ›strahlenden Morgen‹ , wenn die aufgehende Sonne die Nacht vertreibt, und das, was schemenhaft und formlos war, in seiner ganzen Schönheit erkennbar wird. Wir können die Herrlichkeit Gottes nicht direkt wahrnehmen, sondern nur ihren Widerschein in der Schöpfung. Deshalb beten wir darum, daß Gottes Herrlichkeit und seine Taten in der Schöpfung offenbar werden. Vor allem bitten wir auch darum, daß sich seine unendliche Güte der Arbeit unserer Hände bedient, daß seine Zärtlichkeit und sein Mitgefühl in unseren Augen aufscheint und daß seine lebenspendende und friedenstiftende Macht durch unseren Mund kundgetan wird.
Die christliche Gebetstradition weiß darum, wie schwierig es für aktive und lebhafte Menschen ist, innerlich ruhig zu

werden. Deshalb nutzen viele traditionelle Gebetsmethoden die Wirkung der monotonen Wiederholung. Ziel der Wiederholung ist es, den Geist zu beruhigen. Wenn die wiederkehrenden Elemente zusätzlich rhythmisch akzentuiert werden, indem man sie mit dem Schrittwechsel beim Gehen oder, wenn wir still dasitzen, mit dem Ein und Aus des Atmens in Einklang bringt, dann wird die Wiederholung sogar noch wirksamer. Man kann ein einzelnes Wort oder einen einfachen Satz wie den bekannten Gebetsruf »Herr erbarme dich, Christus erbarme dich« wiederholen, es kann aber auch ein längeres Gebet wie das Vaterunser sein. Wenn wir gehen, entspricht jede Silbe einem Schritt, sitzen wir, sind die Silben dem Rhythmus des Ein- und Ausatmens zugeordnet. Viele traditionelle Gebetsformen haben ihren Ursprung in Wallfahrten. Im Gehen kann man sich schwerer konzentrieren als im Sitzen, aber die unablässige Wiederholung eines Wortes oder eines Satzes in Übereinstimmung mit unserem Schritt vermag den Geist zu beruhigen. Erreicht man die innere Ruhe, kann die Übereinstimmung mit dem Rhythmus verlorengehen. In einem solchen Fall beharrt man nicht auf der rhythmischen Wiederholung. Im allgemeinen hält man sich beim Beten nicht sklavisch an eine vorgegebene Methode, sondern folgt eher den inneren Eingebungen.

Psalm 131 beschreibt das kindliche Vertrauen zu Gott, eine Grundhaltung, die unser Beten ganz bestimmen sollte:

»Herr, mein Herz ist nicht stolz,
nicht hochmütig blicken meine Augen.
Ich gehe nicht um mit Dingen,
die mir zu wunderbar und zu hoch sind.
Ich ließ meine Seele ruhig werden und still;
wie ein kleines Kind bei der Mutter
ist meine Seele still in mir.
Israel, harre auf den Herrn
von nun an bis in Ewigkeit!«

Gott ist überall. Gott wirkt in meinem Sein und erschafft es ohne Unterlaß. Alle Gebetsmethoden wollen erreichen, daß ›Gott mir näher ist, als ich mir selbst es bin‹ . Für Christen ist die Bibel die erste Quelle des Gebetes. Die Bibel ist eine Sammlung sehr unterschiedlicher Schriften, die von der Kirche als ›inspiriert‹ betrachtet werden. Man hat Dutzende von Büchern über die Bedeutung des Begriffs ›Inspiration‹ geschrieben. In unserem Zusammenhang bedeutet er zunächst einmal, daß Gott zu uns spricht, wenn wir Worte aus der Schrift lesen, ihnen nachsinnen oder sie betend meditieren. Das Wort Gottes in der Schrift ist ein eigenes und ebenso reales Sakrament seiner Gegenwart wie seine Präsenz in der Eucharistie, auch wenn sich die Form unterscheidet. Lesen wir Schriftworte und glauben an sie, dann gleichen sie Lichtstrahlen, die in das Dunkel unserer inneren Verfassung dringen. Wir erkennen durch sie, daß Gott – der Vater Abrahams, Isaaks und Jakobs und der Vater Jesu Christi, unseres Herrn – auch unser Gott ist. Wir erfahren vom Handeln Gottes in der Vergangenheit und erkennen im Gebet, daß sich dieses Handeln in uns fortsetzt. Im folgenden werde ich einige Methoden der geistlichen Schriftlesung vorschlagen.

Für die geistliche Schriftlesung wählt man eine Perikope, die einen auf irgendeine Weise anspricht. Ist man Anfänger oder Anfängerin in dieser Form des Gebets, versucht man es zuerst mit den Psalmen, ein paar Abschnitten aus den Propheten oder mit einigen Briefen im Neuen Testament, bis man einen Text findet, der einen anspricht (am Ende des Kapitels finden sich einige Bibelstellen, die geeignet sind). Um die Methode der geistlichen Schriftlesung zu veranschaulichen, wähle ich einen Abschnitt aus Jesaja. Der Prophet Jesaja richtete seine Worte ursprünglich an die nach Babylon verschleppten Israeliten, die verzweifelt waren und ohne Hoffnung, daß sie jemals wieder in ihre Heimat zurückkehren könnten. Der Text wurde nicht um der historischen Information willen in den Schriftkanon aufgenommen und auch nicht als schönes Beispiel für hebräische Lyrik, sondern weil er für jeden Menschen und für alle Zeiten den Geist Gottes und seine Liebe so zum Ausdruck bringt, daß Gott heute, in diesem Augenblick, zu mir spricht, wenn ich die Worte der Schrift lese. Zu Beginn des Gebetes ist es hilfreich, sich einige Augenblicke auf das Geheimnis unserer Existenz zu besinnen. Unser Körper ist eine ungemein komplexe Struktur, die faktisch Milliarden von Zellen enthält, jede davon höchst geheimnisvoll und von komplizierter Gestalt, und doch sind sie alle untereinander verbunden und in einem wunderbaren Zusammenspiel aufeinander zugeordnet. Sie bilden ein inneres Kommunikationssystem, gegen das im Vergleich alle von uns errichteten Kommunikationsstrukturen primitiv wirken. Die Milliarden von Zellen, aus denen ich gebildet bin, stehen in Verbindung mit allen anderen Atomen im Universum und haben ihren besonderen Platz darin, als ob das Universum ein gewaltiger Organismus sei. Niemand ist eine Insel. Wenn ein Kind seine Rassel aus dem Kinderwagen wirft, gerät der Himmel ins Wanken. Liest man in der Bibel, sollte man vergessen, daß man eine Druckseite vor sich liegen hat, und die Worte betrachten, als ob sie direkt dem Geheimnis der eigenen Existenz entstammten. Dann spricht Jesaja direkt zu uns:

»Jetzt aber – so spricht der Herr, der dich geschaffen hat, Jakob, und der dich geformt hat, Israel: Fürchte dich nicht, denn ich habe dich ausgelöst, ich habe dich beim Namen gerufen, du gehörst mir. Wenn du durchs Wasser schreitest, bin ich bei dir, wenn durch Ströme, dann reißen sie dich nicht fort. Wenn du durchs Feuer gehst, wirst du nicht versengt, keine Flamme wird dich verbrennen. Denn ich, der Herr, bin dein Gott, ich, der Heilige Israels, bin dein Retter. Ich gebe Ägypten als Kaufpreis für dich, Kusch und Seba gebe ich für dich. Weil du in meinen Augen teuer und wertvoll bist und weil ich dich liebe, gebe ich für dich ganze

Länder und für dein Leben ganze Völker. Fürchte dich nicht, denn ich bin mit dir« (Jes 43, 1–5).

Bei mehrmaligem Lesen achtet man zunächst darauf, ob einem bestimmte Worte oder Sätze auffallen. Man verweilt bei ihnen, solange man möchte, bevor man sich andere Abschnitte vornimmt. Die Methode entspricht dem Lutschen eines Fruchtbonbons. Man analysiert den Satz nicht, genausowenig wie jemand versuchen würde, das Bonbon genauestens chemisch zu analysieren, bevor er es lutscht. Es kommt oft vor, daß ein Satz die Aufmerksamkeit des Unterbewußtseins findet, lange bevor dem Bewußtsein der Grund für dieses Interesse deutlich wird. Darum ist es ratsam, so lange wie möglich bei jedem Satz zu bleiben, ohne die Sätze analysieren zu wollen.
Nehmen wir an, uns ist der folgende Satz aufgefallen: »Fürchte dich nicht, denn ich habe dich ausgelöst« (Jes 43, 1). Beschäftigt man sich einige Augenblicke mit diesem Satz, dann kann es geschehen, daß sich unser Geist mit Fragen füllt, die uns offensichtlich ablenken sollen: »Wie kann ich feststellen, ob ich mich nicht selbst betrüge? Woher weiß ich, daß diese Worte wahr sind, daß tatsächlich Gott durch sie zu mir spricht? Glaube ich wirklich an Gott?« Es handelt sich um berechtigte Fragen, aber wir müssen sie eine Zeitlang außer acht lassen, denn wenn wir uns gleich zu Beginn des Gebets in sie verheddern, dann kommen wir zu nichts. »Wenn ihr nicht werdet wie die Kinder, könnt ihr nicht in das Himmelreich kommen« (Mt 18, 3). Unsere Fragen sind wie ein Sperrfeuer, das Gott von unseren Herzen fernhält. Wenn wir seine Worte in unsere Herzen und unsere Empfindungen eindringen lassen, dann erscheinen diese Fragen in einem anderen Licht.
Wenn sich ein Kind nachts fürchtet, kommt die Mutter, nimmt es hoch und sagt: »Es ist alles gut«, woraufhin sich das Kind allmählich beruhigt. Hält sie jedoch ein Wunderkind auf dem Arm, das ihr antwortet: »Aber Mama, auf

welche erkenntnistheoretischen und metaphysischen Annahmen gründest du diese Aussage, und welche empirischen Beweise kannst du zur Unterstützung deiner Behauptung anführen?«, dann hat die Mutter wirklich ein Problem. Wenn wir uns nicht auf Gott einlassen wollen, bevor er alle möglichen von uns aufgestellten Kriterien erfüllt hat, dann verhalten wir uns beim Beten wie dieses unmögliche Kind. Wir stellen die Verbindung zu Gott zunächst in unserem Herzen her. Das Herz ist nicht ohne Einsicht, es hat weiterreichende Gründe, als uns zunächst bewußt wird.

Hat man besagte Fragen für den Augenblick beiseite geschoben, bleiben noch alle möglichen anderen störenden Gedanken, die einem durch den Kopf schießen. Man überlegt, ob man das Gas abgedreht hat, oder man erinnert sich an einen Brief, den man nicht eingeworfen hat, oder an das Telefonat, das man vergessen hat. Was den Gashahn betrifft, so handelt es sich um eine kritische Angelegenheit, der man sicherheitshalber nachgehen sollte. Alles, was nicht so dringlich ist, notiert man auf ein Stück Papier, um sich später darum zu kümmern. Auch muß das, was einem in den Sinn kommt, keineswegs immer eine Störung sein. Es kann auch zum Mittelpunkt meines Gebetes werden. Die Bibelstelle gleicht einem Suchscheinwerfer, der über meinen Bewußtseinsstrom mit seinen Gedanken, Erinnerungen, Assoziationen, Tagträumen, Hoffnungen, Bestrebungen und Befürchtungen gleitet. Man betet dann aus dem Ineinander von Wort Gottes und eigenen Gedanken und Gefühlen heraus. Der erste Vers der Bibel: »Im Anfang schuf Gott Himmel und Erde; die Erde aber war wüst und wirr, Finsternis lag über der Urflut, und Gottes Geist schwebte über dem Wasser« (Gen 1, 1) beschreibt den gegenwärtigen Zustand der Dinge und nicht ein vergangenes Ereignis. Wenn ich mit der Bibel bete, lasse ich den Geist Gottes über dem Chaos und der Dunkelheit meiner Existenz schweben.

Wenn das Wort Gottes über dem schwebt, was mich beschäftigt, dann wird alles möglich, denn er ist ein Gott der Überraschungen. Es ist wichtig, daß man das eigene innere Chaos nicht vor dem Wort Gottes oder vor sich selbst verbirgt. Ist man zum Beispiel an dem Satz: »Fürchte dich nicht, denn ich habe dich ausgelöst« hängengeblieben, und der Satz hat die eigenen Befürchtungen aufsteigen lassen, die Angst vor der eigenen Unzulänglichkeit, die Sorge um die Gesundheit, die Furcht vor sündhaften Neigungen oder vor anderen Menschen, die eine Bedrohung für mich darstellen, dann machen einen die beschwichtigenden Worte des Jesaja wütend, weil sie die Ängste nicht besänftigen, sondern sie einfach nur verstärken; sie wirken nichtssagend und man ärgert sich über Gott, oder man ist mit dem eigenen Unglauben konfrontiert und sieht keinen Sinn darin, weiterzubeten. Wenn ich zulasse, daß der Geist Gottes über meinem Chaos schwebt, dann kann der Geist Gottes Leben und Ordnung aus meinem Chaos hervorrufen. Oft betrachten wir es aufgrund unserer Erziehung als falsch, im Gebet negative Empfindungen zuzulassen, vor allem auch keine ablehnenden Gefühle gegenüber Gott. Wir müssen lernen, uns von solchen Vorstellungen zu lösen, und unsere Gefühle und Gedanken ganz frei vor Gott zu bringen. Wir können darauf vertrauen, daß Gott in der Lage ist, unsere Wutanfälle auszuhalten. Nur wenn wir unsere negativen Gefühle offen ausdrücken, erreichen wir auch die tieferen Gefühlsebenen, wo sich Zärtlichkeit und Mitleid finden. Gott ist wahrhaftig, er macht uns nichts vor. Gott kennt uns besser, als wir uns selbst kennen. Es gibt keinen Grund, ihm betend etwas vorzutäuschen.

Die Methode des Schriftgebetes läßt sich in Kürze so zusammenfassen: Man wählt einen Abschnitt aus der Bibel und liest ihn einige Male durch. Dann richtet man die Aufmerksamkeit auf einen Satz, der einen anspricht, betrachtet alles, was einem in den Sinn kommt, im Licht dieses Satzes, und spricht so einfach und aufrichtig wie möglich mit Gott.

Man kann zu ihm in der Gewißheit beten, daß er das Chaos liebt, das man selbst verkörpert, und daß sein Geist, wenn er in uns wirkt, unendlich mehr erreichen kann, als wir uns überlegen oder vorstellen können.
In uns gibt es keine Gedanken, keine Gefühle und keine Sehnsüchte, die nicht zum Gegenstand des Gebetes werden können. Wenn von ›Ablenkung‹ die Rede ist, dann sind damit nicht die inhaltlichen Bezugspunkte unserer Gedanken und Gefühle gemeint, sondern der Begriff bezieht sich auf die Ausrichtung unserer Aufmerksamkeit. Fällt einem zum Beispiel während des Betens eine Kreuzworträtselfrage ein und man will das passende Wort finden, kann man die Suche danach in ein Gebet umwandeln: »Herr, laß mich immer nach den Antworten auf meine innere Leere und meine Sehnsüchte suchen! Sie sind die einzigen Lösungen, die wirklich zählen, und der Schlüssel zum Sinn meines Lebens.« Die Suche nach dem betreffenden Wort ist dann keine Ablenkung mehr, sondern ein Ausgangspunkt des Gebets. Sie ist nur dann eine Ablenkung, wenn sie mich derart vereinnahmt, daß ich mein Gebet völlig aus dem Blick verliere und nach einem Wort für »unkonzentriert oder abgelenkt« mit zwölf Buchstaben suche.
Ich habe bereits davon gesprochen, wie man die Vorstellungskraft für das Gebet nutzen kann. Betrachtungen mit Hilfe der Phantasie sind besonders nützlich, wenn man sich im Gebet auf die Evangelien bezieht. Man liest die Perikope und stellt sich dann die Szene vor, als ob man in ihr anwesend wäre und sie in diesem Augenblick stattfinden würde. Ich möchte diese Methode mit Hilfe einiger Verse aus dem Johannesevangeliums anschaulicher machen:

»Am Abend dieses ersten Tages der Woche, als die Jünger aus Furcht vor den Juden die Türen verschlossen hatten, kam Jesus, trat in ihre Mitte und sagte zu ihnen: Friede sei mit euch! Nach diesen Worten zeigte er ihnen seine Hände und seine Seite. Da freuten sich die Jünger, daß sie den

Herrn sahen. Jesus sagte noch einmal zu ihnen: Friede sei mit euch! Wie mich der Vater gesandt hat, so sende ich euch« (Joh 20, 19–21).

Man nähert sich dieser Perikope wie jedem Bibeltext in der gläubigen Überzeugung, daß man mit ihrer Hilfe Gott in der eigenen Erfahrung als gegenwärtig erleben kann. Wir begegnen bei Johannes dem auferstandenen Christus und Herrn der Schöpfung, der uns seinen Frieden anbietet. Für den Augenblick schiebt man seine intellektuellen Fragen und Glaubenszweifel beiseite: Hat die Auferstehung wirklich stattgefunden? Wie soll man sich das vorstellen? Welche Beweise gibt es? Warum sind die Auferstehungsberichte so unterschiedlich und widersprüchlich? Besteht nicht die Gefahr, daß man sich mit dieser Methode des Gebets nur selbst betrügt? Wird man nicht als religiöser Sektierer enden, wenn man auf diese Weise betet? Alle diese Fragen haben ihre Berechtigung. Schiebt man sie für den Augenblick beiseite, so bedeutet das nicht, daß man ihnen ausweichen will. Man kann sie später wieder aufgreifen. Wollte man erst dann mit dem geistlichen Schriftgebet beginnen, wenn sie beantwortet sind, würde man nie mit dem Beten anfangen.

Zunächst versucht man, sich in die Schilderung des Johannes hineinzudenken. Die meisten reagieren auf diesen Vorschlag sofort mit dem Einwand: »Ich habe aber überhaupt keine Phantasie«, was gewöhnlich heißen soll: »Ich bin weder kreativ noch irgendwie künstlerisch veranlagt.« Wer sich auch nur an ein einziges Ereignis aus seinem Leben erinnern und es sich lebhaft vergegenwärtigen kann, unabhängig davon, wie genau die Erinnerung ist, besitzt auch die Fähigkeit zum geistlichen Schriftgebet. Ich bin vielen Menschen begegnet, die diese Methode ablehnten, aber ich habe nie jemanden getroffen, der keine Phantasie gehabt hätte. Die Vorstellungskraft der Menschen ist sehr unterschiedlich entwickelt. Einige haben klare und detaillierte

Bilder vor Augen und sehen die Größe und Ausstattung des Zimmers, die Farbe der Wände, die Art der Beleuchtung, den Gesichtsausdruck der Jünger usw., während andere solche Einzelheiten nicht wahrnehmen. Sie sehen ein unscharfes und sehr unbestimmtes Bild. Aber die Details sind nicht so wichtig. Was zählt, ist allein die Tatsache, daß wir mit Hilfe der Vorstellungskraft die Realität des auferstandenen Jesus so erfahren können, als sei heute der Tag seiner Auferstehung. In diesem Augenblick tritt er in den verschlossenen Raum meiner inneren Ängste ein, zeigt mir seine Wundmale und sagt zu mir: »Der Friede sei mit dir!«

Erzwingen sollte man beim Beten nichts. Es kann recht lange dauern, bis man eine solche Szene wirklich vor sich sieht. Man kann in Gedanken mit den anwesenden Personen sprechen, ihnen zuhören und ihnen die eigenen Ängste anvertrauen. Manche Menschen können bei der Betrachtung der Johannes-Perikope ohne große Schwierigkeiten in den verschlossenen Raum eintreten. Sie spüren die Furcht der Jünger, und die eigene Furcht wird ihnen bewußter, aber sobald sie zu dem Satz kommen: »Jesus trat in ihre Mitte und sagte zu ihnen: Friede sei mit euch!«, setzt ihre Phantasie aus und das Bild verschwindet. Sie haben das Gefühl, vom Geschehen ausgeschlossen zu sein, als ob das alles irgendwo anders geschehen würde und sie weit davon entfernt seien.

Man könnte daraus den Schluß ziehen, daß das Gebet gescheitert ist, und damit aufhören. Aber das Gebet war kein Fehlschlag, denn auch das Gefühl der Distanz enthüllt einen Aspekt der eigenen Realität. Es ist wichtig, alle Vorstellungsbilder festzuhalten und weiter zu Christus zu beten, wohin uns unsere Phantasie auch führen mag. So wie beim Schriftgebet die vermeintliche ›Ablenkung‹ zum Thema des Gebetes werden kann, so kann auch das Umherschweifen der Phantasie in das Gebet integriert werden. Wenn ich zum Beispiel Christus nicht mehr wahrnehme, sobald er eintritt oder den Friedensgruß spricht, könnte das bedeuten, daß ich ihn aus meinem Denken und meinen Gefühlen verbannen möchte. Nicht einmal mir selbst gestehe ich meine Ängste ein und halte die Türen zu meinem inneren Lebens fest verschlossen. Christus darf nur eintreten, wenn ich es für gut befinde. Das Aussetzen der Vorstellungskraft verweist auf Tiefenschichten des Bewußtseins, die sich dem auferstandenen Christus und seinem Frieden verschließen. So kann das Gebet mein Bedürfnis nach dem Frieden Christi enthüllen und intensivere Formen annehmen.

Man darf sich bei dieser Form des Gebets einfach der Imagination überlassen, aber sollte dabei Christus als eigentliches Ziel der Aufmerksamkeit im Blick behalten, sonst verliert man sich in wilden Phantasien. Man stellt sich selbst in den Mittelpunkt der Aufmerksamkeit und bildet sich ein, vollkommen zu sein, oder man lamentiert über die ebenfalls eingebildete Verworfenheit. Aber auch dann kann uns das Gebet Einsichten eröffnen. Es zeigt, daß wir uns an die Stelle von Christus setzen und uns selbst zum absoluten Mittelpunkt machen. Jemand erzählte mir, er habe, als er sich die versammelten Jünger vorstellte, deren Ängste beschwichtigt und die niedergeschlagenen und eingeschüchterten Jünger mit so großem Erfolg aufgemuntert, daß er es bedauerte, als Christus mit dem Friedensgruß eintrat. Es war eine niederschmetternde Erfahrung für ihn. Er mußte sich der Wahrheit stellen, die seine Phantasie zutage brachte: Sich selbst hatte er seine eigenen Ängste und Nöte niemals eingestanden; wollten andere Menschen über ihre Ängste sprechen, ließ er das ebenfalls nicht zu und überschüttete sie unter Berufung auf Christus mit Platitüden und apodiktischen Behauptungen, doch er selbst hatte Christus niemals Eintritt in sein Innerstes gewährt.

Birgt diese Form des Gebets für emotional labile Menschen mit einer lebhaften Vorstellungskraft Risiken? Sicher gibt es Risiken, vor allem wenn der ständige Rückbezug auf Christus verlorengeht, aber für die meisten Menschen besteht keine Gefahr. Wir besitzen ein sehr wirksames psychisches Abwehrsystem, das denjenigen Erinnerungen, Gefühlen oder Gedanken den Zutritt verwehrt, die wir momentan nicht verkraften können. »Tue dir niemals selbst Gewalt an«, lautet eine sehr gute Maxime für das geistliche Leben. Solange wir diese Regel beachten und uns im Gebet nicht zu Vorstellungen zwingen, die uns mit großer Wahrscheinlichkeit überwältigen werden, ist die Gefahr gering, daß wir irgendwelchen Schaden nehmen. Diese Form des Gebets ist seit den frühen Tagen des Christentums in Gebrauch, und sie hat Generationen von christlichen Künstlern, Dichtern und geistlichen Schriftstellern inspiriert.

Als Ignatius von Loyola während seiner Rekonvaleszenz Romane verlangte und statt dessen ein Exemplar der »Vita Christi« Ludolfs von Sachsen bekam, machte ihn die Einleitung des Buches mit der Methode der geistlichen Schriftbetrachtung bekannt. Ludolf riet dem Leser:

»Lies die Evangelien, als ob das, was dort berichtet wird, eben heute geschehen würde ... Öffne dich mit der ganzen emotionalen Kraft deines Geistes dem, was Jesus Christus, unser Herr, gesagt und getan hat ... Höre und betrachte alles, was erzählt wird, als ob du es mit den eigenen Ohren hören und mit den eigenen Augen sehen könntest.«

Diese Form des Betens initiierte den Bekehrungsweg von Ignatius. Die »Geistlichen Übungen« des Ignatius, (eine sorgfältig abgestufte Reihe von an der Schrift orientierten Texten, die dazu dienen, unser Tiefen-Ich zu stärken) bestehen zum großen Teil aus geistlichen Schriftbetrachtungen.

Die Psychologen und Psychiater der Gegenwart haben den Wert und die Kraft der aktiven Vorstellungskraft erkannt. C.G. Jung nutzte sie, damit seine Patienten ihr Unterbewußtsein besser wahrnehmen und sich dafür öffnen konnten. Ignatius war ein Psychologe mit einer staunenswerten Intuition. Die moderne Psychologie, und da vor allem die an Jung orientierte, kann uns den Blick für den Wert und die Weisheit der »Geistlichen Übungen« des Ignatius öffnen, die wahrzunehmen oft durch deren lakonischen und sprunghaften Stil erschwert wird. Ein Beispiel aus den »Geistlichen Übungen« folgt im nächsten Kapitel.

In diesem Kapitel haben wir einige Formen des Gebets kennengelernt. Es sind »Hacken und Schaufeln«, um im biblischen Bild vom Schatz im Acker zu bleiben. Aber weiterhin ist eine wichtige Frage offen: Wo sollen wir mit dem Graben beginnen?

Viele Christen sind vor allem deshalb unzufrieden, weil sie bei sich und den anderen die Diskrepanz zwischen Beten und Handeln beobachten. Es ist eine Diskrepanz, die Jesus äußerst heftig geißelte, wenn er sie bemerkte: »Weh euch, ihr Schriftgelehrten und Pharisäer, ihr Heuchler! Ihr seid wie die Gräber, die außen weiß angestrichen sind und schön aussehen; innen aber sind sie voll Knochen, Schmutz und Verwesung« (Mt 23, 27f.).

Warum verwandeln sich gerade fromme Menschen, die möglicherweise sehr viel beten, so oft in intolerante, grausame und unbarmherzige Menschen? Weil sie so sehr von ihrer eigenen Rechtschaffenheit überzeugt sind, daß sie sich nicht die geringsten Gedanken über ihre Grausamkeit machen. Statt dessen beglückwünschen sie sich dafür, daß sie sich voll und ganz der Sache der Wahrheit verschrieben haben. In der Gewißheit, daß Gott auf ihrer Seite ist, betrachten sie ihre eigenen Wege als identisch mit denjenigen Gottes. Sie reduzieren und domestizieren das absolute Geheimnis zu einem Abbild ihrer selbst. Gott darf nicht länger Gott sein, er ist überflüssig. Diese Versuchung zur Hybris ist uns allen vertraut. Wie können wir der Gefahr entgehen, einen Gott zu schaffen »nach unserem eigenen Bild und uns ähnlich«? Wo sollen wir nach dem verborgenen Schatz suchen? Das ist die Frage, die uns im nächsten Kapitel beschäftigen wird.

Übungen

Führen Sie die beschriebenen Konzentrationsübungen durch (vgl. Seite 72 f.).
Beten Sie mit Hilfe ihrer Körperwahrnehmungen (vgl. Seite 74).
Üben Sie sich in Formen alternierender Gebete (vgl. Seite 75 f.).

Für Leser, die nicht mit der Bibel vertraut sind, nenne ich hier einige Stellen, die für die ersten Schritte im Schriftgebet geeignet sind (Texte für die geistliche Schriftbetrachtung finden sich am Schluß von Kapitel 7 und 10).

Psalmen: 8; 23; 63; 131; 139.
Jesaja: 25; 40; 43, 1 – 7; 45, 9 – 13; 54, 4 – 10; 55.
Jeremia: 31, 31 – 34
Hosea: 11, 1 – 8.
Weisheit: 11, 21 – 12, 2.
Johannes: 15, 1 – 17.
Römerbrief: 8, 28 – 39.
Epheserbrief: 1, 3 – 14; 3, 14 – 21.
Philipperbrief: 2, 1 – 11.
Kolosserbrief: 1, 14 – 20.

5. Wo sollen wir den Schatz suchen? – Einige Grundorientierungen

Vor mehreren Jahren lebte ich mit dem Astronomen und Jesuiten Patrick Treanor in derselben Kommunität. Treanor war ein schmächtiger Mann mit einem großen Kopf und dem Gesicht eines Kindes. Er pflegte des öfteren aus seinem Zimmer zu eilen, blieb dann plötzlich stehen, drehte sich ein paarmal um die eigene Achse, hielt einen Finger an seine Lippen und erklärte jemandem, der zufällig vorbeikam: »Ich habe vergessen, wo ich hinwollte.«

Wenn man mit ihm durch die Gegend um Oxford wanderte, dann war er vor allem im Frühling immer für eine Überraschung gut, denn er konnte ohne Vorwarnung in einem Graben verschwinden, um mit vor Staunen glänzenden Augen und mit einer Wildblume in der Hand wiederaufzutauchen. Nachdem er sie betrachtet hatte, bestimmte er präzise ihren botanischen Namen und erläuterte ihre besonderen Eigenschaften, bevor er erneut verschwand. Gewöhnlich traf er mit einem ganzen Blumenstrauß in der Hand wieder in der Kommunität ein. Im jeweiligen Augenblick wußte er nie genau, wo er hinwollte, aber im großen und ganzen gesehen hatte sein Leben eine klare Grundorientierung. Ihn faszinierten alle Wunder der Schöpfung Gottes im Himmel wie auf Erden, und diese Faszination bestimmte die allgemeine Ausrichtung seines Lebens.

Als Ignatius die »Geistlichen Übungen« beendet hatte, ergänzte er sie um ein kurzes Vorwort, das die Übersicht über die innere Reise enthält, auf die man sich mit Hilfe der Exerzitien begeben kann. Spätere Herausgeber nannten dieses Vorwort »Prinzip und Fundament«. Man könnte es mit einer Karte in großem Maßstab vergleichen, wie man sie für eine Weltreise benötigt. Eine solche Karte enthält wenig Einzelheiten und sie scheint auf den ersten Blick nicht interessant zu sein, aber sie liefert einen klaren Überblick über die generellen Ziele, die wir in diesem Kapitel betrachten wollen. Der erste Satz benennt die Zielrichtung und der weitere Text entfaltet einen Teil seiner Implikationen. Der erste Satz des Vorwortes heißt:

Der Mensch ist geschaffen, um Gott unseren Herrn zu loben, ihm Ehrfurcht zu erweisen und ihm zu dienen und mittels dessen seine Seele zu retten.

Die Kernaussage dieses Satzes lautet: Wir sind zum Lobpreis Gottes geschaffen; denn daß wir ihn verehren, daß wir ihm dienen und wie wir unsere Seelen retten können, ergibt sich aus dem Lobpreis. Das ist die Grundorientierung. Die konträre Ausrichtung bestünde darin, so zu leben, als ob es der Sinn der ganzen Schöpfung sei, den Menschen zu preisen, ihn zu verehren und ihm zu dienen.
Als ich vor ein paar Jahren in den Vereinigten Staaten ein Exerzitienhaus besuchte, wurde ich von einem Novizen des Jesuitenordens am Bahnhof abgeholt. Er brachte mich zum Auto, drehte den Zündschlüssel um, und als der Motor angesprungen war, sagte er in sehr feierlichem Ton: »Dank sei Gott. Danke, Jesus, danke!« Dann brausten wir davon, nachdem wir uns so in die Chöre der Engel eingereiht hatten. Wenn Ignatius sagt, daß wir zum Lobpreis Gottes geschaffen sind, kann er damit kaum gemeint haben, daß wir unsere Gebete, Unterhaltungen, Tätigkeiten und Gedanken immerzu mit dem Ausruf »Gelobt sei Gott« würzen sollten.
Bevorzugt man, wenn man gekocht hat, Gäste, die das Essen wiederholt in den höchsten Tönen loben, aber darin herumstochern und kaum davon essen, oder diejenigen, die die erste Portion wie ein hungriger Wolf hinunterschlingen und dann sofort einen Nachschlag verlangen? Lobesworte

sind nichts als leere Schmeichelei, wenn sie nicht eine echte Wertschätzung des Gegenstandes oder der Person zum Ausdruck bringen, denen das Lob gilt. Der Einleitungssatz meint: Du wirst die allgemeine Zielrichtung deiner Lebensreise, den im Acker verborgenen Schatz, erst dann entdecken, wenn du die Welt um dich herum schätzengelernt hast.

Das ist ein erstaunlicher Einleitungssatz, und er sollte uns zu weiteren Überlegungen anregen. Er besagt nicht, daß wir die Schöpfung meiden oder uns über sie erheben sollen. Wir sollen die Welt auch nicht verachten oder uns bemühen, auf Distanz zu ihr zu gehen, sondern wir sollen sie würdigen, wertschätzen und uns an ihr erfreuen. Gott wird nicht ›an sich‹ erkannt. Wir können ihn nur über unsere menschliche Erfahrung und durch seine Schöpfung kennenlernen. Aus diesem Grund haben die frühen christlichen Theologen die Schöpfung selbst als ein Sakrament betrachtet, das heißt also als ein wirksames Zeichen der Gegenwart Gottes.

Wenn wir die Welt würdigen, in der wir uns befinden, dann erfüllen uns Staunen, Überraschung und Verwunderung. Wir empfinden eine Art Verehrung für sie und vor allem auch eine Hochachtung vor dem Geheimnis, das sich in jedem menschlichen Wesen verkörpert. Aus der Wertschätzung ergibt sich Lobpreis, und jeder wahre Lobpreis umfaßt Verehrung, Staunen und den Wunsch, auf irgendeine Weise vom Gegenstand meiner Bewunderung angenommen zu werden und mit ihm eins zu sein. Hier liegt die Wurzel für unseren Wunsch, zu dienen, und für das Bestreben, sich in die Ordnung der Schöpfung einzufügen und lieber den zugewiesenen Platz in ihr einzunehmen, als sie für die eigenen Zwecke auszunutzen und sie zu beherrschen. Gerard Manley Hopkins beschreibt diesen grundlegenden Antrieb unseres Wesen, der uns von unserem tyrannischen Ego befreit, in einem seiner dunklen Sonette:

»Mit meinem eigenen Herzen laß mich mehr Erbarmen haben; laß
Mich leben gegen mein eigenes betrübtes Selbst hinkünftig sanft,
Liebreich; nicht leben, diesen zermarterten Geist
Mit diesem zermarterten Geist zermarternd noch.
Ich suche Trost, deß ich nicht mehr erlangen kann
Durch Tappen rings in meinem Trostlos, als blindes
Aug in seinem Finster kann das Taglicht oder Durst kann finden
Des Durstes All-in-all in all einer Welt des Feuchten.
Seele, Selbst; komm, armer Kerl, Selbst, ich rate
Dir, geschunden, laß es sein; ruf ab Gedanken eine Weile
Anderswohin; gib Wurzel-Raum dem Trost; laß Freude wachsen
Gott weiß wann zu Gott weiß was; dessen Lächeln
nicht zu erzwingen ist, siehst du; unversehns vielmehr – wie Himmel
Aufbricht scheckig zwischen Bergen – erhellt es eine liebliche Strecke.«

...und mittels dessen seine Seele zu retten. Wir haben das Wort ›Seele‹ seiner Kraft beraubt, weil wir uns die Seele als eine unsichtbare und unsinnliche Entität vorstellen, die wir nicht direkt erfahren können. Andrerseits sagt man uns, sie sei das wichtigste Element unseres Seins, weil sie unsterblich ist. Die Seele ist dazu bestimmt, die Ewigkeit entweder im Himmel oder in der Hölle zu verbringen. Wenn wir die Seele als unsichtbar und körperlos betrachten, können wir nicht erkennen, was ihrer Rettung dient und was ihr die Verdammnis einbringt. Wir müssen uns in dieser Frage also auf das verlassen, was andere über sie sagen, und geben unsere Entscheidungsfreiheit auf. Wir werden vollständig von denen abhängig, die uns davon überzeugen können, daß sie die entscheidenden Antworten kennen: die eigene Erfahrung verliert ihre Bedeutung, und wir sind in religiösem Infantilismus gefangen.

Das Wort ›Seele‹ bezeichnet den Kern meines Ich, den tiefsten und empfindsamsten Bereich meines Selbst, den Integrationspunkt alles dessen, was ich bin. Die Seele manifestiert sich in allem, was ich bewußt oder unbewußt erfahre. Alle meine Sehnsüchte und Hoffnungen, meine Befürchtungen und Ängste, meine Ruhelosigkeit und mein Ehrgeiz sind Ausdrucksweisen meiner Seele. Man kann den Ausdruck ›Rettung der Seele‹ auf vielerlei Weise umschreiben, zum Beispiel als ›die Antwort auf die unbestimmbaren Sehnsüchte in mir‹ , ›die Antwort auf meine Angst vor Bedeutungslosigkeit und innere Leere‹ oder ›die Antwort auf meine kühnsten Träume‹. In dem eben zitierten Sonett beschreibt Hopkins den Schmerz seiner Seele, die in ihrem eigenen Denken eingeschlossen und nur mit sich selbst beschäftigt ist. Der Fluchtweg aus dem Gefängnis heißt Staunen: »... wie Himmel aufbricht scheckig zwischen Bergen – erhellt es eine liebliche Strecke.«
Wir können die Seele mit einer Schafherde und ihrem Hütehund vergleichen. Der Hütehund symbolisiert die tiefste Schicht der Seele, jene Schicht, die Augustinus meinte, als er schrieb: »Du hast uns auf dich hin geschaffen, und unser Herz ist unruhig, bis es ruht in Dir.« In der tiefsten Schicht wird aus der Perspektive des Hütehundes immer Unruhe herrschen, solange sich nicht die ganze Seele auf Gott zubewegt. Die Schafe stehen für jene Triebe und Begierden in uns, die nicht in die Gesamtbewegung unseres Seins auf Gott hin integriert sind und die ihr Ziel unabhängig vom Kern unserer Seele zu erreichen suchen. Wir versuchen auf unterschiedliche Weise unseren Hunger zu stillen, aber unser Innerstes, der Hütehund, läßt uns nicht in Frieden. Wenn wir unsere Befriedigung auf Wegen suchen, die nicht zu Gott führen, dann fühlen wir uns unzufrieden, gelangweilt, leer und frustriert, und wir werden immer wieder vom Hütehund aufgescheucht. Gleichgültig, was wir versuchen, wir finden keinen Frieden. Aus diesem Grund sind unsere negativen Gefühle, d.h. Traurigkeit,

Furcht, innere Erregung usw. so bedeutsam: sie machen uns darauf aufmerksam, daß wir in die falsche Richtung gehen. Wenn wir solche Gefühle ignorieren oder sie unterdrücken, fühlen wir uns unter Umständen ruhiger, aber es ist eine trügerische Ruhe. Wir können das Bellen des Hütehundes sogar so vollständig ignorieren, daß wir überhaupt keine Unruhe mehr verspüren, wenn wir uns in die falsche Richtung bewegen.

Der zweite Satz des ignatianischen »Prinzip und Fundament« lautet:

Die übrigen auf der Erde gelegenen Dinge sind um des Menschen selbst willen geschaffen, damit sie ihm bei der Erreichung des Ziels seiner Schöpfung helfen.

Diese nüchterne und formale Aussage ist ein sehr optimistischer Ausdruck des Glaubens. Sie besagt, daß alles, was es in der Schöpfung und in unserer Erfahrungswelt gibt, zu Gott hinführen kann: das, was wir anderen antun, und das, was uns durch sie widerfährt, und dazu gehören auch Krankheiten, Schwächezustände oder psychische Probleme. In diesem Optimismus klingt Paulus an, der im Römerbrief sagt: »Denn ich bin gewiß: Weder Tod noch Leben, weder Engel noch Mächte, weder Gegenwärtiges noch Zukünftiges, weder Gewalten der Höhe oder Tiefe noch irgendeine andere Kreatur können uns scheiden von der Liebe Gottes, die in Christus Jesus ist, unserem Herrn« (Röm 8, 38–39).

Wie kann uns das Böse, das wir erleiden oder anderen antun, zu Gott führen, da das Böse doch mit Gewißheit genau das ist, was uns von ihm trennt? Was uns im Leben widerfährt, ist mit einer Leiter vergleichbar, die von der Erde zum Himmel reicht. Einige Sprossen müssen wir fest mit den Händen ergreifen. An ihnen können wir uns nach oben ziehen. Von anderen müssen wir uns mit den Füßen abstoßen. Auch sie fördern unseren Aufstieg.

Der dritte Satz des »Prinzip und Fundament« lautet daher:

Daraus folgt, daß man sie soweit gebrauchen oder sich ihrer enthalten muß, wie sie zur Erreichung des Ziels entweder beitragen oder hindern.

So klar und logisch diese Aussagen klingen: In der Geschichte der christlichen Spiritualität war ihr Inhalt oft verdunkelt. In jeder ihrer Phasen gab es die Versuchung, die Begrenzungen unserer menschlichen Natur zu verachten und abzulehnen. Man glaubte, daß Vollkommenheit in einer möglichst weitgehenden Unabhängigkeit von dieser Natur bestünde, ebenfalls eine Ursache für zahlreiche Neurosen im Christentum.
Wie die Analyse Friedrichs von Hügel gezeigt hat, gibt es Fixierungen, Einstellungen und Verhaltensmuster, die während eines bestimmten Lebensabschnitts hilfreich und produktiv sein mögen, die aber später destruktiv wirken. Wie können wir beurteilen, was wirklich hilfreich und was in Wahrheit ein Hemmnis ist? Und wie befreie ich mich von etwas, das mich völlig mit Beschlag belegt und wovon ich mich nicht befreien kann, obwohl ich weiß, daß es mein Leben zerstört? Der Umriß einer Antwort findet sich in den letzten beiden Sätzen des »Prinzip und Fundament«:

Deshalb müssen wir uns gegenüber allen geschaffenen Dingen ohne Unterschied verhalten – soweit sie der Freiheit unseres freien Willens unterliegen und ihr nicht verboten sind –, so daß wir, soweit es an uns liegt, nicht Gesundheit mehr suchen als Krankheit, noch Reichtum der Armut, Ehre der Verachtung, langes Leben einem kurzen vorziehen. Vielmehr ist es angemessen, aus allem schließlich das zu wählen und danach zu verlangen, was zum Ziel führt.

Einige Menschen entwickeln eine spontane Abwehr gegen das »Prinzip und Fundament« und ganz besonders gegen diese beiden Sätze. Wenn jemand diese Abneigung teilt, kann ich ihn nur bitten, sein endgültiges Urteil wenigstens bis zum Ende dieses Kapitels zurückzuhalten.

Die Mißverständnisse, die sich mit dem Begriff ›Indifferenz‹ verbinden (d. h. sich gegenüber allen Dingen ohne Unterschied zu verhalten), haben zu sehr viel Unheil für Menschen und Gruppen innerhalb der Kirche geführt. Fehldeutungen des Wortes ›Indifferenz‹ oder (›Gleichmütigkeit‹) zerstörten und zerstören auch heute noch Leben. Der Begriff will nicht besagen, daß wir unser natürliches Streben nach Leben, Gesundheit, Wohlstand, Ansehen, Anerkennung und Freundschaft unterdrücken müßten und wir Gott um so wohlgefälliger wären, je besser uns das gelingt. Ich habe Menschen kennengelernt, die das Wort ›Indifferenz‹ in einer Weise mißverstanden haben, die dazu führte, daß sie jahrelang darum kämpften, jede natürliche Neigung zu unterdrücken, um in diesem falschen Sinn ›indifferent‹ zu werden. Manchmal wurden sie dazu auch durch ihre geistlichen Führer ermuntert. Sie erzeugten schließlich eine derartige Distanz zu sich selbst, zu anderen Menschen und zur Wirklichkeit um sie herum und damit auch zu Gott, der in allem wirkt, daß sie in eine hoffnungslose Verzweiflung stürzten und in der Hölle waren, während sie noch lebten. Was also meint der Begriff ›Indifferenz‹ wirklich?

Wer frei sein will, darf nicht Sklave sein. Wenn unser Leben bis in die letzten Winkel hinein durch Besitzgier geprägt und bestimmt ist, dann sind wir die Sklaven des Reichtums, den wir anstreben. Wir ordnen einem einzigen und alles beherrschenden Ziel alle anderen Bestrebungen und Werte unseres Lebens unter. Das Streben nach Reichtum prägt die Beziehungen zu anderen Menschen. Wahrheitsliebe und Gerechtigkeitssinn spielen keine Rolle mehr. Auf vergleichbare Weise kann man sich in die eigene Gesundheit verlieben, in die Macht, die man über andere ausübt, oder in die eigene Bedeutung. Wenn ich alle anderen Zielsetzungen und Werte solchen Fixierungen unterordne, dann bin ich deren Sklave geworden. Freiheit setzt ›Indifferenz‹ oder ›Gleichmütigkeit‹ voraus. Man kann unmöglich frei sein, wenn man alle seine Begierden, Neigungen und Gefühle unterdrückt. Je heftiger man es versucht, desto stärker wird man von ihnen versklavt.

Ich hütete eine Zeitlang einen schwarzen Labrador, von dem ich sehr viel lernte. Er führte mir täglich die wahre Bedeutung des Begriffs ›Indifferenz‹ vor Augen. Ich holte ihn jeden Morgen aus seiner Hütte und nahm ihn bis zur Küchentür mit. Sobald er frei war, rannte er begeistert herum und wollte in alle Richtungen gleichzeitig davonrennen. Wenn er die Witterung eines anderen Menschen aufgenommen hatte, spürte er ihr nach und kehrte mit einem Handschuh oder einem Schal im Maul zurück, und einmal sogar mit dem Schleier einer Nonne. Sobald ich aber mit einem Knochen oder einer Schwarte aus der Küche kam, fand ich einen völlig verwandelten Hund vor. Er saß an der Tür und schaute so treuherzig wie sein Großvater, ein prämierter Jagdhund, wenn er auf seine Belohnung wartete. Dann folgte er mir auf den Fersen zu meinem Zimmer und ignorierte alle Leute, denen wir begegneten, auch wenn sie Handschuhe, Schals oder Schleier trugen. Dort saß er dann reglos, und während ihm der Speichel aus seinem Maul tropfte, richtete er die Augen wie hypnotisiert auf den Knochen in meiner Hand. Auf das Kommando »Bei Fuß« kam er zu mir und nahm seinen Schatz in Empfang.

Mein Labrador war ein gutes Beispiel für die Bedeutung des Begriffs ›Indifferenz‹. Seine Fixierung auf den Knochen war zumindest in diesem einen Augenblick stärker als jeder andere Wunsch. Der Begriff ›Indifferenz‹ oder ›Gleichmütigkeit‹ beschreibt die Haltung eines Menschen, der sich so auf Gott ausgerichtet hat, daß er alle geschaffenen Dinge loslassen würde, wenn der Wille Gottes es verlangen sollte. Indifferent zu sein heißt nicht, daß man jeden Wunsch und jede Neigung unterdrückt, sondern es bedeutet, Gott und den Willen Gottes so in den Mittelpunkt des Lebens zu stellen, daß ihm alles übrige untergeordnet ist und in Einklang mit ihm steht. Wir erfahren Gott nur vermittelt durch Beziehungen zu anderen Menschen und zu der Welt, die uns umgibt. Wir wollen geliebt werden und selbst lieben, denn nur durch solche Beziehungen können wir Gott begegnen, der die Liebe ist. Einzig und allein in der Liebe zu anderen Menschen und in der Hinwendung zur Welt können wir Gott finden. Sowenig wie ein Schnellzug seinen Zielbahnhof erreichen kann, wenn er sich vollständig von den Schienen löst, sowenig können wir Gott begegnen, wenn wir uns völlig von den Menschen und den Dingen lösen. Die Indifferenz oder Gleichmütigkeit, die von Ignatius und der christlichen Tradition gelehrt wird, bezieht sich auf unsere Grundorientierung. Wer indifferent ist, kann alles aufgeben, was von Gott wegführt, und Wege einschlagen, die direkter zu ihm führen. Deshalb schreibt Ignatius am Ende des »Prinzip und Fundament«:

Vielmehr ist es angemessen, aus allem schließlich das zu wählen und danach zu verlangen, was zum Ziel führt.

Dieser letzte Satz des »Prinzip und Fundament« führt uns zum zentralen Thema, das in diesem Buch behandelt wird. Der Schatz liegt im Acker unseres inneren Lebens verborgen. Unser inneres Leben, das die Art und Weise bestimmt, wie wir die Welt wahrnehmen, wie wir in ihr handeln und auf sie reagieren, ist eine komplexe, chaotische und bedrohliche Mischung von Gedanken, Erinnerungen, Gefühlen, Begierden und Ängsten. Die Erklärung für das Chaos liegt in unseren Begierden. Einen jeden reißt seine Leidenschaft dahin, schrieb der Dichter Vergil, »Trahit sua quemque voluptas«, oder nüchterner ausgedrückt: Wir alle tun, was wir wollen.

Das Problem ist die Vielzahl und die Verschiedenheit der widersprüchlichen Leidenschaften in uns. Wie sollen wir herausfinden, was wir wirklich wollen? Die banalsten Wünsche sind immer auch die, die am lautesten und hartnäckigsten ihre Befriedigung fordern. Werden sie befriedigt, lassen sie uns immer wieder mit einem Gefühl von Leere und Traurigkeit zurück, weil durch ihre Erfüllung tieferliegende Wünsche nicht zum Zuge kamen. In der Offenbarung schreibt der Verfasser der unglückseligen Gemeinde von Laodicea: »Du behauptest: Ich bin reich und wohlhabend, und nichts fehlt mir. Du weißt aber nicht, daß gerade du elend und erbärmlich bist, arm, blind und nackt« (Offb 3, 17). Das ist eine Einsicht, die Männer und Frauen oft in der sogenannten ›Midlife-Crisis‹ ereilt und sie in Depressionen stürzen kann. Aber sie kann auch der Beginn eines neuen Lebens sein.

Sobald wir herausfinden, was wir wirklich wollen, und uns unserer tiefsten Wünsche bewußt werden, haben wir den Willen Gottes entdeckt. Der Wille Gottes besteht nicht in einem uns fremden Lebensplan, der uns im Widerspruch zu fast allen unseren natürlichen Neigungen von einem launischen Gott aufgezwungen wird. Gott will, daß wir frei sind. Er will uns entdecken lassen, was wir wirklich wollen und wer wir wirklich sind. Es ist keine Auseinandersetzung zwischen unserem Willen und dem Willen Gottes, sondern unser eigener Wille ist in sich gespalten und kämpft mit sich selbst. Auf der einen Seite will er, daß die Schöpfung nicht Gott, sondern uns selbst, den Menschen, lobpreist, ihn verehrt und ihm zu Diensten ist, auf der anderen Seite will er, daß Lobpreis, Verehrung und Dienst Gott gelten. Es ist ein Kampf zwischen einem Willen, der an die Stelle Gottes treten möchte, und einem anderen, der Gott gewährt, was Gottes ist.

Heilige sind Frauen und Männer, die ihre innersten Wünsche entdeckt haben. Weil sie ganz sie selbst sind, erfüllen sie auch den Willen Gottes. Ihr eigener Wille und der Wille Gottes stimmen überein. Sie erfahren beständigen Frieden, innere Ruhe, Freiheit und Freude in ihrem Leben, auch in Krisenzeiten und im Leid, und vielleicht sogar gerade dann.

Wenn Gott nicht anziehend auf uns wirkt, werden wir ihn nicht begehren. Der erste Schritt auf unserer Reise zu ihm besteht darin, sich ihm zuzuwenden und zu erkennen, daß seine Güte alle Vorstellungskraft übersteigt. Deshalb lautet die erste Botschaft, die Jesus im Evangelium an uns richtet: »Kehrt um und glaubt an die *frohe* Botschaft!« (Mk 1, 15). Diese Aufforderung beschäftigt uns im nächsten Kapitel.

Übungen

1. Lesen Sie Ihre Todesanzeige (vgl. Kapitel 1) und die Geschichte ihres Glaubensweges (vgl. Kapitel 2) noch einmal durch. Finden Sie darin irgendwelche Hinweise auf das, was Sie wirklich wollen?
2. Nehmen Sie ein Stück Papier und unterteilen Sie es mit einem Strich in zwei Spalten. Über die erste Spalte schreiben sie: »Dinge, die mich lebendig machen« und über die zweite: »Dinge, die mich lähmen.« Dann werfen sie erneut einen Blick auf das »Prinzip und Fundament«. Gibt Ihnen die Liste irgendwelche Hinweise auf Geschehnisse und Haltungen, die nach Ihrer Erfahrung das Leben in Ihnen zerstören, und auf solche, die es fördern?

Der folgende Text ist keine wörtliche Übersetzung des »Prinzip und Fundament«, sondern eine Paraphrase, mit der ich das Kapitel zusammenfassen möchte:

Bevor die Welt geschaffen wurde, waren wir dazu ausersehen, in der Liebe und in der Gegenwart Gottes zu leben und ihn durch seine Schöpfung zu lobpreisen, ihn zu verehren und ihm zu dienen.
Da alles auf der Erde zu diesem Zweck existiert, müssen wir alles das wertschätzen und gebrauchen, was uns hilft, und uns von allem befreien, was unser Leben in der Liebe und in der Gegenwart Gottes zerstört.
Deshalb müssen wir so ›gleichmütig‹ sein, daß wir unser Herz nicht an irgendwelche Dinge hängen, als wären sie

unser höchstes Gut, sondern für die Möglichkeit offen bleiben, daß sich die Liebe eher in Armut als in Reichtum, eher in Krankheit als in Gesundheit, eher in Schande als in Ehre und eher in einem kurzen Leben als in einem langen zum Ausdruck bringt, denn nur Gott allein ist unsere Gewißheit, unsere Zuflucht und unsere Stärke.
Wir können nur dann auf diese Weise indifferent gegenüber allem Geschaffenen sein, wenn wir eine andere, stärkere Bindung haben: Unser einziges Bestreben und unsere grundlegende Entscheidung muß sein, in der Liebe und in der Gegenwart Gottes zu leben.

6. Richtungswechsel

Kehrt um und glaubt an die frohe Botschaft! (Mk 1, 15)

Wenn Gott durch Jesus zu uns sagt: »Kehrt um und glaubt an die frohe Botschaft!«, dann spricht er keine Drohung aus, sondern eine Einladung. Es ist, als ob er uns sagen wollte: Kommt und seht, was ich euch schenken möchte. Ihr werdet feststellen, daß es eure kühnsten Träume und Vorstellungen übertrifft. So wie ihr im Augenblick lebt, seid ihr unbarmherzig gegen euch selbst. Kommt heraus aus eurem Grabesgefängnis, reißt die Mauern eurer falschen Gewißheiten ein, und geht mit mir, damit wir in inniger Gemeinschaft leben können.

Umkehr ist die Annahme dieser Einladung, Sünde die Weigerung, sich auf sie einzulassen. Im Bericht vom letzten Abendmahl nach Johannes verspricht Jesus seinen Jüngern, daß er ihnen nach seinem Tod den Geist senden werde: »Und wenn er kommt, wird er die Welt überführen (und aufdecken), was Sünde ... ist; Sünde ist, daß sie nicht an mich glauben« (Joh 16, 8–9).

Wir können den Schatz nur entdecken, wenn wir umkehren. Die Unfähigkeit zur Umkehr ist die Hauptwurzel aller Übel, die jedem Christen und der Kirche in ihrer Gesamtheit zu schaffen macht. Wenn wir nicht umkehren, werden wir zu Götzendienern von Reichtum, sozialem Status und Macht, obwohl wir weiterhin behaupten, gläubige Menschen zu sein. Götzendiener gleichen sich dem an, was sie anbeten – sie werden leer, sinnlos und unmenschlich.

Die Wahrheit, daß wir ohne Umkehr dem Götzendienst verfallen, hat jedoch noch eine andere Seite: Wir alle sind Pilger, und in diesem Leben kann niemand behaupten, den Geist der vollkommenen Umkehr zu besitzen, genausowenig wie jemand von sich behaupten kann, er habe die vollkommene

Selbsterkenntnis erlangt. Unser Bewußtsein ist vielschichtig, und auf unserer Reise zu Gott entdecken wir immer wieder Bereiche des Atheismus in uns, falls wir es wagen, sie zur Kenntnis zu nehmen. Gibt man diese Tatsache zu, ist es ein Anzeichen des Fortschritts, nicht des Versagens. Deshalb betrachten sich viele der Heiligen als große Sünder, obwohl sie sich in ihrem Leben keiner ernsten Verfehlungen schuldig gemacht haben. Sie haben in sich Tiefendimensionen der Sünde entdeckt, die den meisten von uns zum Glück nicht bewußt sind. Sie sind überrascht und voller Dankbarkeit gegenüber Gott, der sie in ihrer Verdüsterung und Sündhaftigkeit annimmt, während diejenigen von uns, die noch nicht in diese Tiefen hinabgestiegen sind, sich über ihre tugendhafte Rechtschaffenheit freuen und dafür dankbar sein mögen. Wenn wir wirklich umkehren wollen, müssen wir uns unserer Sündhaftigkeit und Schwäche stellen. Der Umkehrruf Jesu ist eine Aufforderung an uns, die eigene Sündhaftigkeit zu erkennen und uns der Güte Gottes und seiner Barmherzigkeit anzuvertrauen. Das heißt nicht, daß diejenigen Götzendiener seien, die mit der Sünde noch nicht radikal Schluß gemacht haben. Jesus unterstreicht das unmißverständlich im Gleichnis vom Pharisäer und dem Zöllner, die in den Tempel gehen, um zu beten:

»Zwei Männer gingen zum Tempel hinauf, um zu beten; der eine war ein Pharisäer, der andere ein Zöllner. Der Pharisäer stellte sich hin und sprach leise dieses Gebet: Gott, ich danke dir, daß ich nicht wie die anderen Menschen bin, die Räuber, Betrüger, Ehebrecher oder auch wie dieser Zöllner dort. Ich faste zweimal in der Woche und gebe dem Tempel den zehnten Teil meines ganzen Einkommens. Der Zöllner aber blieb ganz hinten stehen und wagte nicht einmal, seine Augen zum Himmel zu erheben, sondern schlug sich an die Brust und betete: Gott, sei mir Sünder gnädig! Ich sage euch: Dieser kehrte als Gerechter nach Hause zurück, der andere nicht« (Lk 18, 10–14).

Der Zöllner, nicht der Pharisäer, ist umgekehrt und hat sein Verhältnis zu Gott bereinigt. Der rechtschaffene Pharisäer bleibt im Gefängnis der eigenen Selbstgefälligkeit eingeschlossen. Es ist keine Frage, daß der Zöllner auch weiterhin seine Habgier und seine Gelüste bekämpfen muß, vielleicht sogar in stärkerem Maß als der Pharisäer, aber er ist im Einvernehmen mit Gott, weil er die eigene Sündhaftigkeit und Hilflosigkeit anerkennt, auf Gottes Macht vertraut und dessen Gnade erfleht. Der Pharisäer kann nicht erkennen, wie sehr er Gott nötig hätte, weil er sich in seiner eigenen Rechtschaffenheit beruhigt hat.

Wenn wir scheitern, kann ein falscher Begriff von ›Umkehr‹ die Ursache dafür sein. Weiter oben haben wir einige falsche Gottesbilder wie das von Gott als einem monströsen Onkel untersucht. So wie wir ein falsches Gottesbild haben können, können wir auch falschen Vorstellungen über die Bedeutung von Sünde und Umkehr anheimfallen. Viele Christen beklagen sich über unsere Gegenwart und behaupten, sie habe jegliches Sündenbewußtsein verloren. Begegnen wir solchen Klagen, dann ist es wichtig, festzustellen, in welchem Sinn der Begriff Sünde dort auftaucht. Die heftige Klage über das mangelnde Sündenbewußtsein ist oft selbst eine Sünde. Wer so klagt, hat Freude am Unheil. Wir sollten dankbar sein, daß das Sündenbewußtsein verschwunden ist. Ich beziehe meine Beispiele aus der katholischen Kirche, um diese Behauptung zu verdeutlichen, aber dieselben Zerrbilder von Sünde und Umkehr lassen sich auch in jeder anderen christlichen Gemeinschaft finden.

Bei Katholiken, Kindern wie Erwachsenen, kann durch eine falsche Katechese in der institutionellen Phase der Glaubensentwicklung der Eindruck entstehen, daß Gott in seiner unendlichen Güte dieses Tal der Tränen flächendeckend vermint und die Lagepläne der Minen allein dem Lehramt der Kirche anvertraut hat, also dem Papst, den Bischöfen und dem Klerus. Diese geben ihr Wissen dann an

jene weiter, die katholische Schulen besuchen und sonntags in die Kirche gehen.
Es gibt zwei Arten von Minenfeldern: solche, die der Seele zwar einen Schaden zufügen, sie aber nicht zerstören, d.h. die ›läßlichen Sünden‹, und jene, die die Seele endgültig zerstören und ›Todsünden‹ genannt werden. Gerät man in Minenfelder der zweiten Art, dann jagt man seine unsterbliche Seele hoch. Da die Seele als unsichtbare und körperlose Entität verstanden wird, die nur im Glauben erkannt werden kann, kann das Unglück folglich nicht gleich wahrgenommen werden, wenn eine Mine explodiert. Sollten wir allerdings sterben, ohne ›bereut‹ und ohne das Bußsakrament empfangen zu haben, bleibt uns die Ewigkeit der Hölle, um die Abscheulichkeit der Verbrechen einzusehen, die wir begangen haben. Das Leben bietet zahllose Gelegenheiten, in eines dieser Minenfelder zu geraten. Ganz abgesehen von den Kapitalverbrechen, die vor jedem ordentlichen Gericht ein ›lebenslänglich‹ einbringen würden, gab es für Katholiken viele andere Vergehen und Unterlassungen, welche zur ewigen Verdammnis unter Bedingungen führten, welche den Archipel Gulag als Luxushotel erscheinen lassen. Wer bewußt die Sonntagsmesse versäumte oder »an unschamhaften Dingen freiwillig Wohlgefallen« hatte, mußte mit demselben Strafmaß wie für die Folterung von Menschen und für Massenmord rechnen. Als ich 1958 zum Diakon geweiht wurde, schärfte man uns ein, es sei eine Todsünde, auch nur ein einziges Mal das tägliche Breviergebet zu unterlassen. Das tägliche Breviergebet, eine Zusammenstellung von Psalmen, Lesungen und Gebeten, hatte sieben Teile. Ließ man mit Absicht einen Teil davon aus, hatte man eine Todsünde begangen. Folglich mußten wir jeden Tag sieben zusätzlichen Minenfeldern aus dem Weg gehen.
Parallel zu solchen Lehren entwickelte sich eine äußerst komplizierte Kasuistik, um den Pilgern des Gottesvolkes Beurteilungskriterien an die Hand zu geben, inwieweit sie

sich einem Minenfeld nähern konnten, ohne tatsächlich in die Luft zu fliegen. Es war eine Todsünde, den Sonntagsgottesdienst absichtlich zu versäumen, aber wenn der Fußweg zur Kirche länger als fünf Kilometer war, oder wenn man krank war, oder wenn man als Bauer das Getreide ernten mußte, damit es nicht auf dem Halm verdarb, oder wenn man mit einiger Sicherheit damit rechnen konnte, im Gottesdienst jemanden zu treffen, der einen ernsthaft in Versuchung bringen konnte, dann war man von der Sonntagspflicht befreit. Der Schaden, der sensiblen Menschen mit lebhafter Phantasie durch solche Vorschriften zugefügt wird, hat tragische Ausmaße und ist eine Perversion der frohen Botschaft. Vor einiger Zeit führte ich ein Gespräch mit einer Frau, der derartige Lehren massive innere Qualen verursacht hatten. Ich fragte sie, was sie gern tun würde, wenn sie frei von moralischen Skrupeln wäre. Ihre Antwort überraschte mich nicht: »Alle Kirchen niederbrennen.«

Das ist völlig übertrieben und eine üble Verdrehung der katholischen Morallehre, höre ich eine Stimme in meinem Kopf, die das Geschriebene kommentiert. Ich gebe zu, daß es sich um ein Zerrbild handelt, aber viele Menschen begegneten nur diesem Zerrbild. Es hat Nervenzusammenbrüche und tiefe Frustrationen verursacht, Angstneurosen genährt und die moralische Entwicklung verkümmern lassen. In der Folge hat es sehr viele Menschen Schuldgefühlen ausgeliefert. Wenn sie sich gut fühlen, macht ihnen das ein schlechtes Gewissen. Spontaneität, Vergnügen und Freude sind vollständig aus ihrem Leben verschwunden.

Eine andere Stimme meint: Das sind doch überholte Vorwürfe gegen eine Form religiöser Erziehung, die es heute gar nicht mehr gibt. Ich kann nur hoffen, daß das stimmt und daß es diese Art von Katechese heute nicht mehr gibt, aber auch dann leiden wir immer noch unter deren Spätfolgen. Die katholische Morallehre ist trotz der Beschlüsse des II. Vatikanischen Konzils und der hervorragenden Sozialenzykliken der letzten Päpste immer noch zu einseitig und zu sehr auf den einzelnen orientiert. Sie ist einseitig, weil sie das Hauptaugenmerk auf die Sexualmoral und da wiederum besonders auf Geburtenkontrolle und Abtreibung legt, ohne sich mit vergleichbarem Nachdruck gegen eine Politik zu wenden, deren Konsequenz die Vernichtung von Millionen von Menschen ist. Sie ist individualistisch, weil den meisten Christen immer noch das Bewußtsein fremd ist, daß wir nicht nur für unser eigenes Leben verantwortlich sind, sondern auch für das der Gesellschaft, in der wir leben. Weil unserer Morallehre eine individualistische Schlagseite hat, ist sie auch selektiv. Sie ignoriert unsere gemeinsame Verantwortung für die Sünde in der Welt und neigt zu vorschnellen Urteilen über diejenigen, die ihren Normen zuwiderhandeln.

Wenn man Sünde mit Verstoß gegen das Gesetz gleichsetzt, dann verliert das Wort seinen Sinn. Wenn Sünde mit einem Verstoß gegen das Gesetz identisch ist, dann war Paulus vor seiner Bekehrung ohne Sünde, denn er beachtete das Gesetz mit großer Sorgfalt und: »... war untadelig in der Gerechtigkeit, wie sie das Gesetz vorschreibt« (Phil 3, 6). Drängt man Menschen zu »Ehrlichkeit, Sauberkeit, Nüchternheit, Fleiß, Ordnung, Opfersinn, Wahrhaftigkeit, Liebe zum Vaterland«, dann mag sich das wie eine Aufforderung zur Umkehr lesen. Diese Worte standen aber auf dem Dach des zentralen Verwaltungsgebäudes im Konzentrationslager Dachau, damit die Gefangenen sie immer vor Augen hätten. Sie waren Ausdruck der Götzendienerei des Dritten Reiches und nicht eine Aufforderung, sich Gott zuzuwenden.

Umzukehren oder Buße zu tun heißt nicht einfach, bestimmte Vergehen zu vermeiden (was natürlich dazugehört), sich keine der harmlosen kleinen Vergnügen zu gönnen, sich zu kasteien oder die Gebote der Kirche noch strikter einzuhalten. Man kann erzböse und destruktiv sein und zugleich einen sehr asketischen Lebensstil pflegen: Es gibt den Kirchgänger, Nichtraucher, Abstinenzler und ernährungsbewußten Menschen, der zugleich ein skrupelloser Folterer und Mörder ist. ›Umkehr‹ ist die Übersetzung des griechischen Wortes ›metanoia‹ und bezeichnet einen Wandel von Geist und Herz, eine Veränderung in der Gesamtperspektive. Wenn ich beispielsweise aus einem Alptraum erwache, in dem ich Schreie hörte, die mir das Blut in den Adern gefrieren ließen, und in dem Riesenmonster im Dunkel umherschlichen, um sich im nächsten Augenblick auf mich zu stürzen, allmählich dann aber das Rauschen des Windes höre und auf der Wand des Schlafzimmers das Schattenspiel der vom Mond beschienenen Bäume wahrnehme, dann stellt dieser Übergang vom Traum zur Realität einen Wandel der Perspektive, eine ›Umkehr‹ im ursprünglichen Sinn des Wortes dar.

Im Kern besteht der Glaube eines Christen darin, daß er sich mit seiner ganzen Existenz Gott anvertraut, und nicht in erster Linie im Fürwahrhalten der Sätze des Glaubensbekenntnisses. Heiratet man, dann geht es in der Hauptsache nicht um das förmliche Ja-Wort während der Trauung, sondern um das ›Ja‹ zueinander. Wer umkehrt und an die frohe Botschaft glaubt, der wendet sich von der Selbstvergötzung ab und gewährt Gott Raum bei sich. Gott ist ein Gott des Mitleids, der seine Schöpfung so liebt, daß er in Jesus Mensch wurde und sein Leben opferte, um unser aller Leben zu gewinnen. Wirkliche Umkehr zeigt sich bei einzelnen oder bei einer kirchlichen Gemeinschaft in einer Moral, die von einem Geist des Mitgefühls für die ganze Schöpfung durchdrungen ist. Eine selektive Moral, die beispielsweise den Schutz des Eigentums an die oberste Stelle setzt und Eigentumsdelikte strenger bestraft als Verletzungen der Menschenrechte, kann ein subtiler Weg sein, uns von Gott und seinen Forderungen zu distanzieren. Sie ist ein Anzeichen für unsere Unfähigkeit zur Umkehr. Dasselbe gilt für die Überbetonung der Sexualmoral. Man bleibt blind für die Zerstörung menschlichen Lebens durch

Geldgier und blinden Nationalismus oder schweigt dazu. Die Sünde, also die Weigerung, Gott als Gott anzuerkennen, ist tief in unserer Natur verankert. Wir glauben, schon ohne Sünde zu sein, wenn wir unsere fleischlichen Gelüste beherrschen und uns mäßigen, aber unsere Sündhaftigkeit reicht weiter als die körperlichen Bedürfnisse. Im Christentum drückt sich diese Wahrheit in der Erzählung vom Engelsturz aus. Die größte Sünde, zu der wir fähig sind, wird nicht vom Körper begangen, sondern ist eine Sünde des Geistes: der tiefverwurzelte Stolz auf ein Leben, das die gesamte Schöpfung so betrachtet, als ob sie uns loben und preisen müßte und im Dienste unserer Interessen stünde. Weil diese Neigung so tiefe Wurzeln hat, lehrt die Kirche, daß unser Leben ein ständiges Buße-Tun sein muß, d.h. ein unaufhörliches Bemühen darum, die Ausrichtung unseres Lebens zu ändern. Wir sollen uns nicht mehr um unsere Sicherheit sorgen und Gott unsere einzige Zuflucht sein lassen. Tolstoi schildert diese menschliche Neigung, sich in den Grabmälern des eigenen Stolzes einzuschließen, sehr anschaulich in seinem Roman »Auferstehung«, in dem er die Lebenseinstellung der Prostituierten Katusha beschreibt:

»Man nimmt gewöhnlich an, daß ein Dieb, ein Mörder, eine Prostituierte ihre Profession für unsittlich halten und sich ihrer schämen müssen. Gerade das Gegenteil ist der Fall. Leute, die durch das Schicksal sowie durch ihre eigenen Fehler und Irrtümer in eine gewisse Lage versetzt sind, bilden sich, so sehr diese Lage auch mit Recht und Sitte im Widerspruch stehen mag, doch eine solche Gesamtauffassung vom Leben, bei der ihre eigene Lage ihnen als gut und achtenswert erscheint. Um diese Lebensauffassung zu rechtfertigen, halten sie sich instinktiv an solche Kreise, in denen ihre Begriffe und Vorstellungen vom Leben und ihrer eigenen Stellung im Leben Anerkennung finden. Wir wundern uns darüber, daß ein Dieb sich seiner Gewandtheit, eine Prostituierte ihrer Lasterhaftigkeit, ein Mörder seiner Grausamkeit rühmt. Doch wir wundern uns nur deshalb darüber, weil der Kreis dieser Leute beschränkt ist, und vor allem, weil wir selbst außerhalb des Kreises stehen. Aber begegnen wir nicht derselben Erscheinung unter den reichen Leuten, die sich ihres Reichtums rühmen, oder unter den Heerführern, die mit ihren Siegen prahlen? Wenn wir die Begriffe, die diese Leute vom Leben, vom Guten und Bösen haben, nicht für verkehrt ansehen, so hat dies einzig darin seinen Grund, daß der Kreis der Leute mit solchen Begriffen größer ist und daß wir selbst zu diesem Kreise gehören...«

Die Prostituierte Katusha betrachtete sich selbst als eine sehr bedeutsame Person, und Tolstoi fährt fort:

»Sie schätzte diese Lebensauffassung höher als alles in dieser Welt, und sie mußte sie hochschätzen, weil sie selbst, sobald sie dieser Lebensauffassung entsagte, sofort die Bedeutung verlor, die ihr diese Auffassung verlieh. Um nun ihre Bedeutung im Leben der Gesellschaft nicht einzubüßen, hielt sie sich instinktiv an diejenigen Kreise, die das Leben so ansahen wie sie.«

Katusha hat Angst vor der eigenen Bedeutungslosigkeit und Nichtigkeit, eine Angst, die sie mit allen Menschen teilt. Jeder von uns kämpft auf seine eigene Weise darum, sich vor dieser Angst zu schützen. Wir entwickeln persönliche und kollektive Abwehrstrategien. Dabei handelt es sich um einen gesunden Instinkt, der für Wachstum und Entwicklung eines Menschen notwendig ist. Allerdings besteht die Gefahr, daß diese Abwehrstrategien nicht unserer Entwicklung dienen, sondern ihr im Wege stehen. Aus der Sicht des christlichen Glaubens sind alle unsere Abwehrstrategien vorläufiger Natur und nur insofern gerechtfertigt, als sie dem Ziel des Einswerdens mit Gott dienen. »Die übrigen auf der Erde gelegenen Dinge sind um des Menschen selbst willen geschaffen, damit sie ihm bei der Erreichung des Ziels seiner Schöpfung helfen. Daraus folgt, daß man sie soweit gebrauchen oder sich ihrer enthalten muß, wie sie zur Erreichung des Ziels entweder beitragen oder hindern.« Wenn wir den Selbstschutz zum alleinigen Ziel machen, verwandeln wir ihn in eine Abwehrstrategie gegen Gott. Die Verteidigung des status quo wird zu einem Götzen und reiht sich unter unsere falschen Gottesvorstellungen ein. Dieser Grundhaltung entstammen alle Sünden. Darum heißt das erste Gebot, aus dem sich alle anderen Gebote ergeben: »Du sollst neben mir keine anderen Götter haben« (Ex 20, 3).

Wir deuten unsere Angst vor der Bedeutungslosigkeit falsch. Sie weist nicht auf unsere drohende Vernichtung hin, sondern sie ist eine Aufforderung, sich der Wahrheit zu stellen: Das Leben meint es gut mit uns, und Gott wirkt in den Tatsachen des Lebens. Alle Abwehr ist letztlich sinnlos. Man täuscht sich, wenn man die eigene Bedeutung an der Stärke der letztlich nutzlosen Verteidigungswälle abliest. Gott allein ist unser Fels, unsere Zuflucht und unsere Stärke. Wenn man sich dieser Wahrheit stellt, erkennt man die Bedeutung, die man wirklich besitzt, denn Gott liebt uns, und in seinen Augen besitzt jeder den gleichen Wert. Er fordert uns auf, sein Leben mit ihm zu teilen. Sünde ist die Weigerung, diese Einladung anzunehmen. Wir ziehen die eigene Sicherheit vor, und in unseren Grabhöhlen gleichen wir Lazarus. Gott ruft uns aus den Höhlen heraus ins Leben. Und wir antworten: Danke, ich bleibe lieber, wo ich bin.

Von unserer Trutzburg gegen Gott schauen wir mit Mißfallen auf die anderen, die uns von ihren Trutzburgen aus bedrohen könnten. Es handelt sich um ein Verhalten, das sich in gleicher Weise bei Individuen, Gruppen und Nationen findet. Sind wir religiös orientiert, bauen wir auch Gott in unser Verteidigungssystem ein und verteufeln alles als atheistisch und böse, was unsere Sicherheit gefährden

könnte. Wir drohen im Namen Gottes mit der Vernichtung derjenigen, die unser Verteidigungssystem gefährden. Gott dient zur Rechtfertigung von Raub, Gewalt und Mord, die wir dann ›Sicherung unserer Freiheit und Souveränität‹, ›Aufrechterhaltung von Recht und Ordnung‹ und ›Liebe zum Vaterland‹ nennen. Wir vertreten eine selektive und individualistische Moral, die nicht über den Rand der eigenen Sicherheitsdoktrin blicken will, und sind in immer stärkeren Maß von uns selbst eingenommen.
Die Propheten des Alten Testamentes haben die Selbstgerechtigkeit des Volkes Israel immer wieder angegriffen und vor allem seine Neigung, das eigene Verhalten unter Berufung auf Gott zu rechtfertigen. Israel glaubte sich vor Gott gerechtfertigt, weil es die vorgeschriebenen Riten praktizierte und die Vorschriften des Gesetzes einhielt. Gott läßt Israel durch den Propheten Jesaja sagen:

»Was soll ich mit euren vielen Schlachtopfern?, spricht der Herr. Die Widder, die ihr als Opfer verbrennt, und das Fett eurer Rinder habe ich satt; das Blut der Stiere, der Lämmer und Böcke ist mir zuwider. Wenn ihr kommt, um mein Angesicht zu schauen – wer hat von euch verlangt, daß ihr meine Vorhöfe zertrampelt? Bringt mir nicht länger sinnlose Gaben, Rauchopfer, die mir ein Greuel sind. Neumond und Sabbat und Festversammlung – Frevel und Feste – ertrage ich nicht. Eure Neumondfeste und Feiertage sind mir in der Seele verhaßt, sie sind mir zur Last geworden, ich bin es müde, sie zu ertragen. Wenn ihr eure Hände ausbreitet, verhülle ich meine Augen vor euch. Wenn ihr auch noch so viel betet, ich höre es nicht. Eure Hände sind voller Blut. Wascht euch, reinigt euch! Laßt ab von eurem üblen Treiben! Hört auf, vor meinen Augen Böses zu tun! Lernt, Gutes zu tun! Sorgt für das Recht! Helft den Unterdrückten! Verschafft den Waisen Recht, tretet ein für die Witwen!« (Jes 1, 11–17).

Jesus, der die Worte der Propheten erfüllt, greift ihre Anliegen wieder auf und warnt vor dem Übel, sich im Reichtum sicher zu glauben. »Eher geht ein Kamel durch ein Nadelöhr, als daß ein Reicher in das Reich Gottes gelangt« (Mk 10, 25). Es ist gefährlich, sich im Reichtum in Sicherheit zu wiegen, aber noch gefährlicher ist es, sich in der eigenen Selbstgerechtigkeit einzurichten. Wir weisen Gott zurück und machen ihn gleichzeitig dafür verantwortlich, daß wir ihn zurückweisen. Jesus, sonst sanftmütig, wird heftig, wenn er solche falschen Gewißheiten verurteilt. Er nennt die Menschen, die ihnen huldigen, Heuchler, Gräber, die weiß angestrichen sind, Menschen, die anderen das Himmelreich verschließen und selbst nicht hineingehen, aber auch diejenigen nicht hineinlassen, die hineinwollen, Menschen, die Mücken aussieben und Kamele verschlucken. Jesus, das Abbild des unsichtbaren Gottes, ist mild mit jenen, die aus Schwäche sündigen und das auch zugeben. Er ist streng gegen die, die sich selbst als gerecht betrachten, weil sie Gott mißbrauchen und unter Berufung auf Gott ihr eigenes böses Tun rechtfertigen. Jesus hieß die Sünder willkommen und aß mit ihnen. Es waren fromme Menschen, die ihn unter Mitwirkung der Vertreter von Recht und Ordnung als Gotteslästerer kreuzigten.

Jesus bringt seine Lehre in der ersten Seligpreisung auf den Punkt: »Selig, ihr Armen, denn euch gehört das Reich Gottes« (Lk 6, 20). Selig sind also jene, die ihre eigene Nichtigkeit erkennen und sich der Barmherzigkeit Gottes anvertrauen. Die gegenteilige Haltung ist bei Lukas beschrieben: »Aber weh euch, die ihr reich seid; denn ihr habt keinen Trost mehr zu erwarten« (Lk 6, 24). ›Reich‹ bezieht sich nicht nur auf materielle Güter, sondern auf Grundhaltungen, die ihre letzte Sicherheit in allem finden, nur nicht in Gott. Deshalb können die in ihrer Frömmigkeit verharrenden Frommen oftmals größere Sünder sein als die ›Zöllner und Dirnen‹ (Mt 21, 31). Die Sünde zerstört das Leben. Es ist bemerkenswert, daß die gewalttätigsten Konflikte der Gegenwart zwischen Menschen mit starken religiösen

Überzeugungen ausgetragen werden. Sie alle sind überzeugt davon, daß Gott auf ihrer Seite ist, wenn sie ihre Feinde umbringen: in Nord-Irland, im Libanon, im Iran und im Irak, in Südafrika.

Sünde ist die Weigerung, Gott als Gott anzuerkennen. Umkehr heißt, Gott in unserem Leben einen Platz einzuräumen.

Unsere Sündhaftigkeit zu erkennen und umzukehren ist ein Prozeß, der unser ganzes Leben lang andauert. Wir können vor unserem Tod niemals einen Zustand erreichen, in dem eine Umkehr nicht mehr nötig wäre. Wenn wir es zulassen, kann jeder Augenblick des Lebens eine der verborgenen Schichten unseres Bewußtseins offenlegen und uns dadurch deutlich werden, wie sehr wir immer versucht sind, Gott die Anerkennung zu verweigern.
Gott ist sanftmütig. Er enthüllt uns unsere Sündhaftigkeit Schritt für Schritt. Er scheint sich keine Gedanken über unsere vergangenen Übeltaten zu machen, obwohl deren Auswirkungen uns und anderen immer noch Leiden verursachen. »Wären eure Sünden auch rot wie Scharlach, sie sollen weiß werden wie Schnee« (Jesaja 1, 18). Gott interessiert die Richtung, in die wir uns bewegen. Gleichgültig, wie weit wir von ihm entfernt sein mögen, sobald wir uns auf ihn orientieren, streckt er die Hand aus, um uns willkommen zu heißen. Die eigentliche Sünde besteht in der Verweigerung der Umkehr oder in der Angst davor. Es spielt keine Rolle, ob wir uns verweigern, weil wir mit unserem gegenwärtigen Zustand ganz zufrieden sind, oder weil wir der Ansicht sind, wir müßten zuerst mit uns selbst ins Reine kommen, bevor wir uns Gott zuwenden können. Was uns zur Verzweiflung bringt – Mißerfolge, der Verlust des Arbeitsplatzes oder des guten Rufes, Blamagen, beharrliche Charakterschwächen, physische oder psychische Krankheiten, das Scheitern einer Ehe oder das Fehlschlagen einer religiösen Berufung – , das kann sich als Moment der

Gnade erweisen und zum Ausgangspunkt eines neuen Lebens werden, wenn es uns nur gelingt, das Scheitern anzunehmen und uns voller Vertrauen Gott zu überlassen. Der Schmerz bringt uns weiter, und keine Situation, in der wir als Menschen geraten können, ist völlig hoffnungslos.

Ich fasse das Kapitel zusammen, indem ich den charakteristischen Merkmalen der wahren Umkehr die Merkmale einer scheinbaren Umkehr gegenüberstelle. Wer das Folgende liest und zu der Ansicht kommt, daß die eigene Verfassung unter der Überschrift »Scheinbare Umkehr« besser getroffen ist, sollte nicht verzweifeln, sondern diese Entdeckung so nutzen, wie der Zöllner die Einsicht in die eigene Sündhaftigkeit nutzte, nämlich als Sprungbrett zu Gott. Man sollte daran denken, daß die Umkehr ein allmählicher und lebenslanger Prozeß ist und daß in jedem von uns Elemente scheinbarer und wahrer Umkehr immer gleichzeitig vorhanden sind. Wichtig ist vor allem unsere Einsicht, daß wir Gott brauchen.

Merkmale wahrer Umkehr

Wahre Umkehr befreit von der Fixierung auf das eigene Ich, weil wir darauf vertrauen, daß Gottes Güte in uns wirksam ist. Wir betrachten unsere Dunkelheit in seinem Licht.

Wahre Umkehr bringt Freude und innere Freiheit hervor.

Wahre Umkehr ist offen für Kritik und lernt aus ihr.

Wahre Umkehr zeigt sich in Einsicht, Toleranz und Hoffnung.

Wahre Umkehr bringt Mitgefühl hervor und verstärkt deshalb die Sensibilität gegenüber allen Formen von Ungerechtigkeit.

Wahre Umkehr vermag in das Lachen Gottes einzustimmen und verleiht dem Geist die Freiheit, die Komik in allen Situationen wahrzunehmen.

Wer wirklich umkehrt, fühlt sich zu Gott hingezogen.

Anzeichen scheinbarer Umkehr

Bei scheinbarer Umkehr steht das eigene Ich im Mittelpunkt. Wir bilden uns etwas auf unsere Tugenden ein, sind aber durch unsere Laster irritiert. Da wir sie uns nicht eingestehen wollen, projizieren wir sie auf andere.

Scheinbare Umkehr vergrößert die Angst und verstärkt Abwehrhaltungen.

Scheinbare Umkehr reagiert gereizt auf Kritik und lernt nichts aus ihr.

Scheinbare Umkehr verhärtet Geist und Herz. Sie ruft Dogmatismus, Intoleranz und Vorurteile hervor.

Scheinbare Umkehr hat nur in dem Maß einen Sinn für Gerechtigkeit, als diese den eigenen Interessen oder denen der eigenen Gruppe dient. Sie vertritt daher eine selektive Moral.

Scheinbare Umkehr nimmt sich zu ernst und kann nicht über sich selbst lachen.

Bei scheinbarer Umkehr fühlt man sich von Gott unter Druck gesetzt.

Diese charakteristischen Eigenschaften gelten nicht nur für die Menschen in einer Kirche, sondern auch für die jeweilige Kirche selbst.

Eine Kirche, die den Geist der wahren Umkehr besitzt, ist nicht in erster Linie mit ihrer Selbsterhaltung befaßt, sondern vielmehr mit ihrer Sendung. Sie betrachtet alle ihre Gewißheiten als vorläufig und findet ihre Sicherheit allein in Gott.

Eine Kirche, die den Geist der wahren Umkehr besitzt, fördert bei ihren Mitgliedern ebenso die kritischen und mystischen Elemente wie die institutionellen.

Eine Kirche, in der ein Geist der scheinbaren Umkehr herrscht, ist in erster Linie mit ihrer Selbsterhaltung befaßt. Ihre Themen sind im wesentlichen: die Orthodoxie in

Lehre und Moral, ihr Ansehen in der Gesellschaft, die Sicherung der eigenen Strukturen und die Bewahrung ihrer Besitzstände.

Eine Kirche, die den Geist der wahren Umkehr nicht besitzt, betont das institutionelle Element und gewährt dem mystischen und dem kritischen wenig oder gar keine Unterstützung.

Die Kirche soll »das Licht der Völker« sein. Was für eine Kirche und ihre Mitglieder stimmt, trifft für jede Gruppe, Institution oder Nation zu, unabhängig davon, ob es sich um säkulare oder religiöse Einrichtungen handelt.

Eine Nation mit dem Geist der wahren Umkehr entwickelt neben den oben genannten Eigenschaften eine besondere Aufmerksamkeit für die Lebensqualität aller ihrer Mitglieder und sucht sie mit der anderer Nationen in Einklang zu bringen. Wenn eine Nation vom Geist der Umkehr erfaßt wird, wehrt sie jede Form von engstirnigem Nationalismus ab, ebenso wie ein Mensch, der wirklich umgekehrt ist, den Egoismus verabscheut.

Eine Nation ohne den Geist der Umkehr ist hauptsächlich an ihrem Reichtum und ihrer internationalen Stellung interessiert. Ihre Hauptsorgen sind das Florieren der Wirtschaft und die Stärke des Verteidigungssystems. Besitzt eine solche Nation eine religiöse Tradition, dann wird die Religion dazu benutzt, die Sicherheitspolitik zu legitimieren.

Am Ende dieses Kapitels finden sich keine Übungen. Von Sünde und Umkehr zu lesen oder über sie zu schreiben führt nicht notwendigerweise zu Erfahrungen der eigenen Sündigkeit oder der Sündigkeit der Welt. Gott allein lehrt uns, was Sünde ist, und er allein zieht uns an sich, wenn wir Reue zeigen. Das folgende Kapitel enthält verschiedene Übungen, die dazu dienen, die Güte Gottes zu erfahren, die in der Dunkelheit unserer eigenen Existenz und im Leben der Welt wirksam ist. So kann man ein wenig von der inneren Freude und Freiheit erfahren, die durch eine wahre Umkehr entstehen.

7. Die Schatzsuche beginnt

Denn, ob er schon weilt unter der Welt Glanz und Wunder,
muß sein Geheimnis eingekraftet, bekräftigt werden;
Denn ich grüß ihn den Tag, wo ich ihm begegne, und segne,
wenn ich begreife.
(G. M. Hopkins, »Der Schiffbruch der Deutschland«)

Sünde ist die Weigerung, Gott als Gott anzuerkennen. Es gibt subtile Methoden, Gott zurückzuweisen und dennoch den Anschein zu wahren, es nicht zu tun. Eine besteht darin, die »Andersartigkeit« Gottes so zu betonen, daß er in der Praxis des Lebens keine Rolle mehr spielt. In der griechischen Mythologie bewacht der dreiköpfige Zerberus die Unterwelt. Seine todbringende Wachsamkeit läßt nur dann nach, wenn man ihm Honigkuchen anbietet. Wir tun dasselbe mit Gott, wenn wir ihm die Honigkuchen unserer sonntäglichen Rituale präsentieren und Worte tief empfundener Verehrung säuseln. Wir vertrauen darauf, daß wir Gott damit für die kommende Woche besänftigt haben. In Wirklichkeit handelt es sich um die Weigerung, Gott als den Gott der Schöpfung anzuerkennen, der uns in jeder Lebensregung enger an sich bindet. Die fundamentale Wahrheit seiner umfassenden Gegenwart feiern wir in der Taufe, denn Gott ruft jeden Menschen zu sich.

Wenn es stimmt, daß Gott noch in den kleinsten Geschehnissen unseres Alltags wirkt (»...ob er schon weilt unter der Welt Glanz und Wunder, muß sein Geheimnis eingekraftet, bekräftigt werden«, wie Hopkins sagt), woran können wir dann sein Handeln und unsere Reaktion darauf erkennen? Eine Möglichkeit dazu ist die folgende Übung, der ›Tagesrückblick‹.

Vor allem abends vor dem Einschlafen neigt unser Geist dazu, die Erlebnisse des Tages ohne unser Zutun auf eine so lebhafte Weise Revue passieren zu lassen, daß es nach einem ereignisreichen Tag schwer werden kann, überhaupt einzuschlafen. Wir erinnern uns zum Beispiel an einen Streit und stellen uns die spitzen und treffenden Entgegnungen vor, die wir hätten geben können, wenn wir nur schlagfertiger gewesen wären. Der ›Tagesrückblick‹ macht sich diesen natürlichen Hang zur Rückschau zunutze.

Bevor man betet, sollte man sich einen Augenblick lang darauf besinnen, was man vorhat, und dann Gott darum bitten, daß wir uns ganz auf den Dienst an ihm ausrichten und ihn lobpreisen. Wir beten darum, daß unser Leben sein Ziel erreichen möge, und wir dürfen das auch, obwohl wir vermutlich erhebliche Zweifel an der Ausrichtung unseres Lebens auf Gott haben.

Nach dieser Besinnung überläßt man sich den Erinnerungen an den vergangenen Tag, ohne positive oder negative Urteile zu fällen. Bei den Momenten, für die man dankbar ist, verweilt man und freut sich über sie. Auch der unangenehmste Tag hatte seine guten Momente. Wir müssen uns nur die Mühe machen, sie wahrzunehmen. Wer sich auf diese Übung einläßt, wird überrascht sein, wie viele und wie unterschiedliche gute Momente es im Verlauf eines Tages gibt. Ruft man sich diese Momente nicht bewußt zurück, werden sie schnell vergessen oder von unangenehmeren Erinnerungen verdrängt sein. Indem man diesen ›Tagesrückblick‹ durchführt, übt man sich darin, Gott zu loben, zu verehren und ihm zu dienen.

Im nächsten Schritt erinnert man sich dann an die Gefühle und Stimmungen des Tages und versucht zu klären, was diese verursacht hat. Auch dabei sollte man keine Wertungen vornehmen. Man überläßt sich Christus und bittet ihn, er möge die Grundhaltungen offenbaren, die diesen Stimmungen zugrunde liegen. Es geht nicht um eine kritische Analyse der Emotionen, sondern um die Bewußtmachung ihrer Ursachen in der Gegenwart Christi. Man betrachtet die Ereignisse des Tages und nimmt die eigenen Erlebnisse

als Anlaß, um zu Christus zu beten. Manchmal kann das sehr schmerzhaft sein, denn wenn wir darauf verzichten, über das, was geschehen ist, Urteile zu fällen, dann sind es auf einmal die Tatsachen, die über uns urteilen. In aller Deutlichkeit wird uns bewußt, daß wir nicht verstehen, zuhören oder mitfühlen wollten und anderen Menschen unsere Liebe verweigerten. In unserer Haltung des Eigenlobs, der Selbstbeweihräucherung, des Egoismus und der Absolutsetzung unserer eigenen Ideen hatte das alles keinen Platz. Christus zeigt uns, wann wir ihn aufgenommen und wann wir ihn zurückgewiesen haben. Wir danken ihm, wenn wir ihm Zutritt gewährten, und wir erbitten seine Vergebung für die Fälle, in denen wir ihm den Zutritt verwehrten. Christus verzeiht uns in jedem Fall. Er kennt unsere Schwächen weit besser als wir selbst. Wenn wir ihm unsere Schwäche anvertrauen, verwandelt er sie in Stärke.
Zum Abschluß blickt man auf den kommenden Tag voraus und bittet Christus darum, immer bei uns zu sein. Die ganze Übung sollte nicht länger als eine Viertelstunde dauern, aber diese fünfzehn Minuten sind sehr wertvoll. Praktizieren wir die Übung täglich, spüren wir das Eingreifen Christi in unser Leben nicht nur, wenn wir beten, sondern wir erfahren seine Gegenwart mitten in unserem Alltag. Man darf von dieser Übung weder in der ersten Woche noch im ersten Monat Wunder erwarten, aber sie wird ihre Wirkung entfalten. Christus weckt unsere Liebesfähigkeit und läßt uns eine Freude verspüren, die oft überraschend in uns aufsteigt. Unsere innere Unruhe legt sich, und wir werden ausgeglichener. Statt immerzu weiterzuhasten, lernen wir zu warten. Unser Mißtrauen weicht der Bereitschaft zu vertrauen. Wir können Menschen interessant finden, die uns vorher nur auf die Nerven gingen. Unser Selbstbewußtsein wächst. Was wohl die anderen über uns denken mögen, beschäftigt uns kaum noch. Wir treten anderen Menschen und auch uns selbst freundlicher entgegen.
Bei der nächsten Übung nutzen wir unsere Vorstellungs-

kraft für das Gebet. Zur Veranschaulichung dieser Gebetsform setze ich mich ausführlich mit dem Gleichnis vom verlorenen Sohn auseinander, der Geschichte eines Aussteigers und seines älteren Bruders. Weitere Bibeltexte, mit deren Hilfe man Gott in der Dunkelheit unserer Existenz entdecken und die Freude seiner Vergebung erfahren kann, finden sich am Ende des Kapitels. Diese Art von Übung dauert dreißig bis vierzig Minuten. Man legt die Dauer im voraus fest. Soll die Übung vierzig Minuten dauern, möchte man aber das Gebet bereits nach zehn Minuten abbrechen, weil es einem sinnlos erscheint, dann gibt man nicht auf, sondern hält die vierzig Minuten durch. Dabei geht es um viel mehr als bloße Selbstbeherrschung. Unser Bewußtsein setzt sich aus zahlreichen Schichten zusammen. Häufig geht dem Eintritt in eine tieferliegende Schicht ein Gefühl der inneren Leere oder des Gelangweiltseins voraus. Wir werden die tieferen Schichten des Bewußtseins nie erreichen, wenn wir bei den ersten Anzeichen von innerer Distanziertheit mit dem Beten aufhören. Kaum jemand verfügt über die Zeit, eine solche Übung jeden Tag durchzuführen. Sie hat aber auch dann ihren Wert, wenn man sie nur gelegentlich macht.

Vor dem Gebet liest man das Gleichnis vom verlorenen Sohn (Lukas, Kapitel 15) so oft, bis man mit seinem Inhalt vertraut ist.

Wie in der ersten Übung beginnt man das Gebet mit der Bitte an Gott, er möge während des Betens unser ganzes Sein auf den Dienst an ihm und auf seinen Lobpreis ausrichten. Außerdem bittet man um die Fähigkeit zur Reue und eine wachsende Einsicht in die eigene Sündhaftigkeit. Dann läßt man der Vorstellungskraft freien Lauf und thematisiert im Gebet, was einem bei diesem Bibeltext einfällt. Das ist schon die ganze Methode, und alles weitere sind nur Erläuterungen dazu.

»Alle Zöllner und Sünder kamen zu ihm, um ihn zu hören. Die Pharisäer und die Schriftgelehrten empörten sich dar-

über und sagten: Er gibt sich mit Sündern ab und ißt sogar mit ihnen« (Lk 15, 1f.). Man stellt sich vor, mitten in dieser Gruppe von Männern und Frauen zu sein. Dann betrachtet man sorgfältig ihre Gesichtszüge, ihre Gesten, ihre Augen und ihre Kleidung. Man spricht einige von ihnen an und fragt sie, was eigentlich los ist und warum Jesus eine solche Anziehungskraft auf sie ausübt. Es ist interessant zu beobachten, wie Jesus die Menschen empfängt und begrüßt. Er begrüßt auch uns. Die Pharisäer und Schriftgelehrten nähern sich. Was sagen sie über Jesus? Wie reagiert Jesus auf sie? Wenn man diese Situation besonders faszinierend findet, hält man sie möglichst lange fest, bevor man weitergeht. Beim Beten geht es nicht darum, stur irgendwelche Regeln einzuhalten, sondern mit Hilfe der Schriftworte Gott selbst in uns zu begegnen.
Unter Umständen findet man keinen Einstieg und springt von einem Gedanken zum nächsten. Man zweifelt an seinem Glauben (Glaube ich denn wirklich an Gott? Teilt er sich tatsächlich durch die Bibel mit?) und an der eigenen Aufrichtigkeit (Bekümmern mich meine Sünden denn wirklich?), oder man wird von Schuldgefühlen und solchen der Hoffnungslosigkeit heimgesucht. Mit diesen Gedanken und Gefühlen gehen wir so um, wie wir es in solchen Fällen bei den Konzentrationsübungen gehandhabt haben. Wir nehmen sie zur Kenntnis, aber wir lassen uns nicht auf sie ein, sondern bringen uns mit sanftem Druck dazu, zur biblischen Situation zurückzukehren. Kann man sich dennoch nicht auf eine Szene konzentrieren, dann tut man so, als wolle man sie jemanden anderen beschreiben, und wird feststellen, wie schnell man in die Geschichte hineinkommt. Hilft auch das nicht und die innere Unruhe hält an, dann bringt man die Unruhe des Bewußtseins und die Verwirrung des Herzens Christus dar und bittet ihn, er möge seinen Geist über dem inneren Chaos schweben lassen, wie der Geist am Anfang der Schöpfung über dem Chaos schwebte und Leben und Ordnung aus ihm hervorbrachte.

Der Geist schwebt immer über unserem Chaos. Wenn wir beten, dann tritt uns das innere Chaos um so deutlicher vor Augen, was aber nicht bedeutet, daß unsere Bemühung gescheitert ist. Es wird uns die Gnade einer Einsicht geschenkt. Wenn man das eigene Chaos akzeptiert und es Christus anvertraut, kann das eine weitreichende Umkehr ermöglichen, eine Umkehr, die nicht möglich gewesen wäre, hätte man das Chaos leichthin übergangen.

Angesichts der Pharisäer und Schriftgelehrten, die sich über das Auftreten Jesu empören und seine Reaktion beobachten, kann man überlegen, ob heute vergleichbare Einwände gemacht würden. Es könnte sogar sein, daß man mit den Pharisäern sympathisiert und bei sich Überzeugungen entdeckt, die einem vorher nicht bewußt waren.

Wir hören zu, wie Jesus mit Hilfe der Gleichnisse vom verlorenen Schaf, von der verlorenen Drachme und vom verlorenen Sohn die Haltung Gottes gegenüber Sündern beschreibt. Es ist Gott, der uns in diesem Augenblick am Leben erhält und der mehr für uns empfindet, als wir unsererseits für ihn oder sonst jemanden empfinden können. Um ein verlorenes Schaf zu suchen, läßt er die neunundneunzig anderen zurück. Um einen Menschen wie mich zu finden, sucht er die Schöpfung ab, so wie die Frau ihr ganzes Haus auf der Suche nach der verlorenen Drachme absucht. Die Mystikerin Katharina von Genua schrieb einmal: »Gott scheint nichts anderes zu tun zu haben, als mit uns eins zu werden«, und eine noch überraschendere Aussage von ihr lautet: »Es sieht so aus, als ob Gott allein mich im Sinn hätte.«

Wenn Jesus die Geschichte der beiden Söhne erzählt, malt man sich in der Phantasie aus, wie der jüngere Sohn das Erbe nimmt und das Haus seines Vaters verläßt. Wir unterhalten uns mit ihm über das, was er in der Fremde erhofft und erwartet. Wir teilen seine anfängliche Freude, bevor ihm das Geld ausgeht, seine Freunde verschwinden und er in einem Schweinekoben hausen muß. Der verlorene Sohn ist ein Bild für uns alle. Auch wir möchten, daß wir von einem möglichst großen Teil der Schöpfung gepriesen und verehrt werden und die Schöpfung uns dienstbar wird. Wenn wir den jüngeren Sohn im Schweinekoben liegen sehen, kann uns das mit der eigenen inneren Leere in Berührung bringen.

Der verlorene Sohn beschließt heimzukehren, aber nicht, weil er dafür ein edles und ehrenwertes Motiv hätte, sondern einfach nur, weil er hungrig und verzweifelt ist. Das ist eine sehr tröstliche Tatsache. Der Vater eilt dem Sohn entgegen, ohne daß dieser einen tadellosen Lebenswandel und lautere Motive für seine Rückkehr vorweisen müßte. Er erwartet ihn allein deshalb mit Ungeduld, weil es sein Sohn ist und weil dieser Sohn nach Hause zurückkehrt. Es genügt, wenn wir Gott unsere eigene Leere eingestehen. Gott eilt herbei, um uns aufzunehmen. Es lohnt sich, bei dieser Erkenntnis zu verweilen, weil hier Gott in uns als er selbst handelt, während wir sonst dazu neigen, uns etwas zurechtzulegen, bevor wir ihm begegnen. Gewöhnlich geben wir unserer Schuld mehr Gewicht als seiner Barmherzigkeit. Während wir am Wiedersehen von Vater und Sohn teilhaben, bitten wir darum, daß sich dieses Geschehen in uns selbst ereignet. Dann spüren wir, wie wir vom Vater umarmt und geküßt werden und wie er sich über die Heimkehr freut. Diese Erfahrung soll in unseren Unglauben einbrechen und uns befähigen, wie ein Kind spontan und in einfachen Worten mit dem Vater zu sprechen.

Ist man eingestimmt, dem Gleichnis weiter zu folgen, geht man in Gedanken nach draußen, um mit dem älteren Sohn zu sprechen, der eben von der Feldarbeit zurückkommt. Man nimmt wahr, wie er sich über die Tanzmusik verwundert, die vom Haus herüberklingt. Dann hört man, was er sagt, als ihm ein Knecht den Anlaß für das Fest mitteilt. Als sein Vater aus dem Haus kommt und ihn überreden will, mitzufeiern, sind sein Zorn und seine Verbitterung so groß, daß er mit dem Bruder und dem Vater nichts mehr zu tun

haben will: »Du, und der da, dein Sohn.« Wir denken uns in die Empörung und Verbitterung des älteren Bruders hinein. Es könnte sein, daß in unserem eigenen Herzen ebenfalls unterdrückter Zorn und Verbitterung vorhanden sind. Weil er hart arbeitet und alle seine Pflichten erfüllt, ist der ältere Bruder so von sich eingenommen, daß er jeden verachtet, der es ihm nicht gleichtut. Gegenüber schwächeren und weniger gewissenhaften Menschen zeigt er keinerlei Nachsicht. Weil er die Tadellosigkeit seines Lebens für seinen Schatz hält, vermag er nicht zu erkennen, was andere Menschen auszeichnet. Er gleicht den Pharisäern, denen Jesus ihre Blindheit vorwirft. Denkt man über diese Grundhaltung nach, dann stellt man fest, daß sie auch im 20. Jahrhundert nicht verschwunden ist, und man erschrickt, wenn man sie bei sich selbst wiederfindet. Der Vater ereifert sich nicht über diese Blindheit und Arroganz. Er bemerkt nur: »Mein Kind, du bist immer bei mir, und alles, was mein ist, ist auch dein« (Lk 15, 31). Es sind Worte, die auch uns gelten.
Ich wollte mit der ausführlichen Behandlung dieses Gleichnisses nicht festschreiben, wie man es zu betrachten hat, sondern nur einen Eindruck von dem Reichtum geben, der sich in jedem Abschnitt des Evangeliums finden läßt, wenn man darüber meditiert. Je länger man im Gebet bei einem Bild oder einem Satz verweilen kann, desto besser ist es. Es tut dem Gebet nicht gut, wenn man es zu beschleunigen sucht.
Hat man die Schriftmeditation abgeschlossen, ist es ratsam, zehn bis fünfzehn Minuten Rückschau zu halten. Man schenkt vor allem denjenigen Gefühlen Aufmerksamkeit, die überraschend aufgetaucht sind: Freude, innere Ruhe, Hoffnung, Stärke oder auch Langeweile, Zweifel, Furcht und Traurigkeit. Man verzichtet darauf, diese Gefühle zu analysieren, aber wenn es möglich ist, stellt man fest, warum sie während der Besinnung aufgetaucht sind. Außerdem sollte man festhalten, wann einem während des

Betens überhaupt nichts einfiel und wann man sich blockiert fühlte.
Wenn man erneut betet, nimmt man sich keinen neuen Abschnitt aus der Bibel vor, sondern beschäftigt sich ein zweites Mal mit dem vorigen Beispiel. Man verweilt möglichst lange bei den Bildern, Worten oder Sätzen, die einem geholfen haben. Dann wendet man sich den Phasen des Gebets zu, in denen negative Gefühle wie Angst, Traurigkeit usw. auftauchten, und bringt sie Christus dar. Diese negativen Empfindungen sind nicht Ausdruck des Scheiterns, sondern unter Umständen Hinweise auf wertvolle Entdeckungen. Manchmal führen die negativen Gefühle sogar weiter als die guten. Es kann zum Beispiel vorkommen, daß jemand den ersten Teil des Gleichnisses betrachtet und sich über das Wiedersehen von Vater und Sohn freut, aber mit Angst und innerer Leere konfrontiert wird, sobald er sich mit dem älteren Sohn beschäftigt. Diese Erfahrung deutet eventuell darauf hin, daß sich unser Unterbewußtsein weigert, das eigene Pharisäertum zur Kenntnis zu nehmen. Wenn wir es verdrängen, können wir nicht von ihm befreit werden und uns darüber freuen, daß Gott sagt: »Was mein ist, ist auch dein.«
Wieviel Zeit sollte man auf die Betrachtung von Schriftabschnitten verwenden, die unser Sündenbewußtsein und unsere Reue vertiefen? Diese Frage muß jeder für sich selbst beantworten. Wenn man sich dazu in der Lage fühlt, dann geht man weiter. Wenn man voller Dankbarkeit für die Vergebung Gottes ist, dann bittet man auch darum, ihn besser kennenzulernen und ihm mit aller Kraft dienen zu können. Unser Fortschreiten zu Gott vollzieht sich in einer Spirale wie das Ersteigen einer Wendeltreppe. Später wird das Bedürfnis anwachsen, erneut und intensiver um Reue und Umkehr zu beten. Man hat dann ein tieferes Verständnis der Barmherzigkeit Gottes erreicht, und es zeigen sich Bereiche des Unglaubens im eigenen Leben, die man nie zuvor bemerkt hatte.

Wenn man sich auf die Reise zu Gott macht, begegnet man häufig zwei Hindernissen, die man manchmal nur schwer überwinden kann: Schuldgefühlen und Minderwertigkeitskomplexen, die mit den Erinnerungen an Verletzungen verbunden sind, die uns andere zugefügt haben. Schuldgefühle sind eine gesunde menschliche Reaktion auf eigenes Fehlverhalten, aber sie können sich auch zu einer gefährlichen Krankheit entwickeln, die den Geist vergiftet. Fühlen wir uns schuldig, weil wir etwas getan oder unterlassen haben, dann sollten wir unser Fehlverhalten Christus eingestehen und darum bitten, daß er uns vergibt. Es fällt uns schwer, seine bedingungslose Liebe anzunehmen; aus unserer Erfahrung haben wir gelernt, daß Liebe verdient werden muß und daß andere Menschen uns nur annehmen, wenn wir ihren Erwartungen entsprechen. Die Liebe Gottes stellt keine Bedingungen: es genügt, wenn wir uns ihm zuwenden. Mag sein, daß wir wie der Besessene von Gerasa zwischen dem Willen zur Umkehr und heftigem Widerstand hin- und hergerissen sind. Dann sollte man sich durch diesen Widerstand nicht abschrecken lassen und den Willen zur Umkehr in den Mittelpunkt des Gebets stellen. »Als er Jesus von weitem sah, lief er zu ihm hin, warf sich vor ihm nieder und schrie laut: Was habe ich mit dir zu tun, Jesus, Sohn des höchsten Gottes? Ich beschwöre dich bei Gott, quäle mich nicht!« (Mk 5, 6–7).

Hartnäckige und alles beherrschende Schuldgefühle, die nicht durch eine bestimmte Handlung oder eine Unterlassung verursacht wurden, sind neurotischer Art. Sie werden von Minderwertigkeitsgefühlen und der Überzeugung begleitet, weder geliebt zu werden noch liebenswert zu sein. Wer an einer Neurose leidet, glaubt, sich fortwährend für die eigene Existenz entschuldigen und es allen recht machen zu müssen. Damit verbunden ist die Überzeugung, daß auch größte Anstrengungen letztlich nicht dazu führen, akzeptiert zu werden: von den Mitmenschen nicht und schon gar nicht von Gott. Eine solche Erkrankung kann ihren Ursprung in mehr oder weniger starkem Liebesentzug während der Kindheit haben. Es gibt Eltern, die ihre Kinder immerzu bestrafen und dadurch in ihnen Minderwertigkeitsgefühle und die Überzeugung hervorrufen, ein ›böses‹ Kind zu sein. Kinder können solche Zuschreibungen durch die Eltern derart verinnerlichen, daß sie als permanentes Über-Ich in die Persönlichkeit integriert werden. Noch der Erwachsene lebt dann in ständiger Angst und ist nie frei von Schuldgefühlen. Aber auch das dadurch verursachte schwere Leid kann die eigene Entwicklung weiterbringen. Sein tieferer Sinn erschließt sich dem Verständnis in der folgenden Form des Gebets.

Auf einem Bild von Salvador Dali hängt der gekreuzigte Jesus hoch über der Erde. Man denkt sich mit Hilfe der eigenen Vorstellungskraft in das Bild hinein und spricht mit Jesus, der am Kreuz stirbt. Er trägt die Sünden der Welt, und es gibt kein noch so schreckliches Verbrechen, das er nicht auf sich genommen und vergeben hat. Man sagt zu ihm, es sei ihm zwar gelungen, die ganze Menschheit zu erlösen, aber in uns habe er seinen Meister gefunden. Unsere Schuld könne auch sein Tod nicht überwinden. Er mag an allen Menschen etwas Gutes finden, aber man selbst stellt einen Fehler Gottes dar, den auch er nicht beheben kann. Betet man längere Zeit auf diese Weise, dann deckt Christus eine verborgene Quelle der Schuld in uns auf, den Stolz. Wir halten an unserer Schuld fest, als ob sie mächtiger wäre als die Liebe Gottes. Wir verweigern Gott den Zutritt zu uns.

Eine andere Möglichkeit des Gebets besteht darin, daß man sich still hinsetzt und sich völlig den eigenen Gefühlen von Schuld und Minderwertigkeit überläßt, als ob sie wie ein Haufen verrottenden Unrats vor einem liegen würden. Dann betet man zu Christus, er möge sich in diesem Chaos zeigen. Diese Übung ist hilfreich, weil man sich dabei nichts vormacht und sich der eigenen Schuld stellt. Man gibt zu, daß man die Schuld aus eigener Kraft nicht los-

werden kann. Wir nennen Christus leichthin unseren Erlöser, ohne diese Wahrheit existentiell nachzuvollziehen. In dieser Übung geben wir ihm den Raum, tatsächlich zu unserem Erlöser zu werden.
Auch die Erinnerung an die Wunden der Vergangenheit kann zu einem Hindernis auf unserem Weg zu Gott werden. »Wenn jemand sagt: Ich liebe Gott, aber seinen Bruder haßt, ist er ein Lügner« (1 Joh 4, 20). Es ist sehr schwer, aus ganzem Herzen zu vergeben, aber solange wir nicht vergeben wollen, verweigern wir Gott den Zutritt zu uns.
Alles, was uns im Leben begegnet, hinterläßt seine Spuren in uns und bestimmt mit, wie wir die Wirklichkeit wahrnehmen. Es besitzt Einfluß darauf, wie wir denken, handeln und reagieren, obwohl uns die tieferen Ursachen für unser Verhalten möglicherweise völlig unbewußt bleiben. Das, was die Art und Weise unserer Wahrnehmung geprägt hat, ist tief im Unterbewußtsein verborgen. Deshalb gibt es zum Beispiel gewisse Melodien, Gerüche oder Landschaften, die uns tief berühren, während unsere Umgebung sie kaum zur Kenntnis nimmt. Vermutlich wecken diese Sinneseindrücke Erinnerungen an glückliche Momente in der Kindheit. Die Melodie, der Geruch oder eine Landschaft lösen ein Glücksgefühl aus, ohne daß wir uns noch an den konkreten Ursprung für dieses Gefühl erinnern könnten. Genauso können uns aktuelle Eindrücke in eine düstere, traurige oder furchtsame Stimmung versetzen, während andere Menschen sich dadurch kaum betreffen lassen. Wir verstehen unsere Reaktion nicht, weil wir die schmerzlichen Ereignisse in der Vergangenheit vergessen haben. Wir erinnern den Schmerz, nicht aber, was ihn verursacht hat. Nutzt man die Vorstellungskraft zur geistlichen Besinnung, dann geschieht es oft, daß verdrängte Erinnerungen, positive wie negative, an die Oberfläche steigen und uns manchmal zum ersten Mal klar wird, wie sehr unsere ganze nachfolgende Existenz von diesen Erlebnissen beeinflußt wurde. Jemand, der von ständigen Schuldgefühlen gequält

wird, erkennt zum Beispiel auf einmal, daß eigentlich seine Eltern dafür verantwortlich sind. Es kann eine äußerst schwierige Aufgabe sein, denjenigen zu vergeben, die das eigene Leben zerstört haben. Man ist in der Versuchung, dieser Erkenntnis und den damit verbundenen Gefühlen auszuweichen, weil es so viel Schmerz verursacht, sich ihnen zu stellen. Dieser Versuchung darf man aber nicht nachgeben.

Wir müssen solche Erinnerungen in unser Gebet aufnehmen, um uns aus ihrem Würgegriff auf unser Leben zu befreien, gleichgültig, ob sie uns plötzlich bewußt geworden sind oder schon immer gegenwärtig waren. Diesem Zweck dienen geistliche Besinnungen, die die Heilungswunder in den Evangelien zum Gegenstand haben. Man stellt sich vor, bei einer Heilung dabei zu sein. Dann nähert man sich Jesus und bittet ihn um Heilung der eigenen Verwundungen oder um die Befreiung von Handlungsunfähigkeit und innerer Not. Die Heilige Schrift ermöglicht einem so die Begegnung mit dem lebendigen Christus.

Die Verletzungen der Vergangenheit sitzen sehr tief. Man sollte sich nicht wundern, wenn der Schmerz wiederkehrt. Das kann auch dann geschehen, wenn man von Herzen um Heilung gebetet und die innere Freiheit und den inneren Frieden wiedergefunden hat, nachdem man den Schuldigen vergeben konnte. Es braucht seine Zeit, bis Verbitterung und Schmerz in den tieferen Dimensionen unseres Geistes und unseres Herzens verschwunden sind.

Wenn es einem trotz der geistlichen Betrachtung von Perikopen aus den Evangelien nicht gelingt, sich den Verletzungen und der eigenen Verbitterung zu stellen, dann stellt man sich vor, alleine in einem Raum zu sein. Es klopft an die Tür. »Ich stehe vor der Tür und klopfe an. Wer meine Stimme hört und die Tür öffnet, bei dem werde ich eintreten, und wir werden Mahl halten, ich mit ihm und er mit mir« (Offb 3, 20). In Gedanken führt man Christus durch das Haus des eigenen Lebens. Man zeigt ihm jene Orte und

Erlebnisse, die mit großem Schmerz verbunden sind, und man macht ihn mit den Menschen bekannt, die den Schmerz verursacht haben. Während Christus dabeisteht, konfrontiert man diese Menschen, auch wenn sie bereits gestorben sein sollten, mit den Verletzungen, die man immer noch spürt. Man beobachtet, wie Christus auf die betreffenden Menschen reagiert. Es hat keinen Sinn, sich zu letztlich unaufrichtigen Worten und Gesten der Vergebung zu zwingen. Wir vertrauen uns besser den Gefühlen und Worten an, die Christus in uns hervorruft. Selbst wenn es nur zu dem Satz reicht: ›Ich würde gerne vergeben können‹, ist das ein Fortschritt.

Ein solches Gebet kann erstaunliche Wirkungen haben. Es nimmt Menschen die schwere Bürde ab, die sie in ihrem Leben getragen haben. Sie entdecken den Geschmack des Lebens und die Freude an ihm, die über Jahre unterdrückt wurden, wieder. Manchmal kann es sogar die physische Gesundheit von Menschen, die jahrelang an irgendeiner Krankheit litten, bei der keinerlei Therapie anschlug, wiederherstellen.

Hier halten wir kurz inne und blicken auf den Weg zurück, den wir bisher gegangen sind. Jesus sagt: »Mit dem Himmelreich ist es wie mit einem Schatz, der in einem Acker vergraben war« (Mt 13, 44). Wir selbst sind dieser Acker.

Ignatius von Loyola erhaschte einen flüchtigen Blick auf den inneren Schatz, als er die Nachwirkungen seiner Tagträume bemerkte. Der Schatz liegt im Leben unserer inneren Gedanken, Gefühle und Erinnerungen verborgen. Unser Inneres bestimmt, auf welche Weise wir die Welt wahrnehmen und auf sie reagieren, individuell wie kollektiv.

Als wir die drei Grundelemente der Religion betrachteten, erkannten wir, daß jedes dieser Elemente notwendig ist, und sahen den Schaden, der entsteht, wenn man eines davon vernachlässigt. Der Glaube kann mit einer derart überzogenen Betonung des institutionellen Elementes vermittelt werden, daß wir davon abgehalten werden, uns um unser inneres Leben zu kümmern. In diesem Fall stimmt es tatsächlich, daß ›nichts das Antlitz Gottes so sehr verbirgt wie die Religion‹.

Die Schilderung der Heilung des Besessenen von Gerasa bei Markus öffnete den Blick für unsere Komplexität und das Chaos und die Triebkonflikte in jedem von uns. Will man solche Konflikte lösen, macht man es sich zu leicht, wenn man nur sagt: ›Wende dich Gott im Gebet zu‹. Unser inneres Chaos bestimmt mit, was wir unter ›Gott‹ verstehen, so daß das Gebet unsere Verwirrung noch steigern kann. Der Schlüssel zu unserer inneren Verwirrung liegt in unseren Begierden.

Ich habe ein paar einfache Formen des Gebets vorgeschlagen, um die falschen Gottesbilder zu erkennen, die in uns wirksam sind. Dennoch blieb die Frage offen, wie wir es vermeiden können, uns einen Gott nach unserem Bilde und uns ähnlich zu schaffen.

Wir beantworteten diese Frage in ersten Ansätzen, indem wir uns mit dem »Prinzip und Fundament« des Ignatius von Loyola auseinandersetzten, dessen Einleitungssatz »Der Mensch ist geschaffen, um Gott unseren Herrn zu loben, ihm Ehrfurcht zu erweisen und ihm zu dienen und mittels dessen seine Seele zu retten« die allgemeine Richtung angibt, die unser Leben nehmen muß. Der übrige Text seines Vorwortes umreißt die innere Einstellung (Indifferenz/ Gleichmütigkeit), die notwendig ist, wenn wir die Richtung einhalten wollen. Wir stellten außerdem fest, daß Indifferenz/Gleichmütigkeit nur dann möglich ist, wenn wir in Verbindung mit Gott stehen. Er zieht uns ständig zu sich hin, und deshalb lautet die entscheidende Botschaft Jesu: »Kehrt um und glaubt an die frohe Botschaft.« ›Umkehr‹ heißt: ›Wendet euch zu mir hin und erkennt, daß ich euch liebe‹.

In diesem Kapitel haben wir Möglichkeiten kennengelernt,

wie man sündig sein und dennoch die Güte Gottes erfahren kann. Am Ende des Kapitels finden sich Hinweise auf weitere Texte, die dabei von Nutzen sein können.
Ich hoffe, mit meinen Ausführungen keinen falschen Eindruck erweckt zu haben. Es genügt nicht, ein bißchen geistliche Besinnung zu betreiben, um aller Sorgen enthoben zu sein und ein neues und glückseliges Leben auf Erden beginnen zu können. Wenn wir unterwegs zu Gott sind, wächst unser Verständnis für die Israeliten, die in der Wüste zu murren begannen und sich sehnsüchtig der herrlichen Zeiten an den Fleischtöpfen Ägyptens erinnerten. Wenden wir uns Gott zu, dann werden uns die verführerischen Götzen in unserem Leben bewußt, die wir zuvor nicht bemerkt hatten, weil sie ein Teil unserer Existenz waren. Wir sehnen uns nach den sorglosen Tagen, als wir noch blind waren und Gott eine schemenhafte Gestalt am Rand unserer Lebensbühne, die nur auf unsere Stichworte hin auftrat. Jetzt beherrscht er die Bühne, und wir sehen uns von vielen Dingen ausgeschlossen, die das Leben lebenswert machten. Treten Gefühle des Bedauerns, Äußerungen des Unwillens und Widerstände gegen die Nähe Gottes auf, verläßt uns vielleicht der Mut. Wir halten es für Zeitverschwendung, mühsam nach ihm zu suchen, oder wir glauben, daß unsere inneren Defekte uns sowieso daran hindern werden, ihn jemals zu finden. Wenn wir uns erst einmal Gott im Gebet zugewandt haben, sind wir einem Wechselspiel von Stimmungen und Gefühlen ausgeliefert, wie wir es bis dahin noch nie erlebt haben. Das ist ein gutes Zeichen. Es zeigt an, daß wir dem lebendigen Gott begegnen, der ein Gott der Überraschungen ist. Es gibt keine echten menschlichen Beziehungen ohne Konflikte, und schließlich bleiben wir Menschen, wenn wir uns auf Gott einlassen.
Das nächste Kapitel geht ausführlicher auf diese schwankenden Stimmungen ein: Welcher Art sind sie? Wie reagiert man auf sie? Wann ignoriert man sie?

Übung

Einige Bibeltexte, die sich für geistliche Besinnungen eignen:

Allgemeine Themen

Genesis 3
Die Geschichte von Adam und Eva erweist sich als sehr modern, wenn man sie meditiert. Sie beschreibt die Natur der Sünde und ihre Auswirkungen: Sünde entfremdet uns von uns selbst, von den Mitmenschen und von Gott.

Lukas 15
Die Gleichnisse vom verlorenen Schaf, von der verlorenen Drachme und vom verlorenen Sohn.

Johannes 8, 34 – 41
Die Sünde versklavt und macht blind für die Wahrheit.

Römer 7, 14 – 25
Paulus erkennt seine eigene Hilflosigkeit.

2 Petrus 2, 1 – 22
Die Geschichte der Sünde und ihre Natur.

Jakobus 1, 13 – 18
Die Begierden als Ursprung unserer Sündenverfallenheit.

Jakobus 3, 2 – 4, 17
Die Wurzeln von Gewalt und Entzweiung.

2 Samuel 11, 1 – 12, 15
David muß seine Sündhaftigkeit erkennen.

Offenbarung 3, 14 – 22
Über die blinde Selbstgefälligkeit der Gemeinde in Laodicea.

Matthäus 23, 13 – 36
Jesus klagt die Pharisäer an. Der Text wurde in die Evange-

lien aufgenommen, weil sich die frühe Kirche der Gefahr bewußt war, selbst in Pharisäertum zu verfallen.

Lukas 18, 9 – 14
Der Pharisäer und der Zöllner beim Gebet.

Ezechiel 16
Eine in allegorischer Form gehaltene Geschichte der Untreue Israels im Gegensatz zur Treue Gottes.

Bußpsalmen
6, 32; 38; 51; 102; 130; 143.

Sünden gegen die Gemeinschaft

Matthäus 25, 31 – 46
Jesus schildert das Jüngste Gericht.

Jesaja 1, 11 – 19
Über die Nutzlosigkeit einer Frömmigkeit, die nicht aus einem Herzen kommt, das mitleidig und gerecht gegenüber den Armen ist.

Amos 5 und 6
Ein scharfer Angriff gegen Reiche, die auf Kosten der Armen leben und sie ausbeuten.

Lukas 16, 19 – 31
Der reiche Mann und der arme Lazarus.

Lukas 12, 16 – 21
Das Gleichnis vom törichten Reichen, der sich Schätze anhäuft.

Texte mit besonderem Nachdruck auf der Barmherzigkeit Gottes und seiner Absicht, zu vergeben

Lukas 7, 36 – 50
Eine Sünderin wäscht Jesus im Hause des Pharisäers Simon die Füße.

Johannes 8, 3 – 11
Eine Ehebrecherin soll gesteinigt werden.

Johannes 13, 36 – 14, 1
Nachdem er den Verrat des Petrus angekündigt hat, sagt Jesus: »Euer Herz lasse sich nicht verwirren. Glaubt an Gott, und glaubt an mich!«

Jesaja 54, 4 – 10
»Ja, der Herr hat dich gerufen ... Auch wenn die Berge von ihrem Platz weichen und die Hügel zu wanken beginnen – meine Huld wird nie von dir weichen.«

Jesaja 55, 1 – 9
Gott ist reich an Vergebung.

Einige Heilungswunder

Markus 1, 40 – 45
Heilung eines Leprakranken.

Markus 2, 1–12
Heilung eines Gelähmten. Seine Freunde lassen ihn durch das Dach des Hauses nach unten, in dem Jesus sich aufhält.

Markus 3, 1 – 6
Heilung des Mannes mit der verdorrten Hand.

Markus 5, 1 – 20
Der Besessene von Gerasa.

Markus 5, 21 – 41
Heilung der blutflüssigen Frau und Auferweckung der Tochter des Jairus.

Markus 8, 22 – 26
Heilung eines Blinden.

Markus 9, 14 – 29
Heilung eines besessenen Knaben.

Johannes 5, 1 – 18
Heilung des Gelähmten am Teich Betesda.

Johannes 9
Heilung eines Blinden am Sabbat.

Johannes 11, 1 – 44
Die Auferweckung des Lazarus.

8. Den Schatz erkennen, wenn man ihn findet

Mein Gott, mein Gott, warum hast du mich verlassen? (Psalm 22, 1)

In einigen Krankenhäusern ist es heute üblich, zu diagnostischen Zwecken die Handschrift der Patienten zu analysieren. Es heißt, daß eine sorgfältige Untersuchung der Handschrift es erlaubt, schwerwiegende Erkrankungen im Frühstadium zu erkennen, lange bevor sie mit Hilfe anderer Methoden wie der Röntgendiagnose entdeckt werden können. Der Körper übermittelt seine Botschaft durch fast unmerkliche Veränderungen der Handschrift. Meistens siedeln wir die Intelligenz nur im Bewußtsein an, aber unser ganzer Körper stellt vielfach vernetzte Informationen dar. Das Bewußtsein kann nur einen kleinen Bruchteil dessen erfassen, was in ihm vorgeht, und die rationale Analyse noch sehr viel weniger. Der gesamte Körper mit seiner Sinnlichkeit und seinen Gefühlen reagiert schneller und sensibler auf Erfahrungen als die Ratio mit ihrer Logik. Manchmal warnt er uns vor Gefahren, wenn das Bewußtsein noch keinen Anlaß zur Vorsicht sieht. Es kommt auch vor, daß er unsere Aufmerksamkeit auf etwas Bestimmtes lenkt oder uns an etwas erinnert, was uns zunächst bedeutungslos erscheint.

Als Ignatius von Loyola davon zu träumen begann, Franziskus und Dominikus zu übertreffen, hatte er keine Ahnung davon, welche Bedeutung seine Erfahrungen für ihn selbst und für andere bekommen würden. Als er den Unterschied in den Nachwirkungen seiner Tagträume feststellte – seinen Zukunftsträumen von großem Ansehen und der Gunst einer Dame folgten Langeweile, Traurigkeit und

Leere, wenn er aber davon geträumt hatte, die Heiligen zu übertrumpfen, verspürte er Freude, inneren Frieden und fühlte sich stark –, trat er in einen Entwicklungsprozeß ein, denn er später die ›Unterscheidung der Geister‹ nennen sollte. Wir können auch von einem ›Klarwerden über unsere Gefühle und Stimmungen‹ oder von ›Aufmerksamkeit für die Signale des Körpers‹ sprechen.
In den »Geistlichen Übungen« bietet uns Ignatius zwei Aufstellungen von ›Regeln für die Unterscheidung der Geister‹. Die erste eignet sich mehr für diejenigen, die am Anfang der Exerzitien stehen und damit beschäftigt sind, um Sündenbewußtsein und den Geist der Umkehr zu beten. Die zweite Aufstellung paßt besser für diejenigen, die das Leben Jesu meditieren. Ignatius ist die Komplexität und Einzigartigkeit des Geistes in jedem Menschen bewußt. Er erhebt deshalb nicht den Anspruch, Regeln festzusetzen, die absolute Geltung besitzen und für jeden individuellen Fall zutreffen, sondern er gibt Hinweise, die uns wenigstens ein Stück weit helfen können, die eigenen Stimmungen zu deuten und mit unserer Reaktion auf sie zurechtzukommen. Das vorliegende Kapitel enthält eine verkürzte und vereinfachte Version der ersten Aufstellung seiner ›Regeln für die Unterscheidung der Geister‹.
Die Richtung, die wir auf unserem Weg zu Gott einschlagen, beeinflußt unser ganzes Wesen. Gott nutzt jede unserer Erfahrungen, um uns ihm näher zu bringen.

»Herr, du hast mich erforscht und du kennst mich.
Ob ich sitze oder stehe, du weißt von mir.
Von fern erkennst du meine Gedanken.
Ob ich gehe oder ruhe, es ist dir bekannt;
du bist vertraut mit all meinen Wegen...
Denn du hast mein Inneres geschaffen,
mich gewoben im Schoß meiner Mutter«
(Ps 139, 1 – 3; 13).

Augustinus spürte dieses Wirken Gottes in jeder Regung

seines Herzens und schrieb deshalb in den »Bekenntnissen«: »Denn geschaffen hast du uns zu dir, und ruhelos ist unser Herz, bis daß es seine Ruhe hat in dir.« Die Antwort auf unsere innere Ruhelosigkeit und Leere heißt Gott. Wenn wir uns ihm zuwenden, d.h. wenn es zur alles bestimmenden Zielsetzung unseres Lebens wird, ihn zu loben, zu verehren und ihm zu dienen, dann wirkt sich das auf unsere Gefühle und Empfindungen aus. Wir erfahren ein gewisses Maß an Frieden, innerer Ruhe und Freude. Gleichgültig, was wir auch tun und welche Entscheidungen wir treffen, wenn es in Übereinstimmung mit dieser Grundoption geschieht, dann gewinnen unsere Handlungen oder Entscheidungen an Tiefe, oder zumindest stören sie unser seelisches Gleichgewicht nicht. Richten sie sich gegen die Grundoption, schlägt sich dieser Widerspruch ebenfalls in unserem Gefühlsleben nieder. Sie machen uns besorgt, erregt oder traurig.
Im fünften Kapitel habe ich die Seele mit einer Schafherde und ihrem Hirtenhund verglichen. Der Hirtenhund steht für das Innerste unserer Seele, die Schafe repräsentieren die verschiedenen Antriebe, Sehnsüchte und Leidenschaften in uns. Der treue Hirtenhund ist ein Bild für einen Menschen, der eine Option getroffen und das Lob und die Verehrung Gottes sowie den Dienst an ihm in den Mittelpunkt seines Lebens gestellt hat. Trotzdem können in ihm viele Bestrebungen, Stimmungen und Gefühle existieren, die nicht an seine Grundentscheidung angebunden sind und umherirrenden Schafen gleichen. Will eine Frau/ein Mann in Übereinstimmung mit ihrer/seiner Grundoption handeln oder Entscheidungen treffen, dann gilt es, die widerstrebenden Elemente auf das Ziel hin auszurichten. Das ist mühsam und erzeugt eine Mischung aus Erregung, Müdigkeit, Enttäuschung und Gelangweiltsein. Wenn die widerspenstigen Schafe dann sicher ins Gatter getrieben sind, ändert sich die Stimmungslage. Zwar bleiben Reste von Verärgerung, aber im ganzen herrscht eine friedvolle Atmosphäre.

Wenn jedoch der Hirtenhund seinem Herrn nicht mehr gehorcht und die allgemeine Orientierung von Gott wegführt, kann es vorkommen, daß der Hirtenhund und die Schafe eine Zeitlang zufrieden auf den Abgrund zueilen und gerade die Schafe zum Mitgehen gezwungen werden, die das kommende Unheil erkennen und umkehren wollen. Mit anderen Worten: Auch wenn wir uns im Innersten von Gott abgewandt haben, können wir uns in unserem Egoismus eine Zeitlang glücklich fühlen. Der innere Friede wird allenfalls durch gelegentliche Gewissensbisse oder Anfälle von Reue gestört.
Kurz: Die erste Grundregel, die wir bei der Interpretation unserer Stimmungen und Gefühle beachten müssen, lautet:

Wenn wir im Kern unserer Existenz auf Gott ausgerichtet sind, dann rufen konstruktive Stimmungen, Gefühle und Handlungen in uns Frieden, Freude und Ruhe hervor. Destruktive Elemente in und außerhalb von uns erzeugen dagegen innere Erregung, Traurigkeit und seelisches Chaos.
Wenn wir uns im Kern unserer Existenz von Gott abgewandt haben, dann erleben wir destruktive Stimmungen, Gefühle und Handlungen als beruhigend und tröstlich, während wir durch konstruktive Bestrebungen in und außerhalb von uns in Unruhe geraten. Wir sehen uns mit Gewissensbissen und Anfällen von Reue konfrontiert.

Diese sehr hilfreiche Grundregel bringt manche Menschen in Schwierigkeiten. Sie geraten in Zweifel, ob ihr Leben wirklich auf Gott ausgerichtet ist oder nicht, und sie wissen nicht mehr ein noch aus. Wer diese Ratlosigkeit bei sich feststellt, kann sicher sein, daß er sein Leben auf Gott ausrichtet. Andernfalls hätte er solche Sorgen nicht.
Es gilt ebenfalls festzuhalten, daß auch jemand, der keine explizite religiöse Überzeugung hat, sein Leben auf Gott ausgerichtet haben kann, während jemand anders zwar behauptet, gläubig zu sein und die religiösen Verpflichtungen erfüllt, sich aber von Gott abgewandt hat. Im Matthäus-

evangelium (Kapitel 25) schildert Jesus das Jüngste Gericht. Er unterstreicht, daß sich unser Verhältnis zu Gott im Verhältnis zu den Mitmenschen ausdrückt: »Denn ich war hungrig, und ihr habt mir zu essen gegeben; ich war durstig, und ihr habt mir zu trinken gegeben; ich war fremd und obdachlos, und ihr habt mich aufgenommen; ich war nackt, und ihr habt mir Kleidung gegeben...« (Mt 25, 35f.). Wer sich von Wahrheitsliebe, Gerechtigkeitssinn und Mitgefühl für andere Menschen leiten läßt, der hat Gott gefunden, selbst wenn sie/er nicht einmal seinen Namen kennt.

Die erste Grundregel macht deutlich, wie wichtig der ›Tagesrückblick‹ ist, den wir weiter oben (Seite 119 ff.) kennengelernt haben. Wenn wir am Ende eines Tages unsere Stimmungen und Gefühle Revue passieren lassen, dann können wir Gott darum bitten, daß er uns die Grundhaltungen sichtbar macht, die ihnen zugrunde liegen.

Wer jetzt meint, ›gute‹ (friedvolle, freudige usw.) Gefühle stammten von Gott und die ›schlechten‹ (Niedergeschlagenheit, Schmerz usw.) seien Ausfluß des Bösen, versteht die erste Grundregel falsch. Es ist keineswegs so, daß jemand, der auf dem Weg zu Gott ist, ständig bester Laune sein müßte, während im gegenteiligen Fall die permanente Depression herrscht. Auch ›schlechte‹ und negative Gefühle können von Gott stammen. Matthäus schreibt in seinem Passionsbericht über Jesus: »Da ergriff ihn Angst und Traurigkeit« und Jesus selbst sagt: »Meine Seele ist zu Tode betrübt« (Mt 26, 37). Jesus weint über Jerusalem (Lk 19, 41) und beim Tod des Lazarus (Joh 11, 35). Seine Jünger verärgern ihn: »Habt ihr denn keine Augen, um zu sehen, und keine Ohren, um zu hören? Erinnert ihr euch nicht?« (Mk 8, 18). Jesus war sicher auch voller Unmut, als er die Schriftgelehrten und Pharisäer als »Heuchler« (Mt 23, 25), »blinde Blindenführer« (Mt 15, 14), »Gräber, die weiß angestrichen sind« (Mt 23, 27) und »Schlangenbrut« (Mt 23, 33) bezeichnete. Ihn erfüllte Zorn, als er eine Peitsche nahm und die Geldwechsler aus dem Tempel vertrieb.

Wenn Jesus traurig, zornig oder verärgert ist, dann kann man diese negativen Gefühle nicht von seiner Liebe zum Vater und zu allen Menschen trennen. Weil seine Liebe so groß ist, kann auch sein Zorn so heftig sein, wenn der Name seines Vaters entweiht und Menschen unter dem Deckmantel der Religion ausgenutzt werden. Seine negativen Gefühle sind nicht destruktiv, als ob in ihm Glaube, Hoffnung und Liebe nachlassen würden. Im Gegenteil: Gerade weil Jesus voll Glaube, Hoffnung und Liebe ist, reagiert er so heftig auf Unglauben und Kälte bei anderen. Ich möchte das unterstreichen. In unserer Gesellschaft gilt es gerade auch in religiösen Kreisen oft als verpönt, Gefühle zu zeigen. Gefühlsäußerung wie Zorn, Erregung, Ungeduld, Kummer oder Traurigkeit werden als unpassend betrachtet. Das Ideal scheinen Menschen zu sein, die wie Zen-Meister mit dem Lächeln Buddhas durchs Leben schweben oder sich den Anschein einer ›Distanz‹ geben, der menschliche Regungen nichts mehr anhaben können. Zorn, Verärgerung, Ungeduld oder Niedergeschlagenheit sind normale menschliche Reaktionen. An ihnen ist nichts ›falsch‹. Läßt man sie nicht zu, setzt man sich selbst massiv unter Druck. Das führt dazu, daß man die wachsenden Aggressionen auf andere projiziert oder sie gegen sich selbst wendet. Depressionen sind die Folge. Nicht die Gefühle sind ›richtig‹ oder ›falsch‹, sondern die Grundhaltungen, die die Emotionen hervorbringen. Der Zorn Jesu auf die Händler im Tempel zum Beispiel war der menschliche Ausdruck seiner Liebe zum Vater. Er konnte nicht dulden, daß das Haus seines Vaters zu einem Ort gemacht wurde, an dem die Armen, die er liebte und gern hatte, ausgebeutet wurden. Wenn wir dagegen auf die Händler im Tempel wütend sind, könnte es aus einer ganz anderen Einstellung herrühren. Weil wir keine Nutznießer sind, mißgönnen wir ihnen ihre Methode, schnell an Geld zu kommen. Jesus weinte über Jerusalem, weil er sein Volk sehr liebte. Wenn wir über Jerusalem weinen, mag der Grund darin liegen, daß wir unsere geschäftlichen Felle davonschwimmen sehen. Die zweite Grundregel lautet deshalb:

Konstruktive und destruktive Stimmungen lassen sich an ihren Wirkungen unterscheiden. Wenn eine Stimmung Glaube, Hoffnung und Liebe vermehrt, dann ist sie konstruktiv; führt sie zu einer Abnahme von Glaube, Hoffnung und Liebe, dann ist sie destruktiv.

Sobald wir eine größere Aufmerksamkeit für unsere Stimmungen und Gefühle entwickeln, erkennen wir deren Komplexität. Es ist oft nicht möglich, konstruktive und destruktive Elemente klar voneinander zu unterscheiden. Man erwirbt die Fähigkeit zur Unterscheidung nur in der Praxis. Normalerweise wollen wir unsere inneren Zustände möglichst schnell kategorisieren. Wir sollten uns jedoch von ihnen belehren lassen, ohne daß wir sie gleich als ›gut‹ oder ›schlecht‹ etikettieren. Wir haben bereits gesehen, daß unangenehme Stimmungen und Gefühle destruktiv, aber auch sehr konstruktiv sein können. Das gleiche gilt auch für angenehme Stimmungen und Gefühle. Es gibt zum Beispiel Formen von Zorn, Niedergeschlagenheit und Furcht, die mich in den tieferen Schichten meiner Existenz Gott näher bringen, meine Toleranz gegenüber anderen und mein Mitgefühl ihnen gegenüber vergrößern und meinen Glauben stärken. In der Fachsprache der christlichen Spiritualität werden alle Stimmungen und Gefühle, die meine Liebe zu Gott und den Mitmenschen verstärken, ›consolatio‹, d.h. Trost oder Tröstung, genannt. Friede, Freude und Entzücktsein können ebenso eine Tröstung sein wie Wut, Niedergeschlagenheit und Angst. Es gibt aber auch Formen von Wut, Niedergeschlagenheit und Angst, die unsere Isolation verstärken und uns in die dunklen Tiefen von Selbstmitleid, Verbitterung, Groll und Selbstentfremdung führen. Wir entfernen uns von uns selbst und von Gott. In der Fachsprache der christlichen Spiritualität heißen diese Gefühle ›desolatio‹, d.h. Verzweiflung oder Trostlosigkeit, und das ist der treffende Ausdruck für sie. Deshalb lautet die dritte Regel:

Stimmungen und innere Gefühle, die uns Gott näher bringen, heißen ›consolatio‹ (Tröstung), gleichgültig ob sie angenehm oder unangenehm sind. Quälende Empfindungen und innere Gefühle, die uns von Gott entfremden, heißen ›desolatio‹ (Verzweiflung).

Man sollte nicht übersehen, daß die Consolatio sowohl erfreuliche wie quälende innere Zustände umfassen kann, während der Desolatio nur quälende Zustände zugeordnet sind. Außerdem bleibt festzuhalten, daß die Desolatio nur von jemand erfahren wird, dessen Leben im Prinzip auf Lob und Verehrung Gottes und den Dienst an ihm ausgerichtet ist. Wer sich im Kern seines Wesens von Gott abgewandt hat, verspürt gelegentlich Gewissensbisse, aber normalerweise tut es ihm nicht weh, wenn er die Abwesenheit Gottes bemerkt. Ein Kranker, der keinen Appetit hat, weint dem Essen keine Träne nach. Die Erfahrung der Desolatio ist tatsächlich ein gutes Zeichen, auch wenn wir uns völlig verloren glauben. Wie die Consolatio ist die Desolatio ein Zeichen dafür, daß wir vorankommen, und nicht, daß wir zurückgefallen sind. Sie stellt eine Aufforderung dar, weiterzugehen.
Wie sollen wir uns verhalten, wenn uns die Desolatio erfaßt? Die vierte Regel gibt eine Antwort:

Befinden wir uns im Zustand der Desolatio, sollten wir niemals die Entscheidungen revidieren, die wir in Phasen der Consolatio getroffen haben. Überlegungen und Urteile, die der Desolatio entspringen, laufen jenen zuwider, die ihren Ursprung in der Consolatio haben. Es ist aber sinnvoll, gegen die Desolatio anzukämpfen. Bringt sie uns dazu, weniger zu beten, sollten wir unsere Gebetsbemühungen verstärken. Führt sie dazu, daß wir uns abkapseln, sollten wir Anstrengungen unternehmen, auf andere zuzugehen. Es ist auch sinnvoll, nach den Ursachen unserer Desolatio zu suchen.

Die Desolatio folgt oft direkt nach der Consolatio. Wir werfen einen kurzen Blick auf die Güte, Barmherzigkeit und Treue Gottes und erfahren innere Freude und tiefen Frieden. Dann läßt die Euphorie nach, und wir geraten in Zweifel: »Bin ich Opfer einer Einbildung?«, »Ich kann einfach nicht glauben«, »Was werden meine Freunde von mir denken?« Die häufigste und schlimmste Form der Desolatio sind anhaltende Schuldgefühle, die wir bereits auf Seite 128 f. diskutiert haben. Eine schnelle Möglichkeit, Phasen der Desolatio zu erkennen, besteht darin, sich selbst die Frage vorzulegen: Was steht im Mittelpunkt meiner Aufmerksamkeit? Bin ich selbst es oder ist es Gott? Unsere subjektiven Gefühle sind für sich betrachtet nicht gut oder schlecht. Man kann niemandem vorwerfen, daß er die eigene Schwäche erfährt, auch wenn das ein sehr unangenehmer Zustand ist. Ebensowenig ist es ›falsch‹, wenn wir uns Gott entfremdet fühlen, den Kontakt zu uns selbst und zu unseren Mitmenschen verloren haben, keine Liebe verspüren oder glauben, von niemandem geliebt zu werden. ›Richtig‹ und ›falsch‹ sind Kategorien, die man nicht auf derartige Gefühlslagen anwenden kann, sondern nur auf die Art und Weise, wie wir mit ihnen umgehen. Wir kommen aufgrund dieser Stimmungen zu Einschätzungen und Entscheidungen. Wir können konstruktiv gegen die Stimmungen angehen oder uns ihnen überlassen, was destruktiv ist. Wenn wir uns von Gott und anderen Menschen entfremdet fühlen, führt das dazu, daß wir uns völlig auf uns selbst fixieren und unsere Isolation dadurch weiter verstärken. Wir versinken in Hoffnungslosigkeit und Verzweiflung. Wenn dagegen in der Consolatio Glaube, Hoffnung und Liebe zunehmen, dann richten wir unsere Aufmerksamkeit stärker auf die Güte Gottes. Dadurch wird zwar unsere Sündigkeit noch deutlicher sichtbar, aber trotzdem wissen wir, daß uns Gott ohne Wenn und Aber annimmt. Hoffnung und Zuversicht wachsen.

Die vierte Regel besagt nicht, daß wir im Zustand der Desolatio überhaupt keine Entscheidungen treffen sollten, aber wir dürfen in Zeiten der Consolatio getroffene Entscheidungen nicht aufheben. In der Desolatio gilt es Entscheidungen zu treffen, die ihrer Abwärtstendenz entgegenwirken. Deshalb ist es so wichtig, öfter zu beten, sich stärker um die anderen zu bemühen usw. Ich habe viele Menschen kennengelernt, die die bedeutendsten Entscheidungen in ihrem Leben nach Perioden der Desolatio getroffen haben. Sie kämpften gegen sie an und forschten nach ihren Ursachen. Ihre Entscheidungen entsprangen nicht der Desolatio selbst, sondern waren Ergebnis des Widerstandes gegen sie. Indem sie an den Entscheidungen festhielten, die sie im Zustand der Consolatio getroffen hatten, konnten sie sich der Sogwirkung der Desolatio entziehen und nach ihren Ursachen fragen.

Wenn man nach den Ursachen der Desolatio sucht, sollte man sich zuallererst fragen, ob sie nicht auf körperliche oder geistige Erschöpfung zurückzuführen ist. Gott ist ein Gott der Zärtlichkeit und des Mitgefühls. Statt mit dem Beten aufzuhören, wenn uns die Desolatio erfaßt, sollten wir Gott unseren Zustand offenbaren. Er lehrt uns, daß alles seine Zeit hat: Die Muße hat ihre Zeit, und die Arbeit hat ihre Zeit. Es gibt eine Zeit für das Gebet und eine Zeit für das Spiel. Geht die Desolatio nicht auf Erschöpfung zurück, dann werden Ruhe und Erholung unseren Zustand nicht verbessern, und wir müssen nach anderen Ursachen suchen. Gibt es einen Zusammenhang zwischen Desolatio und Depression? Ich besitze nicht die Kompetenz, um diese schwierige und wichtige Frage zu beantworten. Ich habe jedoch in einem begrenzten Umfang Erfahrungen in der Arbeit mit schwer depressiven Menschen gesammelt. Aus dieser Erfahrung heraus möchte ich einige Beobachtungen und vorsichtige Schlußfolgerungen mitteilen.

Eine Depression kann einem gläubigen Menschen größere Leiden verursachen als jemandem, der nicht glaubt. Sie kann Geist und Herz derart angreifen, daß man zu der Überzeugung kommt, nicht nur sich selbst und den anderen Menschen, sondern auch Gott, der Quelle aller Hoffnung, vollständig entfremdet zu sein. Gelingt es einem jedoch, sich mit diesem schrecklichen Schmerz auseinanderzusetzen, führt der Schmerz selbst zur Befreiung von ihm. Es kann notwendig sein, zusätzlich für eine gewisse Zeit Medikamente einzunehmen, aber auf Dauer vermag Medikamentenkonsum die inneren Wahrnehmungen so abzudämpfen, daß dadurch dem Opfer der Fluchtweg abgeschnitten wird.

Eine Meditation der Heilungswunder in den Evangelien kann bestimmten gläubigen Menschen die Grundwurzel ihrer Depression offenbaren. Die Einsicht in ihre Ursache kann sehr schmerzhaft sein, denn der Gläubige blickt in die Abgründe des eigenen Unglaubens. Er wird mit den falschen Einstellungen konfrontiert, die ihn an seine Depression fesselten. Er war nicht nur der Auffassung gewesen, niemand habe so große Probleme wie er selbst, sondern auch der Überzeugung, nicht einmal Gott könne ihnen beikommen. Wenn ein depressiver Mensch erst einmal anerkennt, daß Gottes Macht immer größer als die eigene ist und Gott jedes Schuldgefühl überwinden und jede Finsternis durchdringen kann, dann verringert sich das depressive Gefühl und verliert seine Vorherrschaft.

Wir haben vorhin bei der Bestimmung von Consolatio und Desolatio festgestellt, daß die Consolatio sowohl in schmerzhaften als auch in erfreulichen Gefühlen gegeben sein kann. Ich bin der Ansicht, daß auch in einer Depression Desolatio wie Consolatio in vergleichbarer Weise ihren Ausdruck finden können. Ein Beleg dafür sind meine persönlichen Erfahrungen. Ich habe sowohl Depressionen erlebt, die zu Gott hinführten, als auch solche, die mich von ihm entfernten. Beide Zustände sind unangenehm. Ihrer

Unterscheidung dient die Frage: Wohin führt mich diese Gemütslage? Erfahre ich dadurch Gott in den Tiefen meiner Existenz als meinen einzigen Halt, meine Zuflucht und meine Stärke, oder führt sie mich in eine egozentrische Beschäftigung mit meiner eigenen Dunkelheit? Ruft sie eine unerträgliche Isolation hervor, die mich einschließt und deren Gefängniswände für Glaube, Hoffnung und Liebe undurchdringlich sind? Für Zeiten der Desolatio gilt die fünfte Regel:

Im Zustand der Desolatio soll man zwei Dinge nicht vergessen:
a) Die Desolatio wird vorübergehen.
b) Wenn es gelingt, selbst in der Desolatio die Aufmerksamkeit auf Gott auszurichten, dann hilft er uns durch sie weiter, auch wenn man seine Gegenwart momentan nicht spürt. Er unterhöhlt die falschen Gewißheiten, offenbart sich selbst in unserer inneren Leere, ergreift Besitz von ihr und erfüllt sie mit seiner Gegenwart.

Desolatio ruft Schmerz hervor, aber wenn wir dabei die Geduld nicht verlieren, d.h. die Entscheidungen nicht zurücknehmen, die wir in einer Zeit der Consolatio getroffen haben, dann kann sich die Desolatio, die ihrer Natur nach destruktiv ist, als dem Leben förderlich erweisen. Bei Jesaja und Jeremia findet sich das Bild, der Mensch werde in den Händen Gottes geformt wie der Ton in den Händen des Töpfers. Wir können die Desolatio als einen Prozeß betrachten, in dem aus dem Ton ein Gefäß geformt wird, das lebenspendendes Wasser enthält. Ungeformter Ton kann das Wasser nicht fassen. Die Desolatio höhlt uns sozusagen aus, so daß wir mehr Substanz aufnehmen können. Der Prozeß selbst ist ein einziger Schmerz. Klingt dieser ab, entdecken wir neue Empfindungen in uns und unsere Wahrnehmung hat sich verändert. Wer den Schmerz der Desolatio erfahren hat, kann die Leiden anderer Menschen besser mitfühlen. Er wird dankbarer für die Gaben, die er

bekommen hat, und für alles, was ihm geschenkt ist. Wir entdecken im Schmerz auch starke Kräfte in uns, von denen wir nichts gewußt haben. Wir finden einen neuen Zugang zu Jesus und seiner Passion. Er ist das Licht in unserer Finsternis, er teilte den Schmerz, die Dunkelheit und den Tod mit uns, und er ist auferstanden. Deshalb gibt es keine Bereiche der Erfahrung, die seine rettende Kraft nicht erreichen würde.
Die bisher genannten Regeln beschäftigten sich mit der Desolatio. Die sechste Regel betrifft den Umgang mit der Consolatio:

Nutze die Gunst der Stunde! Die Consolatio ist ein unverdientes Geschenk, das uns eine tiefere Wahrheit der Existenz enthüllt: Wir sind stets umhüllt von der Güte und Treue Gottes. In der Consolatio erfahren wir für Momente diese Wahrheit als Teil unserer Lebenswirklichkeit. Es ist eine Erfahrung, die zu unserem Rettungsanker wird, wenn uns die Desolatio erfaßt hat.

Gefühle von Frieden, innerer Ruhe, von Freude und Entzücken soll man dankbar von Gott annehmen, unabhängig davon, ob man sie im Gebet oder in anderen Zusammenhängen erfährt. Es sind Gnadengeschenke, an denen wir keinen Verdienst haben. Wir sollten uns ihrer erfreuen und sie genießen. Sie gewähren Einblick in die Gewißheit einer Wahrheit, die jeden Winkel unseres Wesens durchdringt: Wir leben, handeln und existieren umhüllt von der Güte Gottes. Wenn wir uns später erneut mit der Consolatio beschäftigen, werden wir weitere Präzisierungen vornehmen, aber im Augenblick sollten wir jede Form der Consolatio dankbar annehmen. Wir können darauf vertrauen, daß Gott es uns schließlich erkennen läßt, wenn sie destruktiven Ursprungs sein sollte. Der schlimmste Fehler, den man machen kann, besteht im permanenten Verdacht, das Gute, das man erfährt, sei eigentlich wertlos oder nur eine Illusion. Solange wir in einer solchen Haltung verharren, ver-

hindert das tatsächlich das Eingreifen Gottes. Vertrauen wir uns ihm an, erfahren wir Liebe, Freude, Frieden, Geduld, Stärke und Zuversicht als selbstverständliche Gegebenheiten.
Die meisten von uns erleben immer wieder den Wechsel von Consolatio und Desolatio. Die Ursache liegt darin begründet, daß unser Geist ein vielschichtiges Gebilde ist. Auf einer Ebene meines Bewußtseins bin ich der festen Überzeugung, daß Gott alle Macht besitzt und daß ich ohne ihn nichts bewirken kann. Dann verläßt mich diese Gewißheit aus irgendwelchen Gründen. Ich gerate in einen tieferen Bereich meines Bewußtseins, in den mein Glaube noch nicht vorgedrungen ist und wo ein mir bis dahin nicht zu Bewußtsein gekommener Atheismus herrscht. Solche krisenhaften Momente sind Aufforderungen, unseren Glauben zu vertiefen. Ich kann der Aufforderung folgen und einige Jahre auf dem so erreichten neuen Niveau leben. Dann tritt erneut eine Krise ein, und es wird mir bewußt, daß es noch weitere Dimensionen des Atheismus in mir gibt. Unsere Reise zu Gott gleicht dem Flug jener kleinen Vögel, die sich in Loopings fortbewegen. Man meint immer, sie würden herabfallen, aber das Sich-Hinabstürzen gibt ihnen den Schwung für die Bewegung nach vorn.
Durch dieses Buch zieht sich wie ein Leitmotiv der Satz: ›Die Antwort liegt im Schmerz‹. Wir fürchten den Schmerz und wollen ihm ausweichen, aber wenn wir ihm ausweichen, vermeiden wir die Antwort. Deshalb lautet die siebte wichtige Regel im Umgang mit unseren Stimmungen:

Man muß sich den Ängsten stellen, die einen verfolgen.

In der Sprache von C.G.Jung heißt das, sich dem eigenen Schatten zu stellen. Die Angst vor Gefahren ist wie das Schuldgefühl eine natürliche menschliche Reaktion. Wer sich der Angst nicht stellt, kann die Gefahr nicht erkennen, die ihn bedroht. Sie wird dann zu einem erbarmungslosen Tyrannen, der alles beherrscht und jeden Bereich unseres

Lebens vergiftet. Stellt man sich der Angst, erweist sie sich oft als unnötig. Das läßt sich schön mit Hilfe eines Traums illustrieren, den mir Tom mitgeteilt hat, ein Mann, dem ich Exerzitien gab.

Zunächst war es ein Alptraum. Tom befand sich allein und ohne Waffen in einem finsteren Dschungel. Im Schatten schlichen bedrohliche Gestalten umher. Er wußte, daß der Traum bei ›Nîmes‹ spielte, obwohl er im Traum keine Vorstellung hatte, wo ›Nîmes‹ lag. Da er sich nicht verteidigen konnte, beschloß er, mit den bedrohlichen Gestalten Kontakt aufzunehmen. Einige von ihnen verschwanden, während sich andere als entgegenkommend erwiesen und ihn auf seiner weiteren Reise beschützten. Als er über den Traum nachdachte, fiel ihm auf, daß ›Nîmes‹ gleichlautend mit ›Nimm‹ ist. Er deutete das für sich so, daß er jene Dinge im Leben, vor denen er sich fürchtete, annehmen und sich mit ihnen anfreunden solle. Als er sich verschiedenen Ängsten in seinem Leben stellte, verschwanden einige davon, während sich andere als Quellen der Kraft herausstellten.

Im Alten wie im Neuen Testament begegnen wir immer wieder der Aufforderung: »Fürchtet euch nicht!« Gott hat in Christus die Mächte des Bösen und der Zerstörung überwunden. Gott ist ein Gott der Überraschungen, der aus dem Bösen, das wir getan haben oder das uns angetan wurde, das entscheidende Mittel unserer Rettung machen kann. Die Kirche singt an Ostern ein wunderbares Weihelied, das lateinisch mit dem Wort ›Exsultet‹ beginnt: ›Jauchzet‹. In diesem Lied gibt es die Formulierung von der ›glücklichen Schuld‹, der ›felix culpa‹. »O wahrlich liebenswürdige Sünde Adams«, heißt es als Begründung, »die durch Christi Sterben getilgt ward! O glückliche Schuld, die einen so großen, so erhabenen Erlöser zu erhalten verdiente!«

Eine sehr gute Art und Weise, mit unseren Ängsten umzugehen, besteht darin, sie jemandem zu eröffnen, von dem wir sicher sind, daß er zuhören kann und uns nimmt, wie wir sind. Haben wir unsere Angst ausgesprochen und ihr einen Namen gegeben, verliert sie an Macht über uns. Das ist beispielsweise auch das Prinzip der Telefonseelsorge, die es Menschen ermöglicht, zu jeder Tages- und Nachtzeit einen Gesprächspartner zu finden, wenn sie in Not sind oder gar an Selbstmord denken.

Ich weiß, daß dieses Kapitel keine leichte Lektüre war, und möchte abschließend zur Vorsicht raten. Man sollte sich nicht in narzißtischer Weise ständig mit den inneren Stimmungen beschäftigen und ständig nach Anzeichen für Consolatio oder Desolatio suchen. Für die Consolatio wie für die Desolatio ist es charakteristisch, daß sie für gewöhnlich überraschend auftreten. Es handelt sich um innere Reaktionen, die einfach auftauchen und sich dem direkten Zugriff unseres Bewußtseins entziehen. Oft können wir das, was in uns geschieht, auch nicht gleich richtig einordnen und erkennen erst später, daß es sich um eine Form der Consolatio oder Desolatio handelte. Das läßt sich schön an der Erzählung von den Emmaus-Jüngern im Lukasevangelium illustrieren. Als sich ihnen ein Fremder anschließt, fällt ihnen offenbar nichts Ungewöhnliches auf. Sie sind noch ganz von dem vereinnahmt, was geschehen ist. Sie erkennen Jesus erst später, als er das Brot bricht, und sagen zueinander: »Brannte uns nicht das Herz in der Brust, als er unterwegs mit uns redete?« (Lk, 24, 32). Man sollte sich zunächst damit zufriedengeben, die wirklich offensichtlichen Zustände von Consolatio oder Desolatio zu konstatieren, und nicht überrascht zu sein, wenn das nur selten möglich ist. Mit der Übung wächst auch die Fähigkeit, Gefühlszustände schneller einzuordnen.

Jesus hieß die Sünder willkommen und aß mit ihnen. Er heißt auch uns willkommen und nimmt in uns Wohnung. Wenn das eintritt, verändert sich alles in unserem Leben. Jesus kann sich als unangenehmer Gast erweisen, der sich in alles einmischt, in unsere Intimsphäre eindringt und unsere Pläne zunichte macht, der unsere Beziehungen durch-

einanderbringt, uns mit irritierenden Menschen und beunruhigenden Ideen bekannt macht und unseren Besitz, unseren Arbeitsplatz und sogar unser Leben aufs Spiel setzt. Wir wagen zwar nicht, ihn zum Gehen aufzufordern, aber wir können ihm ein gut verschließbares Kämmerchen unseres Hauses zuweisen. Um unser Gewissen zu beruhigen, statten wir es geschmackvoll aus und sparen an nichts. Wenn wir vorbeikommen, neigen wir den Kopf oder machen eine Kniebeuge, lassen ansonsten aber alles wie gehabt. Wir sind froh, daß er unser Gast ist, stellen aber sicher, daß er uns nicht in die Quere kommt. Wir reduzieren ihn auf einen netten, domestizierten, bequemen und harmlosen Gast.
Das nächste Kapitel thematisiert diese uns allen eigene Neigung, Christus zu domestizieren.

Übungen

(Es ist nicht verwunderlich, wenn man zunächst Mühe hat, die beschriebenen ›Regeln zur Unterscheidung der Geister‹ richtig anzuwenden. Die folgenden Übungen helfen dabei, sie auf die eigene Erfahrung zu beziehen.)

1. Finden Sie im Horizont Ihrer eigenen Erfahrungen irgendwelche Stimmungen oder Gefühlslagen, die man als Consolatio oder Desolatio bezeichnen würde?

2. Können Sie in der eigenen Erfahrung Beispiele für Regel 4 (Seite 146 f.), Regel 6 (Seite 151) oder Regel 7 (Seite 152) entdecken?

3. Versuchen Sie, selbst Regeln zur ›Unterscheidung der Geister‹ zu formulieren, die aus der eigenen Erfahrung abgeleitet sind.

9. Ein höchst überraschender Gott

Tantum religio potuit suadere malorum
So viel Unheil hat die Religion anzurichten vermocht
(Lukrez)

In Frankreich und Deutschland existieren riesige Friedhöfe mit den sterblichen Überresten hunderttausender Männer, die in den beiden Weltkriegen gefallen sind. Auf beiden Seiten heißt es auf Inschriften, daß die Toten ihr Leben »pro deo et patria«, für Gott und Vaterland, gegeben hätten. Alle, die ihr Leben opferten, verdienen unseren Respekt, aber daß wir einander töten, kann nicht Gottes Wille sein. Sünde heißt, daß Gott sein Recht verweigert wird. Diese Weigerung ist so tief in uns verankert, daß wir Gottes Namen sogar dazu mißbrauchen, Selbstsucht, Unterdrückung und Zerstörung zu legitimieren, und unser Handeln dennoch für gerechtfertigt halten.
Im vorhergehenden Kapitel haben wir einige Grundregeln kennengelernt, die es uns ermöglichen, das schöpferische Handeln Gottes von den zerstörerischen Handlungen des Bösen in unserem Leben zu unterscheiden. Im vorliegenden und in den folgenden Kapiteln werden wir dieser Unterscheidungsproblematik noch genauer nachgehen.
Jesus ist gestorben und von den Toten auferstanden. Er ist nun der Herr der ganzen Schöpfung. In ihm finden wir unsere eigentliche Identität. »Der Geist dessen wohnt in uns, der Jesus von den Toten auferweckt hat« (Röm 8, 11), sagt Paulus und betet deshalb für die Epheser:

»Er möge euch aufgrund des Reichtums seiner Herrlichkeit schenken, daß ihr in eurem Innern durch seinen Geist an Kraft und Stärke zunehmt. Durch den Glauben wohne Christus in eurem Herzen. In der Liebe verwurzelt und auf sie gegründet, sollt ihr zusammen mit allen Heiligen dazu fähig sein, die Länge und Breite, die Höhe und Tiefe zu ermessen und die Liebe Christi zu verstehen, die alle Erkenntnis übersteigt. So werdet ihr mehr und mehr von der ganzen Fülle Gottes erfüllt« (Eph 3, 16 – 19).

Jedem von uns ist »dieses eine Werk nur aufgetragen: Alle Glorie Gottes hindurchzulassen.« Aber wir alle sind in der Versuchung, die Stelle Gottes einnehmen zu wollen und zu ›sein wie Gott‹. Wir mißbrauchen Christus, um unsere eigene Gier, Ängstlichkeit und Selbstgerechtigkeit zu rechtfertigen.
Wenn Jesus heute erschiene, wie würden wir ihn aufnehmen? Das vorliegende Kapitel spinnt diese Vorstellung ein wenig aus, um nach einer Antwort zu suchen. Nach den Ausführungen auf den vorhergehenden Seiten ist es als kleine Auflockerung gedacht, allerdings nicht ohne ernsten Hintergrund. Es soll uns vor Augen führen, wie ›gesunder Menschenverstand‹, Ansehen und religiöse Prägung auf sehr subtile Weise für die Wahrheit Christi blind machen können. Es bleibt uns verborgen, daß er auch heute in Frauen und Männern lebendig ist und seine Liebe wirken läßt.
Ich denke mich in einen Gemeindepfarrer in Nordirland hinein. Nordirland weist gewisse Parallelen mit dem Palästina zur Zeit Jesu auf, das ebenfalls von heftigen religiösen und politischen Konflikten zerrissen war. Der Pfarrer ist außer sich über das Verhalten eines Mannes aus seiner Gemeinde, der in den Priesterseminaren und Klöstern in England um Aufnahme als Priesteramtskandidat ersucht hat. Nun erreichen ihn Anfragen der Verantwortlichen aus England, Schottland und Wales, die Näheres über diesen Kandidaten wissen wollen. Der überlastete Pfarrer hatte zunächst nur knapp geantwortet und erklärt, daß besagte Person auf keinen Fall in ein Seminar oder Kloster aufgenommen werden sollte. Da wiederholt nach ausführliche-

ren Referenzen verlangt wurde, verschickte er schließlich folgenden Rundbrief:

»An die Hochwürdigsten Bischöfe, Exzellenzen, Lordschaften, Lordäbte und Verantwortlichen der Priesterseminare von England, Wales und Schottland

Hochverehrte und geliebte Brüder im Herrn,

bitte verzeihen Sie mir, daß ich Ihnen einen Rundbrief schicke, aber ich tue es in der Hoffnung, daß seine Lektüre, die nur wenige Minuten beansprucht, Ihnen Geld und Zeit sparen wird und eine denkbare Zerrüttung Ihrer Seminarien und Noviziate verhindert.
Herr E. Manuel, ein junger Mann aus meiner Gemeinde, 33 Jahre alt, hat bereits bei einigen von Ihnen vorgesprochen. Wenn nicht, wird er es wohl noch tun. Er ersucht um Aufnahme in Ihre Diözese, Ihren Orden oder Ihre Kongregation. Einige von Ihnen haben mich um Referenzen gebeten. Aus Rücksichtnahme und weil ich vor Arbeit nicht ein noch aus weiß, teilte ich in aller Kürze mit, daß die in Frage stehende Person meiner Meinung nach ungeeignet ist. Es kamen jedoch Bitten um eine ausführlichere Stellungnahme. Ich verstehe natürlich, daß Ihre Hochwürden in diesen Zeiten katastrophalen Priestermangels jedem Kandidaten eine Chance geben wollen und noch den kleinsten und unwahrscheinlichsten Anzeichen einer Berufung zum Priesteramt Aufmerksamkeit schenken. Ich habe aber leider keine Zeit, ständig Briefe über den arbeitslosen E.M. zu schreiben. Neben den schon kaum zu bewältigenden Pflichten in der Gemeinde nehmen mich weitere Aufgaben in Anspruch. Ich wurde vom Hochwürdigsten Herrn Bischof darum ersucht, in der Nachfolge von Monsignore Colquhoun das diözesane Ehegericht zu übernehmen. Monsignore Colquhoun hat vor zwei Jahren nach einer Begegnung mit dem besagten E.M. einen Herzanfall erlitten. Außerdem bin ich aus Gründen, auf die ich

später noch zu sprechen komme, derzeit ohne Haushälterin.
Meine persönliche Bekanntschaft mit E.M. beschränkt sich auf einige kurze Begegnungen. Als ich vor drei Jahren in diese Gemeinde kam, war E.M. bereits von zu Hause fort und tauchte dort Gott sei Dank nur sehr selten wieder auf. Ich habe mich jedoch ausführlich mit Leuten unterhalten, die ihn gut kennen, vor allem auch mit dem neuen Kirchenverwalter der Gemeinde, einem aufgeweckten und ehrgeizigen jungen Mann, der einige Zeit enger mit E.M. befreundet war.
Die Eltern von E.M. (sein Vater ist vor einigen Jahren gestorben), kamen vor über fünfundzwanzig Jahren in die Gemeinde. Wie einige sagen, sollen sie Landfahrer gewesen sein, ein Gerücht, das durch das ruhelose Umherziehen ihres Sohnes Nahrung erhält. Auch die ungewöhnliche Schweigsamkeit der Mutter spricht dafür, eine Eigenschaft, die sich nicht selten bei seßhaft gewordenen Zigeunern findet.
In der nächsten Umgebung der Familie wird behauptet, daß der verstorbene Herr M. nicht der leibliche Vater des Kindes war. Ich bin so altmodisch, solchen Informationen tatsächlich eine Bedeutung beizumessen.
In seiner frühen Jugend blieb E.M. einmal für drei Tage verschwunden, als er mit seinen Eltern in Urlaub war. Hochwürden wissen ohne Zweifel, daß Menschen, die früh von zu Hause ausreißen, oft psychisch labil sind. Als man das Kind wieder aufgriff und befragte, behauptete E.M., er habe sich um die Geschäfte seines Vaters kümmern müssen. Man erklärte sich das damit, daß er eventuell herausgefunden hatte, daß er ein uneheliches Kind war. In der Verwandtschaft gibt es aber auch die negativere Auffassung, er sei besessen.
Seine Schulausbildung ist nicht der Rede wert. Was er gelernt hat, lernte er von klein auf bei seinem Vater. Als Jugendlicher streifte er umher, war die meiste Zeit auffällig

schweigsam, besaß aber auch eine sich verhängnisvoll auswirkende Beredsamkeit und charmante Umgangsformen. Von dieser Sorte Menschen gibt es ja in unserer Gegend genügend. Vor drei Jahren gab er das Arbeiten auf und begann ein Wanderleben. Gelegentlich kam er nach Hause. Manchmal war er alleine, aber meistens begleitete ihn eine Gruppe unangenehmer Gestalten. Neben einigen recht einfach gestrickten Leuten finden sich unter ihnen auch polizeibekannte Schläger, Wucherer und Prostituierte. Bekanntlich kann man einen Mann danach beurteilen, welche Freunde er hat. Im Augenblick ist ein Gerichtsverfahren angängig, in dem ein Landwirt E.M. und einen Dorftrottel der gemeinsamen Vernichtung einer großen Schweineherde beschuldigt. Offenbar haben die beiden die Herde über eine Klippe ins Meer stürzen lassen.

Ohne Studium der Theologie oder einer anderen Wissenschaft nimmt E.M. für sich in Anspruch, ein religiöser Prediger zu sein. Er stellt theologische Behauptungen über Gott auf, die auch in liberalen Kreisen Proteste hervorrufen würden.

In den letzten dreißig Jahren hat sich in einigen Teilen der Kirche eine sträfliche Liberalität breitgemacht. So war es möglich, daß der Frauenbund und der Männerverein E.M., der inzwischen in verschiedenen Kreisen der Gemeinde einen ziemlichen Einfluß hat, zu einem Vortrag bei einer gemeinsamen Veranstaltung einluden. Sein Vortrag unterstrich noch einmal, wie verhängnisvoll diese Öffnung der Kirche ist, denn er versicherte der Versammlung, daß Kriminelle und Prostituierte vor allen anderen ins Himmelreich kommen würden.

Bei einer weiteren Gelegenheit hatte ihn ein Pfarrgemeinderat eingeladen, der sich für besonders tolerant hielt. Die provokativen Ausführungen, in denen er behauptete, daß Protestanten und Heiden Gott näher seien als die Mitglieder des besagten Pfarrgemeinderates, führten zu heftigen Protesten und einer sehr unerfreulichen Szene. Ehr-

würden werden selbst beurteilen können, wessen Geistes Kind ein Mann sein muß, der bei frommen Menschen so viel Wut und Widerspruch hervorrufen kann.
Als ich die Gemeinde übernahm, hatte ich Verschiedenes über E.M. gehört und wollte mir ein eigenes Urteil bilden. Ich lud ihn ohne seine Freunde zum Abendessen mit dem örtlichen Klerus ein. Auch Monsignore Colquhoun, unser führender Moraltheologe und Vorsitzender des diözesanen Ehegerichts, war anwesend. Als Herr E. M. kam, wurde er vom versammelten Klerus mit angemessener Höflichkeit empfangen. Das Abendessen hatte noch nicht richtig begonnen, als eine Frau von eindeutigem Ruf in der Stadt mit einem beiläufigen »Sie gestatten« in den Speisesaal trat. In einer absolut widerlichen Mischung von Sentimentalität und Hysterie stellte sie ihre Gefühle zur Schau. Wie sich Hochwürden vorstellen können, erstarrte die versammelte Gesellschaft in verblüfftem Schweigen. E.M. besaß die Frechheit, auf mich zuzugehen, und verglich unsere kühle und formale Begrüßung sehr abschätzig mit den tränenreichen Ergüssen der Dame. Anschließend war er so unverfroren zu behaupten, daß der Frau ihre Sünden vergeben seien, weil sie an ihn glaube. Zu diesem Zeitpunkt verabschiedete sich Monsignore Colquhoun und hatte später einen Herzanfall. Als Folge meiner freundlichen Geste gegenüber E.M. muß ich nun nicht nur Monsignores Colquhouns schwere berufliche Pflichten übernehmen, sondern habe auch meine Haushälterin verloren. Sie war nach dem skandalösen Zwischenfall der unerschütterlichen Überzeugung, ich hätte die Dame persönlich zum Essen eingeladen, was ihr in zwanzig Jahren aufopferungsvollen Dienstes nicht ein einziges Mal passiert sei.
E.M. hält seine Predigten an das Volk unter freiem Himmel, manchmal auch im Rahmen eines Picknicks. Obwohl er arbeitslos ist, scheint er über unerschöpfliche Mengen von Speisen und auch Getränken zu verfügen, die er großzügig verteilt. Seine Versammlungen gleichen deshalb eher Parties

als einem Gottesdienst. Er wagte es sogar einmal, uns die übriggebliebenen Nahrungsmittel anzubieten. Weil ich annahm, daß es sich dabei um Diebesgut handelte, gab ich sie als Zeichen der Ökumene an die Heilsarmee weiter, nachdem ich mich mit dem Justitiar der Diözese beraten hatte.
In seinen Reden zeigt E.M. eine gefährliche Beredsamkeit und ein ausgesprochenes Talent, sprechende Bilder zu verwenden. Das richtet bei einfachen Gläubigen ziemliches Unheil an. Sie verlieren in theologischen und moralischen Fragen die Orientierung und zweifeln an der Autorität des Lehramtes. Obwohl E.M. für sich in Anspruch nimmt, keinen Ungehorsam gegenüber den kirchlichen Autoritäten zu predigen, kann er doch wohl nicht annehmen wollen, daß das Kirchenvolk jenen noch Respekt erweist, die er als »Schlangenbrut« und »Gräber, die weiß angestrichen sind« tituliert hat. Von Gott dem Allmächtigen spricht er als »mein Vater«. Offenbar hat dieser Vater nichts Besseres zu tun, als sich um Kriminelle und Prostituierte zu kümmern, wie sie sich in der Gefolgschaft von E.M. finden. Außerdem meint er, der Gottesdienst müsse den Menschen etwas geben, und es ginge nicht darum, die Sonntagspflicht allein deshalb zu erfüllen, weil es sich um ein Kirchengebot handelt. Jedenfalls hat der sonntägliche Gottesdienstbesuch im ganzen Land deutlich nachgelassen.
In politischer Hinsicht ist E.M. von einer verblüffenden Naivität, wenn man sich die gewaltbestimmte, verwickelte und heikle Lage vor Augen führt, in der wir uns befinden. Er scheint keinerlei Sinn dafür zu haben, daß die Katholiken zusammenhalten müssen, denn nur so können wir in diesem von Problemen zerrissenen Land unsere Position behaupten. Seine vermeintlichen ›Lehren‹ ignorieren die massiven Unterschiede zwischen den Kirchen in diesem Land, stellen die klaren Aussagen der Moraltheologie in Frage und unterminieren die Autorität des Lehramtes. Statt dessen lenkt er die Aufmerksamkeit der Menschen auf seinen ›Vater‹, der so ziemlich jeden zu lieben scheint, nur uns

nicht, die wir für die religiöse Unterweisung, die wahre Lehre und den richtigen Lebenswandel in der Kirche verantwortlich sind.

Er bleibt politisch neutral und lehnt jede Form von Gewalt ab, gleichgültig ob sie von der Britischen Armee, der Irish Republican Army (IRA) oder von der Ulster Defence Association (UDA) ausgeht. Was er aber von seinem ›Vater‹ predigt, fördert keinesfalls den Frieden, sondern verschärft die Gegensätze, weil er damit jeder der Parteien an den Karren fährt. Einige vermuten, daß er politische Ambitionen hegt, obwohl er es bestreitet. Man weiß, daß er sich im geheimen mit prominenten Vertretern aus jedem Lager getroffen hat. Sollte das allgemein bekannt werden, wäre nicht nur sein eigenes Leben bedroht. In unserer prekären politischen Situation, wo voreilige und unbedachte Äußerungen wie Bomben wirken können, gleicht E.M. einem unbewachten Waffenlager.

Wie so viele, die sich angeblich für den Frieden einsetzen, ist Herr E. M. ein Choleriker. Vor kurzem rief er vor dem Dom einen Tumult hervor, indem er die Warentische und Schriftenstände umwarf. Natürlich wurde die Sache der Polizei gemeldet und ein Haftbefehl erlassen, aber im Augenblick ist er nicht aufzufinden.

Was die Angelegenheit noch verwirrender macht, ist die Meinung, daß er tatsächlich besessen sein könnte. In der eigenen Verwandtschaft gibt es einige, die das ohne Zögern behaupten. Sicher ist, daß er Kontakt mit Besessenen hatte, Männern wie Frauen, von denen einige jetzt zu seiner ständigen Begleitung gehören. Außerdem scheint er gewisse übersinnliche Kräfte zu besitzen, was unter Besessenen nicht ungewöhnlich ist.

Möglicherweise wird er in Kürze aufgegriffen und inhaftiert. Man hat genügend Handhabe gegen ihn, um ihn für längere Zeit hinter Gitter zu bringen, aber er ist klug wie eine Schlange und könnte das Land verlassen, um seine subversive Tätigkeit an anderer Stelle fortzusetzen.

Ich bitte Ehrwürden nochmals um Verständnis für die Länge dieses Briefes. Beim gegenwärtig überall zu beobachtenden Mangel an Berufungen hätten einige von Ihnen ohne meine brieflichen Warnungen Zeit und Geld vertan, um diesen Mann zu fördern. So überzeugend er zunächst wirkt, es wäre zum Schaden für jedes Seminar und jedes Noviziat, wenn man so unklug wäre, ihn aufzunehmen.
Mit der Bitte, daß Hochwürden mich in Ihre Gebete einschließen und mit der Versicherung, daß ich meinerseits um eine Zunahme würdiger Berufungen in Ihren Diözesen, Orden oder Kongregationen bete
verbleibe ich
Hochachtungsvoll

(P. Simon, Dr. theol., Gemeindepfarrer von Portinstorm)«

Während ich diesen Brief schrieb und mich in die Einseitigkeiten von P. Simon hineindachte, stellte ich bei mir selbst ebenfalls einige davon fest.
Weil wir alle zur Selbsttäuschung neigen und Gott und Christus mißbrauchen, um die beschränkten Horizonte unseres eigenen Denkens und Handelns zu rechtfertigen, sind die institutionellen und die kritischen Elemente der Kirche als Korrektur unserer Beschränktheit notwendig. Letztlich aber ist Christus selbst unser Lehrer. Christus ist ein Geheimnis. Wir können seine Wahrheit niemals ganz ermessen. Wir können ihn nur darum bitten, daß er uns ganz erfüllt und seine Wahrheit und Liebe, die alle menschliche Vorstellungskraft übersteigen, von uns Besitz ergreifen. Die Meditation von Abschnitten aus dem Evangelium kann dabei unschätzbare Dienste leisten und uns bewußt machen, daß Christus auch heute in unseren Herzen lebendig ist. Wenn er in uns Wohnung nimmt, lassen wir ihn nicht bloß ein, sondern wir übergeben ihm das ganze Haus, denn er ist der Herr über alles, und er liebt, was er geschaffen hat.

Die beiden folgenden Kapitel enthalten einige Reflexionen über das Leben, den Tod und die Auferstehung Jesu. Sie wollen die Leser und Leserinnen dazu ermutigen, den Jesus der Evangelien in ihrer Vorstellungskraft lebendig werden zu lassen. So können sie ihm in der Art und Weise begegnen, die für sie jeweils am angemessensten ist.

Übung

Lesen Sie eines der Evangelien sorgfältig durch und schreiben Sie dann einen Brief, einen Aufsatz oder eine Kurzgeschichte. Die Texte sollen schildern, wie Jesus heute leben würde, wer ihn willkommen heißen und wer ihn vermutlich ablehnen würde.

10. Christus erfahren

Ich sehe alles als Verlust an, weil die Erkenntnis Christi Jesu, meines Herrn, alles übertrifft. Seinetwegen habe ich alles aufgegeben und halte es für Unrat, um Christus zu gewinnen und in ihm zu sein. (Phil 3, 8– 9)

Wenn man damit beginnt, sich Szenen aus den Evangelien in der Phantasie auszumalen, ist man oft überrascht über den Jesus, dem man dann begegnet. Manchen erscheint er gewöhnlicher, als sie erwartet hatten, andere sind erstaunt oder sogar schockiert. Die Überraschung kann ein Zeichen dafür sein, daß wir dem lebendigen Christus begegnet sind, der das Abbild des Gottes der Überraschungen ist. Johannes schreibt: »Er kam in sein Eigentum, aber die Seinen nahmen ihn nicht auf« (Joh 1, 11). Jesus entsprach nicht ihren Erwartungen. Sie hatten sich einen glorreichen und mächtigen Messias vorgestellt. Das Problem setzte sich in der christlichen Katechese fort, die die göttliche Natur Jesu so sehr betonte, daß seine menschliche Natur völlig in den Hintergrund trat. Die Kirche hat jedoch immer gelehrt, daß Jesus in gleicher Weise wahrer Mensch und wahrer Gott ist und daß seine göttliche Natur die menschliche Natur in keiner Weise herabsetzt, sondern sie im Gegenteil vollendet.

Deshalb lautet die erste Regel, wenn man in den Evangelien liest oder sie meditiert, daß man *Jesus Christus als Menschen sehen muß.* Auch Jesus hatte Grenzen und war Beschränkungen unterworfen. Er mußte erst lernen, wer Gott ist. Sein Glaube war nicht vorgegeben, sondern er entwickelte sich im Verlauf seines Lebens. Jesus erfuhr wie jeder Mensch Liebe, Freude, Angst und Schrecken, er hatte Vorlieben und Abneigungen, er litt Hunger und Durst, er war müde, und er geriet in Versuchung. Wir können die Bedeutung der göttlichen Natur Jesu nur im Horizont und durch die Vermittlung seiner menschlichen Natur und mit Hilfe unserer eigenen Erfahrungen und der Erfahrungen anderer Menschen verstehen. Er begegnet uns in unserer menschlichen Natur und nicht außerhalb unseres Menschseins, und er offenbart sich ganz im Innersten als jemand, der für uns da ist, ein Freund, der unsere Einsamkeit mit uns teilt. Unser Menschsein ist unschätzbar, denn Gott ist Mensch geworden. Deshalb lautet die zweite Regel: *Jedesmal, wenn wir in den Evangelien über Jesus lesen, und gleichgültig, was wir über ihn lesen: Immer begegnen wir beim Lesen auch uns selbst, denn in Jesus Christus ist vollendet, wozu wir alle berufen sind.* Einer der frühen Kirchenlehrer formulierte: »Gott wurde Mensch, damit der Mensch Gott werden kann.« Jesus ist nicht einfach nur oder in erster Linie ein Modell beispielhaften Verhaltens, das wir nachahmen müssen. Er ist die Quelle unseres Lebens und sein Inhalt, denn es ist der Sinn unserer Existenz, ihm gleich zu werden. »Der Geist dessen wohnt in euch, der Jesus von den Toten auferweckt hat« (Röm 8, 11). Wenn wir den Jesus der Evangelien betrachten, bekommen wir eine erste Vorstellung davon, wozu uns Gott von Anfang an berufen hat: Wir sollen werden wie Jesus Christus. Die Beschäftigung mit der dritten Regel beansprucht den Rest dieses Kapitels. Es ist ein Versuch, den Schlüssel zur Persönlichkeit Jesu zu finden. Wir nehmen das Bild wieder auf, mit dem das Buch begonnen hat: Der Acker, in dem der Schatz verborgen liegt, ist unser eigenes Leben, und der Schatz selbst ist unser Innerstes, die Gleichförmigkeit mit Christus. Die Kirche verweist uns in erster Linie durch die Schrift selbst, aber auch durch die Tradition ihrer Auslegung auf Jesus Christus. Dabei gleicht sie jemandem, der uns Hinweise auf den Fundort des Schatzes gibt, uns dann aber zu einem verschlossenen Tresor führt, der den Schatz enthalten soll. Da der Schatz in unserem Innersten verborgen liegt, zu dem nur wir selbst Zutritt haben, kann weder die Kirche noch eines ihrer Mitglieder den Schatztresor für uns öffnen. Es ist so, als ob jeder von uns eine Geheimzahl hätte, die uns nur Christus sagen kann. Deshalb ist das Gebet nicht ein entbehrliches Extra für die etwas frömmeren Christen, sondern es bildet den zentralen Mittelpunkt des christlichen Lebens. Wenn wir nicht in Gemeinschaft mit der Kirche beten und dem mystischen Element den nötigen Stellenwert einräumen, dann werden wir zu Geizhälsen, die voller Eifersucht ihre Schatzkiste bewachen. Wir begnügen uns mit ihrem Besitz, ohne etwas von ihr zu haben. Sie könnte genausogut alte Knochen enthalten oder voller Würmer sein. Wir passen auf die Kiste auf, halten sie in Ehren und verteidigen sie mit erlaubten und nicht erlaubten Mitteln. Wir tun das nicht, weil wir ihren Inhalt zu schätzen wüßten, sondern weil wir in dem Glauben erzogen wurden, unser Leben hinge davon ab, diese Schatzkiste zu bewachen. Aber weder sind wir von alleine auf den Gedanken gekommen, den Inhalt der Kiste zu untersuchen, noch hat uns zu irgendeinem Zeitpunkt jemand dazu aufgefordert. Von dieser Einstellung her erklären sich die Spaltungen innerhalb der Kirche selbst und die Gräben zwischen den Konfessionen. Wir verwenden Christus als Etikett, das wir auf den Unsinn unseres Lebens, auf unsere Gier, den Machthunger, das Konsumverhalten und auf die Eingenommenheit von uns selbst kleben. Werden wir herausgefordert oder kritisiert, halten wir unseren Gegnern unseren Christus vor die Nase, erklären sie für nicht rechtgläubig, häretisch, für eine Gefahr für unser Seelenheil und bringen sie um, wenn wir es für die Verteidigung unserer Sache und der Gottes für notwendig halten. Die entscheidenden Abgründe in der Kirche befinden sich heute nicht mehr zwischen den christlichen Konfessionen. Sie liegen vielmehr zwischen den Christen, die die Schatzkiste geöffnet und das Leben ergriffen haben, das sie zur Verfügung stellt, und jenen, die weiterhin in Alarmbereitschaft und verschreckt auf der verschlossenen Schatzkiste sitzen und jene verdammen, die Anzeichen eines neuen Lebens in Christus zeigen.

Die dritte Regel kann den Schatz nicht für uns öffnen, aber sie bewahrt uns vor der Gefahr, selbstgefertigte Götzen anzubeten, denen wir die Aufschrift ›Christus‹ verpassen. Die dritte Regel ergibt sich aus der Beziehung Jesu zu seinem Vater. Diese Beziehung verleiht seinem Leben und seiner Lehre Einheit und Zusammenhang. Deshalb ist sie auch in unserem Leben der Garant von Einheit und Zusammenhang.

Die einzigen Worte, die die Evangelien aus den ersten dreißig Lebensjahren Jesu überliefern, finden sich bei Lukas. Lukas berichtet, wie sich Jesus gegenüber seinen Eltern verhielt, nachdem sie ihn drei Tage vermißt hatten. »Wußtet ihr nicht, daß ich in dem sein muß, was meinem Vater gehört?« (Lk 2, 49). Und am Ende seines Lebens stehen die Worte: »Vater, wenn du willst, nimm diesen Kelch von mir! Aber nicht mein, sondern dein Wille soll geschehen« (Lk 22,42) und vor seinem Tod am Kreuz: »Vater, in deine Hände lege ich meinen Geist« (Lk 23, 46). Die ersten Worte Jesu, die von Markus überliefert werden, lauten: »Die Zeit ist erfüllt, das Reich Gottes ist nahe« (Mk 1, 15) – und ›Reich Gottes‹ meint die Herrschaft seines Vaters.

Wie Jesus seine Welt wahrnimmt, wie er handelt und reagiert und was er lehrt: alles ist bestimmt durch die Beziehung zu seinem Vater. Die Erfahrung des Vaters durchdringt sein ganzes Wesen, so wie Hefe den ganzen Teig aufgehen läßt, so wie Salz die Nahrung schmackhaft macht und so wie das Licht die Dunkelheit verdrängt. Ob Jesus Spatzen sieht oder die Lilien auf dem Feld, die Aussaat des Weizens oder die Getreideernte, die Schafe, die vom Hirtenhund zusammengetrieben werden, die Farbe und Form von Wolken, die Gesichtszüge von Menschen, ihre Kleidung und ihre Umgangsformen, die Welt der Wirtschaft oder die der Politik – alle diese Phänomene sieht er in ihrem Verhältnis zu seinem Vater.

Wie steht Jesus zu seinem Vater? Eine Antwort darauf bieten die Gleichnisse, die er erzählt. Die Gleichnisse offenbaren, wie Jesus wahrnimmt und urteilt.
Sehr gerne vergleicht Jesus das Reich, in dem sein Vater König ist, mit einem Gastmahl oder einem Hochzeitsfest. Als die ursprünglich Geladenen nicht erscheinen, schickt der König seine Diener hinaus auf die Straßen, um jeden einzuladen, den sie finden können: »Böse und Gute« (Mt 22, 10) ohne Unterschied. Bei Lukas führt der Diener die Armen und die Blinden, die Krüppel und die Lahmen herein. Aber der König ist immer noch nicht zufrieden: »Dann geh auf die Landstraßen und vor die Stadt hinaus und nötige die Leute zu kommen, damit mein Haus voll wird« (Lk 14, 23).
Der Vater erscheint als ein Gott von grenzenloser Güte, dessen einziges Verlangen es ist, alles, was er hat, mit möglichst vielen zu teilen. Wie die Gleichnisse zeigen, wird sein Zorn allein von denjenigen hervorgerufen, die sich seiner Güte verweigern oder andere Menschen daran hindern, sie anzunehmen.
Das Gleichnis vom verlorenen Sohn zeigt einen Vater, der sich mit seiner Großzügigkeit fast lächerlich macht. Wäre es nicht schon von bemerkenswerter Großzügigkeit gewesen, den Sohn überhaupt wieder zu Hause aufzunehmen, nachdem dieser Schande über die Familie gebracht hatte? Statt dessen hält der Vater Ausschau nach dem Sohn, eilt ihm entgegen, sobald er ihn entdeckt hat, umarmt ihn, schenkt ihm Schuhe, einen Mantel und einen Ring, schlachtet das beste Kalb und veranstaltet ein Fest! Auf uns wirkt das alles ein bißchen übertrieben. Wir halten es mit Aristoteles, der Tugend als die Mitte zwischen den Extremen definiert. Lebensklug, maßvoll und selbstbeherrscht wie wir sind, sympathisieren wir mit dem vernünftigen und hart arbeitenden älteren Bruder. Aber trotz der Empörung seines älteren Sohnes bleibt der Vater bei seiner Großzügigkeit: »Alles was mein ist, ist auch dein.«

Von ebenso unverständlicher Großzügigkeit ist der Vater, wenn er mit jemandem verglichen wird, der neunundneunzig Schafe zurückläßt, um nach dem einen zu suchen, das verlorengegangen ist. In der Kirche sind wir oft viel ›vernünftiger‹. Statt uns um die neunundneunzig zu bemühen, die verlorenzugehen drohen, kümmern wir um das eine Schaf, das bereits sicher ist.

Der Vater scheint auch nicht mit Geld umgehen zu können. Er erläßt einem Schuldner ohne Bedenken zehntausend Talente, also einige Millionen in heutiger Währung, gerät jedoch über denselben Schuldner in Wut, als dieser bei einem, der ihm etwas schuldig ist, eine dürftige Summe eintreiben will (Mt 18, 23–35). Der Zorn des Vaters gilt den Gemeinen und Geizigen, also jenem erpresserischen Schuldner oder dem Reichen, der praßt, während Lazarus vor seiner Tür verhungert (Lk 16, 20). Das Verhältnis des Vaters zum Geld ist so nachlässig, daß man ihn etwa im Gleichnis vom ungerechten Verwalter (Lk 16, 1–13) der Duldung betrügerischer Machenschaften anklagen könnte. Der Verwalter weiß, daß er in Schwierigkeiten ist, und erläßt einigen Schuldnern einen Teil der Schulden, um sich Freunde zu machen, wofür er von seinem Herrn gelobt wird! Der Vater gleicht auch jenem Gutsbesitzer, der den Arbeitern, die er gegen Abend noch anwirbt, genauso viel bezahlt wie jenen, die den ganzen Tag gearbeitet hatten (Mt 20, 1–16). Klugheit in Geldangelegenheiten scheint ihm zuwider zu sein. Der gewissenhafte Diener, der sein Talent vergräbt, um es bis zur Rückkehr seines Herrn sicher aufzubewahren, wird verurteilt, während die anderen beiden, die Risiken eingingen und die Talente vermehrten, Lob erhalten (Mt 25, 14–30).

In den Gleichnissen erscheint der Vater nach unseren Kriterien als zu verschwenderisch, zu großzügig und zu idealistisch. In unserer Welt würde er es damit nicht weit bringen. Jesus, das Wort Gottes, das Fleisch geworden ist, zeigt den gleichen Hang zur Verschwendung wie sein

Vater. In Kana beschafft er noch 600 Liter Wein von bester Qualität, was gegen Ende eines Festes offenbar unnötig ist (Joh 2, 1–11). Als er fünftausend Menschen speist, bleiben zwölf Körbe mit Brotstücken übrig (Lk 9, 17).
Weil Jesus eins ist mit dem Vater, spielt das Statusdenken bei ihm keine Rolle. Er kann auf die stützende Funktion von Rang und Namen verzichten. Seine Selbstbezeichnung ›Menschensohn‹ ist nach Ansicht einiger Exegeten die Übersetzung eines aramäischen Slang-Ausdrucks für ›ein ganz gewöhnlicher Kerl‹. Sein Menschsein ist das Abbild des Seins Gottes. Am genauesten wäre sein Sein als ›für den Vater‹ beschrieben, aber für uns ist er weit eher ›ein Mensch für andere‹, denn es entspricht der Natur Gottes, für uns da zu sein. Dieses entscheidende Merkmal Jesu wird in den Erzählungen vom Letzten Abendmahl besonders deutlich sichtbar. Jesus, der eins mit dem Vater ist, und deshalb

»... wußte, daß ihm der Vater alles in die Hand gegeben hatte und daß er von Gott gekommen war und zu Gott zurückkehrte, stand vom Mahl auf, legte sein Gewand ab und umgürtete sich mit einem Leinentuch. Dann goß er Wasser in eine Schüssel und begann, den Jüngern die Füße zu waschen und mit dem Leinentuch abzutrocknen, mit dem er umgürtet war« (Joh 13, 2–5).

So stellt sich das Handeln Gottes in menschlichen Ausdrucksformen dar: ein Gott, der Füße wäscht! Jesus gibt nicht nur ein Beispiel des Dienens, sondern er offenbart das Wesen Gottes. Auf den Protest von Petrus entgegnet er: »Wenn ich dich nicht wasche, hast du keinen Anteil an mir« (Joh 13, 8). Denn Gott wird uns zu eigen, wie er Christus zu eigen war, damit wir für andere da sind. Christus sagt zu seinen Jüngern: »Wenn nun ich, der Herr und Meister, euch die Füße gewaschen habe, dann müßt auch ihr einander die Füße waschen« (Joh 13, 14).
In den Evangelien wird berichtet, daß Jesus beim Abendmahl das Brot nimmt, es segnet und bricht: »Das ist mein

Leib, der für euch hingegeben wird. Tut dies zu meinem Gedächtnis« (Lk 22, 19). Das Leben des Vaters, der in Jesus Mensch geworden ist, wird für uns hingegeben – »Alles, was mein ist, ist auch dein.« »Tut dies zu meinem Gedächtnis« ist keine Anweisung für den Vollzug eines Ritus, sondern die Aufforderung, zu leben wie Christus und der Vater, die alles teilen. Wenn das Leben Christi von uns Besitz ergreift, dann wird unser Leben verwandelt. Statt Sicherheitsdenken, Egoismus und Ich-Kult in den Mittelpunkt zu stellen, leben wir dann ein Leben für andere, weil der Gott des Mitgefühls unser Innerstes ergreift. Beim Jüngsten Gericht, von dem Jesus erzählt, werden diejenigen gerettet, die barmherzig waren wie der Vater: »Denn ich war hungrig, und ihr habt mir zu essen gegeben; ich war durstig, und ihr habt mir zu trinken gegeben« (Mt 25, 35). Verloren aber sind jene, die kein Mitleid hatten: »Was ihr für einen meiner geringsten Brüder getan habt, das habt ihr mir getan« (Mt 25, 40).
Der Zorn Gottes richtet sich gegen jene, die ohne Mitleid waren, und es spielt keine Rolle, ob sie darüber hinaus gesetzestreu oder fromm gewesen sind.

»Ich hasse eure Feste, ich verabscheue sie und kann eure Feiern nicht riechen. Wenn ihr mir Brandopfer darbringt, ich habe kein Gefallen an euren Gaben, und eure fetten Heilsopfer will ich nicht sehen. Weg mit dem Lärm deiner Lieder! Dein Harfenspiel will ich nicht hören, sondern das Recht ströme wie Wasser, die Gerechtigkeit wie ein nie versiegender Bach« (Amos 21–14).

Auch der Verfasser des Kolosserbriefes hat herbe Worte für jene, die ihre Rettung von der Einhaltung religiöser Vorschriften erwarten:

»Wenn ihr mit Christus gestorben seid und euch von den Elementen der Welt losgesagt habt, warum laßt ihr euch dann, als würdet ihr noch in der Welt leben, vorschreiben:

Berühre das nicht, iß nicht davon, faß das nicht an! Das alles wird verbraucht und dadurch vernichtet. Menschliche Satzungen und Lehren sind es. Man sagt zwar, in ihnen liege Weisheit, es sei ein besonderer Kult, ein Zeichen von Demut, seinen Körper zu kasteien. Doch es bringt keine Ehre ein, sondern befriedigt nur die irdische Eitelkeit« (Kol 2, 20–23).

Wenn bei Paulus vom ›Fleisch‹ die Rede ist, meint er alle jene Bereiche unserer Existenz, die Gott Widerstand leisten. Paulus, der vor seiner Bekehrung das Gesetz auf das strengste beachtete und asketisch lebte, hat seine Gesetzestreue später als ein ›Leben des Fleisches‹ beschrieben.
Der Jesus, den uns die Evangelien zeigen, ist ein sehr sanfter Mensch voller Verständnis und Mitleid, aber gleichzeitig ist er auch kompromißlos. »Ihr könnt nicht beiden dienen, Gott und dem Mammon« (Lk 16, 13). »Wer nicht für mich ist, ist gegen mich« (Mt 12, 30). Die christliche Tradition betrachtet das Leben als einen Krieg zwischen den Mächten des Guten und des Bösen, das heißt auch zwischen Gott und dem Mammon. Es ist ein Kampf, in den wir alle verwickelt sind, ob wir es wollen oder nicht, und in dem es keine Neutralität gibt. Gott teilt alles und ist für andere da. Der Mammon verkörpert das gegenteilige Prinzip: Er bereichert sich auf Kosten der anderen. Der falsche Gott, also der Geist des Mammon, gewinnt im Christentum als ›Teufel‹ oder ›Satan‹ Gestalt. Der Teufel wird auch Luzifer, Lichtbringer, genannt, weil er im Gewand des Lichts daherkommt und sich voll Glanz und Klarheit präsentiert. Tatsächlich aber ist er, wie Johannes sagt, der »Vater der Lüge« (Joh 8, 44).
Bevor in den »Geistlichen Übungen« des Ignatius das öffentliche Auftreten Jesu thematisiert wird, findet sich in ihnen eine »Besinnung über zwei Banner«. Sie besitzt für Ignatius einen großen Stellenwert, denn jeder, der die Exerzitien macht, soll einen ganzen Tag auf sie verwenden:

zunächst eine Stunde und dann im Verlauf des Tages noch dreimal je eine weitere Stunde. Die Banner, um die es geht, sind das Banner Luzifers und das Banner Christi. Es ist Ignatius nicht darum zu tun, Alternativen aufzuzeigen, denn er geht davon aus, daß man sich bereits für Christus entschieden hat. Ignatius will unsere Aufmerksamkeit auf die raffinierten Methoden lenken, mit deren Hilfe Luzifer, den er auch »den Todfeind unserer menschlichen Natur« nennt, unter dem Deckmantel des Guten sein Zerstörungswerk in der Welt vollbringt.

Es wird Leser geben, die eine Abneigung gegen die Begriffe ›Teufel‹, ›Satan‹ oder ›Luzifer‹ haben. Wem es so geht, der sollte sie ignorieren. Was wir aber nicht ignorieren können, ist die erschreckende Destruktivität, die den menschlichen Geist infizieren und in Besitz nehmen kann. Sie gibt sich höflich, einsichtig, respektabel, ja sogar religiös und entwickelt sich eine Zeitlang in aller Stille, um dann plötzlich in Barbarei und Zerstörung auszuarten.

Vor einigen Jahren wanderte ich an einem schönen Maitag am Holy Loch in Schottland, wo die Polaris-Unterseeboote stationiert sind. Die Wasseroberfläche war ruhig und spiegelte die Hügel und den Himmel wider. Sie wurde nur leicht vom Periskop eines Atom-Unterseebootes gekräuselt, das sich in geringer Tauchtiefe gleichmäßig fortbewegte. Dieses Bild spiegelt die Realitäten, in denen wir alle leben, wider, die unseres Inneren ebenso wie die Wirklichkeiten um uns herum. An der Oberfläche erschien alles schön und friedlich. Unter der Oberfläche jedoch existierten Kräfte, die ganze Völker in einem Feuerball vernichten können und die Überlebenden über viele Generationen verstrahlen, verkrüppeln und krank machen würden.

In der Meditation über die zwei Banner veranschaulicht Ignatius das Böse in einem Bild. Er stellt sich Luzifer vor, der auf einem Thron aus Feuer und Rauch in der Ebene von Babylon sitzt und von kleinen Dämonen umgeben ist. Diese Dämonen schickt er »...über die ganze Welt hin, ohne

Provinzen, Orte, Stände noch irgendwelche Personen im einzelnen auszulassen.«

Die kleinen Teufel haben die Anweisung, alle Menschen in einem Dreischritt ins Verderben zu führen: Zunächst lehren sie die Menschen, Reichtümer zu begehren. Dadurch wächst als zweites deren Verlangen nach irdischem Ansehen. Und schließlich finden sie sich im Gefängnis ihres eigenen Hochmutes gefangen.

An sich sind Reichtümer nicht böse, genausowenig wie öffentliche Anerkennung, ein bestimmter Status und Ansehen in der Gesellschaft. Eigentlich sind diese Realitäten gut und können dazu dienen, Gott zu loben, ihn zu verehren und ihm zu dienen. Nur: Reichtümer soll man verteilen und nicht horten. Und: Ehre und Macht dienen nicht der Steigerung der Bedeutung, die man zu besitzen vermeint, sondern ermöglichen einen wirksameren Dienst am Nächsten. Reichtum wie Status können zu Götzen werden. Huldigen wir dem Mammon, dann dreht sich unser Leben nur noch um das Soll und Haben auf dem Bankkonto oder um unseren tatsächlichen oder vermeintlichen Stellenwert in der Gesellschaft. Als einzelne, als Kirche und als Nation müssen wir uns die Wahrheit vor Augen führen, die sich in dieser Darstellung des ›Banners Luzifers‹ findet. Er wird »der Todfeind unserer menschlichen Natur« genannt. Die Reichtümer der Erde sind ein Segen. Werden sie jedoch zum Götzen, dann entfaltet sich ihre zerstörerische Kraft. Es zählt nicht mehr der eigentliche Wert, den wir selbst und alle anderen Menschen besitzen, sondern nur noch der Marktwert. Jeder von uns verdient in weit größerem Maß Anerkennung, als er selbst es für möglich hält. Nicht Reichtum und Ansehen sind böse, sondern die Art und Weise, wie wir damit umgehen. Wir geben einander nicht die Ehre, weil wir einander nicht als Ebenbilder Gottes schätzen. Was für uns zählt, ist der Reichtum, den Menschen besitzen, oder die Macht, über die sie verfügen. Wer weder Reichtum noch Ansehen besitzt, wird folglich herabgewürdigt und als wertlos betrachtet, und wer nicht über eine große innere Stärke verfügt, übernimmt diese abwertende Einschätzung für sich selbst. Die Reichen bilden sich etwas auf ihren Reichtum ein, und die Mächtigen genießen ihren Einfluß. Ihren tatsächlichen Wert können sie jedoch nicht wahrnehmen. Einzelne oder Nationen können sich derart in ihren Reichtum und ihr Prestige verlieben, daß sie an ihnen hängen wie am Leben selbst. Sie unternehmen alles, um ihren Besitzstand zu wahren, und schrecken auch nicht vor Massenmord und dem Risiko der atomaren Vernichtung zurück. Es ist ganz richtig, wenn man den Geist des Bösen »Vater der Lüge« und »Todfeind unserer menschlichen Natur« nennt.

Die Begriffe ›Mammon‹ und ›Reichtümer‹ meinen nicht nur Geld und materiellen Besitz, sondern sie bezeichnen alle Götzen in unserem Leben, also geschaffene Dinge, die wir loben, verehren und denen wir dienen. Unter ›Mammon‹ fallen ebenso Ideologien oder ›Ismen‹, denen wir uns verschrieben haben. Auch Patriotismus kann zum Mammon werden, wenn wir die Nation über alles stellen. Selbst Formen der Religionsausübung können ›Mammon‹ sein, wenn wir die Institution Kirche oder ihre Dogmen in einer Weise absolut setzen, daß uns das Festhalten an den überkommenen Formen wichtiger wird als die Ehrfurcht vor Gott und der Dienst an ihm. Gott ist ein Gott des Geheimnisses und der Liebe, vor dem alle menschlichen Gebilde nur Provisorien sind. Jesus sagt den Pharisäern: »Der Sabbat ist für den Menschen da, nicht der Mensch für den Sabbat« (Mk 2, 27).

In der »Besinnung über zwei Banner« setzt Ignatius Luzifer auf dessen rauchigen Thron Christus entgegen. Christus hat sein Feldlager auf einer Ebene in der Nähe Jerusalems aufgeschlagen. Er ist von seinen Freunden umgeben und seine Erscheinung wirkt »sehr ansehnlich von Gestalt und höchst liebenswert von Anblick.« Nur wenn wir Jesus und seine Lehren liebenswert finden, können wir sie als Ant-

wort auf unsere tiefsten Wünsche erleben und ihm von ganzem Herzen folgen. Je stärker unsere Bindung an ihn ist, desto leichter fällt es uns, Reichtümern und Ansehen gegenüber gleichmütig und indifferent zu sein.
So wie Satan seine kleinen Dämonen in die ganze Welt aussendet, schickt Christus bei Ignatius seine Freunde aus, damit sie »seine heilige Lehre über alle Stände und Lebenslagen von Personen« ausbreiten. Der Satz erinnert an das Gleichnis vom Hochzeitsfest, in dem der König seine Diener an die Zäune und auf die Straßen schickt, um jeden einzuladen, den sie finden können, Gute wie Böse. Diese Boten sollen die Menschen zuerst zu vollkommener Armut im Geiste oder sogar zu materieller Armut führen, falls das ihre Berufung ist. Dann sollen sie die Schmähungen und die Verachtung der Welt ertragen lernen und sie sogar herbeiwünschen, damit sie zur Demut geführt werden, die allen anderen Tugenden zugrunde liegt.
Armut, Schmähungen und die Geringschätzung der Welt, damit wir Demut lernen: Das, was Christus mit uns vorhat, klingt zunächst ziemlich abschreckend. Armut im Geiste meint eine innere Haltung, die so auf Gott als ihren Felsen, ihre Zuflucht und ihre Stärke vertraut, daß sie nichts Geschaffenes von ihrer Hingabe an Gott ablenken kann. ›Armut im Geiste‹ ist ein Ausdruck, der einen Aspekt der Beziehung Jesu zu seinem Vater beschreibt. Jesus war so im Leben seines Vaters verankert und verwurzelt, daß weder die Besitzgier (»Befiehl, daß aus diesen Steinen Brot wird«, Mt 4, 3), noch der Wunsch nach Anerkennung und Ansehen (»Stürz dich vom Tempel hinab«, Mt 4, 6) und auch nicht das Machtstreben (»Alle diese Reiche will ich dir geben«, Mt 4, 9) von ihm Besitz ergreifen konnten. Paulus beschreibt seine eigene Armut im Geiste im Philipperbrief: »Ich weiß Entbehrungen zu ertragen, ich kann im Überfluß leben. In jedes und alles bin ich eingeweiht: in Sattsein und Hungern, Überfluß und Entbehrung. Alles vermag ich durch ihn, der mir Kraft gibt« (Phil 4, 12f.).

‹Armut im Geiste‹ ist das Gegenteil von Schüchternheit, Furchtsamkeit, Minderwertigkeitsgefühlen und kriecherischer Unterwürfigkeit. Sie bezeichnet den Besitz aller Dinge in Christus, ohne daß man selbst von etwas besessen wird. Es ist die Fähigkeit, sich an der Schöpfung Gottes zu erfreuen und sie zu genießen, ohne daß wir von ihr gefangengenommen werden. Wir entdecken in der Armut im Geiste unsere wahre Identität: Wir leben in, durch und mit Christus in der Einheit mit dem Vater. Armut im Geiste heißt Freiheit des Geistes.
Die erste Seligpreisung: »Selig die Armen im Geiste, denn ihrer ist das Himmelreich« (Mt 5, 3) faßt die gesamte Bergpredigt Jesu zusammen und bildet den Kern seiner Lehre. Reale Armut, die darin besteht, daß Menschen die nötigen Güter zum Leben vorenthalten werden, stellt kein Gut, sondern ein Übel dar, und muß deshalb bekämpft und überwunden werden. Die Reichtümer dieser Welt sind zum Nutzen für alle da. Die eine Hälfte der Welt lebt nicht deshalb in Armut, weil es nicht genug Nahrungsmittel und Ressourcen geben würde, sondern weil diese ungerecht verteilt sind. Ein Christ ist nur so lange Christ, als er sich darum bemüht, den Zustand der Armut im Geiste zu erreichen. Aus dieser Haltung der Armut im Geiste, die der Güte, Großzügigkeit und dem Mitgefühl Gottes Raum in uns gewährt, muß man der materiellen Not entgegengetreten und sie bekämpfen. Sie wendet sich gegen unsere persönliche Selbstsucht und Gier ebenso wie gegen den kollektiven Egoismus, der sich in unserem politischen und ökonomischen System ausdrückt.
Einige Menschen sind dazu berufen, als Ausdruck ihres vollständigen Vertrauens auf Gott jegliche materiellen Güter zurückzuweisen. In allen religiösen Orden und in einer Reihe von Kongregationen legen die Mitglieder ein Armutsgelübde ab. Die einzelnen Mitglieder verzichten auf persönlichen Besitz. Alles soll allen gehörten. Allerdings ist es ein Problem, daß das Gemeinschaftseigentum einem ein-

zelnen Ordensmitglied oft eine materielle Sicherheit verleiht, der sich sonst nur die Reichen erfreuen! Wer ein Armutsgelübde ablegt, sollte jedenfalls zu denjenigen gehören, die am intensivsten um den Abbau realer Armut kämpfen. Ist das nicht der Fall, weist das darauf hin, daß die Armut, zu der sie sich gemäß ihres Gelübdes bekennen, nicht mehr ein Ausdruck der Armut im Geiste ist. Ihr Leben ist dann auch nicht länger Ausdruck der Güte, Großzügigkeit und des Mitgefühls Gottes.

Viele Christen streben nach realer Armut, nicht weil diese einen Wert an sich darstellt, sondern um eins zu sein mit Christus, der auf der Seite der Armen steht. Die frei gewählte Armut verwurzelt sie tiefer im Leben Christi, der selbst die Armut gewählt hat. In der Armut entdecken wir neue Werte und eine Freude an uns und anderen, die uns niemand nehmen kann. Weil wir andere an unserem Leben teilhaben lassen, haben wir auch stärker teil am Leben Gottes. In einer Welt, in der krasse Ungerechtigkeit herrscht und in der die Armen unterdrückt werden, ist jeder Christ aufgerufen, selbst ärmer zu werden.

Man kann sich relativ leicht von materiellem Besitz lösen. Sehr viel schwieriger ist es, die geistige Armut hinsichtlich dessen zu leben, was Ignatius »weltliche Ehre« nennt. Dazu gehört alles, was die vermeintliche Bedeutung unserer Persönlichkeit verstärken kann: unsere Beliebtheit, unser gesellschaftlicher Status, unsere Gesundheit, Schönheit oder Intelligenz, Titel, Erfolge und die neuen Ideen, die wir entwickeln, einschließlich unserer Gedanken über Gott und Spiritualität. Wie sehr es uns verletzt, wenn man uns die Anerkennung entzieht, ist ein Zeichen dafür, daß wir in tiefgehender Weise von unserem ›Ansehen‹ abhängig sind. Wir sind am Boden zerstört, wenn man uns übersieht oder nicht wertschätzt und dadurch alles, worauf wir vertrauen, in Frage gestellt wird. Wir mobilisieren alle Kräfte der Selbsterhaltung, um einen solchen Angriff auf den vermeintlichen Mittelpunkt unserer Existenz abzuwehren. In

Wahrheit verteidigen wir jedoch nicht uns selbst, sondern die falsche Meinung, die wir von unserem Wert und unserer Bedeutung haben.
Vergleichen wir unser Verlangen nach Besitz und materiellen Gütern mit den Wänden eines Mausoleums, in das wir uns auf diese Weise einschließen, dann kann man die Wertschätzung, die wir für uns selbst haben, mit harten Schuppen vergleichen, die auf unserer Haut wachsen und uns mit einem Panzer umschließen. Während man die Wände des Mausoleums einfach niederreißen kann, verlangt das Entfernen des Panzers eine sehr schmerzhafte Operation. Es ist, als ob uns die Haut abgezogen würde. Ob und in welcher Hinsicht uns ein solcher Panzer umgibt, kann man feststellen, indem man sich die Frage stellt: Was ist es, das mich in meinem Leben am meisten verunsichert? Können wir ausmachen, was es ist, dann können wir vielleicht auch die Ursache der Verunsicherung entdecken.
Wer die Armut im Geiste besitzt, dem fällt es nicht schwer, auf Kritik an der eigenen Person mit aufmerksamem Interesse zu reagieren. Vielleicht stimmt es ja, daß ich in meinem Beruf inkompetent bin, daß ich oft unangemessen reagiere, daß ich im Vergleich mit den Menschen in meiner Umgebung nicht besonders intelligent oder einfühlsam oder stark oder schön bin. Meine Selbsteinschätzung ergibt sich aus dem Vergleich mit anderen Menschen. Wenn Gott mein Fels, meine Zuflucht und meine Stärke ist, dann brauche ich nicht in die Defensive zu gehen, denn ich weiß, daß er mich so annimmt, wie ich bin. Auch ich bin wertvoll in seinen Augen, und gerade wenn ich schwach bin, wirkt seine Macht am stärksten in mir. In meiner Schwäche erkenne ich mich selbst und meinen wahren Wert. Schon im Anfang hat er mich bei meinem Namen gerufen, damit ich eins werde mit ihm und allem, was geschaffen ist. Katharina von Genua sagte einmal: »Die Erfahrung lehrt uns wahrhaftig, daß wir in der Liebe Gottes innere Ruhe, Freude und Leben finden. Falsche Selbstliebe dagegen ruft beständige Müdig-

keit und Niedergeschlagenheit hervor. Obwohl wir leben, sind wir bereits gestorben.« In ihren Worten klingt der Jubelruf Marias an: »Meine Seele preist die Größe des Herrn, und mein Geist jubelt über Gott, meinen Retter. Denn auf die Niedrigkeit seiner Magd hat er geschaut« (Lk 1, 46–48). Armut im Geiste führt zu Demut. Das Englische besitzt dafür das interessante Wort ›humility‹, das sich aus dem lateinischen ›humus‹ herleitet und ›Erde‹ bedeutet. Wer demütig ist, nimmt seine Geschöpflichkeit an und stellt die richtigen Relationen her. Er erkennt seinen Wert als Gefäß Gottes. Demut befreit von jeder Form innerer Versklavung. Sie kann gleicherweise lachen und sich an Gottes Schöpfung erfreuen, wie sie in der Lage ist, das Leid in ihr mitzuempfinden. Demut ist das Gegenteil von kriecherischer Unterwürfigkeit, Schüchternheit, Selbsthaß und blinder Fügsamkeit.

Das also ist schließlich die dritte Regel: Wenn wir in der Schrift lesen und den Jesus der Evangelien betrachten, sollte *das Gebet um die Armut im Geiste, die Jesus lebte, immer Teil der geistlichen Besinnung sein.* Es ist Christus, der uns die Armut im Geiste gewährt, so daß wir die Schatzkiste öffnen können, die sich in uns findet.

»Mit dem Himmelreich ist es wie mit einem Senfkorn, das ein Mann auf seinen Acker säte« (Mt 13, 31). In unseren Herzen wächst die Gottesherrschaft nur langsam. Entscheidend ist nicht, wie groß das Samenkorn im Augenblick in uns ist, sondern daß wir sein Wachstum zulassen. Anders gesagt: Wir sollen weiterhin um die Armut im Geiste beten und uns nicht von den in unseren Augen nur mageren Fortschritten entmutigen lassen. Sorgen wir uns um unsere spirituellen Fortschritte, dann kommt darin nur unser falsches Selbstbewußtsein zum Ausdruck. Wir müssen unsere tatsächlichen und vermeintlichen Fehlschläge als Chancen betrachten. Sie vertiefen unsere Einsicht, daß Gott, und nur Gott allein, unser Fels, unsere Zuflucht und unsere Stärke ist. Paulus schreibt über die innere Freude,

die von dieser Einsicht ausgeht: »Denn ich bin gewiß: Weder Tod noch Leben, weder Engel noch Mächte, weder Gegenwärtiges noch Zukünftiges, weder Gewalten der Höhe oder Tiefe noch irgendeine andere Kreatur können uns scheiden von der Liebe Gottes, die in Christus Jesus ist, unserem Herrn« (Röm 8, 38f.).
Wir haben in diesem Kapitel drei Regeln kennengelernt, die uns Jesus näherbringen. Die erste lautet, daß wir uns mit seiner menschlichen Natur beschäftigen müssen. Nur über seine menschliche Natur können wir Zugang zu seiner göttlichen Natur bekommen. Zweitens sollen wir immer, wenn wir den Jesus der Evangelien betrachten, darum beten, daß wir in ihm uns selbst erkennen. Wir sind dazu berufen, wie Christus zu werden.
Der Großteil des Kapitels beschäftigte sich mit der dritten Regel. Wir lernten das entscheidende Charakteristikum der Persönlichkeit Jesu kennen: seine Beziehung zum Vater. Sie spiegelt sich in seinen menschlichen Beziehungen. Er teilte, was ihm zu eigen war, und stellte sein Leben in den Dienst der anderen. Auch wir sind dazu berufen, zu leben wie er: in Einheit mit dem Vater und im Dienst an den Nächsten. Bleibt uns diese Wahrheit bewußt, dann wächst unsere Aufmerksamkeit für den inneren Konflikt zwischen einem Leben in der Nachfolge Jesu und unserer Liebe zum Mammon. Wir interpretierten diesen Konflikt im Licht von Ignatius' »Besinnung über zwei Banner«. Daraus ergab sich die dritte Regel: Wenn wir zu Jesus beten, sollen wir immer um Anteil an seiner Armut im Geiste bitten. Teilen wir mit ihm die Armut im Geiste, entdecken wir unseren Schatz: seine Gegenwart in uns.

Im nächsten Kapitel beschäftigen wir uns mit der Gegenwart seines Leidens und seiner Auferstehung in unserem Leben.

Übung

Nachfolgend eine kleine Auswahl von Evangelientexten, die sich für die geistliche Besinnung eignen:

Kindheit und Leben im Verborgenen

Lukas 1, 26 – 38: Der Engel verkündet Maria, daß sie ein Kind gebären wird. Auch heute wird Christus in uns geboren.

Lukas 1, 46 – 55: Maria erfreut sich an ihrer Armut: »Mein Geist jubelt über Gott, meinen Retter.«

Lukas 2, 1 – 10: Die Geburt Christi

Lukas 2, 22 – 35: Jesus wird im Tempel dargebracht. Simeon prophezeit über das Kind in seinen Armen. Auch heute noch erfüllt sich seine Prophezeiung in uns.

Lukas 2, 31 – 52: Jesus wird im Tempel wiedergefunden: »Wußtet ihr nicht, daß ich in dem sein muß, was meinem Vater gehört?« Das ist das entscheidende Thema des Lebens Jesu, aber auch unseres Lebens, ein Thema, über das es selbst in der idealsten Familie zu Auseinandersetzungen kommt.

Das öffentliche Wirken

Matthäus 3, 13 – 17: Jesus verläßt sein Zuhause und geht an den Jordan. Wir gehen mit ihm und werden mit Jesus auf ein neues Leben getauft. Auch heute noch sagt der Vater zu uns: »Ihr seid meine geliebten Kinder.«

Matthäus 4, 1: Jesus wird in der Wüste versucht. Seine Versuchungen sind auch unsere Versuchungen.

Johannes 2, 1 – 12: Das erste Wunder in Kana.

Lukas 4, 16 – 30: Jesus wird zunächst willkommen geheißen, dann aber aus Nazaret vertrieben.

Johannes 1, 35 – 31: Die Berufung der ersten Jünger.

Lukas 5, 1 – 11: Die Berufung des Petrus.

Lukas 11, 1 – 13: Jesus betet.

Lukas 6, 17 – 49: Jesus predigt.

Lukas 10, 38 – 42: Jesus und seine Freundinnen – Martha und Maria.

Johannes 4, 1 – 42: Jesus und die Außenseiterin – Die Frau am Jakobsbrunnen.

Matthäus 14, 13 – 21: Jesus speist die Fünftausend.

Matthäus 14, 22 – 33: Jesus wandelt auf dem Wasser. (Das Wasser steht für die Kräfte des Chaos und der Zerstörung). Jesus sagt: »Habt Vertrauen, ich bin es; fürchtet euch nicht!« Er ruft uns auch heute zu: »Kommt!«

11. Das Leiden und die Auferstehung Jesu in unserem Leben

Laß ihn ostern in uns, ein Frühlicht sein in der Finsternis in uns, ein hochrot-lohender Osten.
(G. M. Hopkins, »Der Schiffbruch der Deutschland«)

Viele, die über das Leben Jesu meditieren, haben Schwierigkeiten, sich seinen Leidensweg vorzustellen. Entweder fällt ihnen nichts ein, oder sie werden von Schuldgefühlen überwältigt. Manche erfahren auch eine Trauer, die an Verzweiflung grenzt. Für diese Probleme gibt es zwei unterschiedliche Ursachen: Entweder haben sie eine falsche Auffassung von der Bedeutung der Passion Jesu, oder aber sie nehmen auf eine tiefere Weise als je zuvor Anteil daran.
Auch wenn man die Passion meditiert, stellt man sich wie bei den anderen Evangelientexten vor, mitten in einem Geschehen zu sein, das in diesem Augenblick stattfindet. Man soll die Szene ganz unvoreingenommen betrachten, so als ob man sie zum ersten Mal sehen würde. Man sieht dann nur den Menschen Jesus, Sohn eines Zimmermanns aus Nazaret. So wie wir ein falsches Gottesbild haben, wenn wir uns Gott als einen scheußlichen alten Mann mit Bart vorstellen, können wir uns auch von der Passion Jesu völlig verzerrte Vorstellungen machen. In manchen Predigten und theologischen Lehren über das Leiden und den Tod Jesu existiert ein sehr häßliches Bild von Gott dem Vater. Der unersättliche Rachedurst Gottes könne nur gestillt und ein gerechter Ausgleich hergestellt werden, wenn auch noch der letzte Blutstropfen seines Sohnes im Todeskampf am Kreuz vergossen wird. Wer also vom Vater angenommen werden will, das scheint sich aus solchen Lehren zu ergeben, muß ihn durch eigenes Leiden besänftigen: Je mehr

man leidet, desto zufriedener wird Gott dadurch. Bestimmte Formen der Heiligendarstellung haben dieses entartete Bild von Gott verstärkt. Heilige, Männer und Frauen, manchmal auch Kinder, wurden als Menschen gezeichnet, die extremen Leiden geweiht waren. Aber die Leiden, die ein gewöhnliches Leben zu bieten hat, genügten ihnen nicht. Sie unterwarfen sich freiwillig weiteren Qualen: Sie geißelten sich, warfen sich in Nesseln, beteten die Psalmen, während sie in eiskaltem Wasser standen, schliefen sehr wenig und nur auf dem nackten Fußboden und lebten allein von Wasser und Brot. Dadurch entstand der falsche Eindruck, daß man durch Leiden Christus ähnlicher werde und sich dadurch das Wohlgefallen des Vaters erwerbe. Die Wegweisung für unsere Lebensreise kann dann auf eine einfache Vorgabe reduziert werden: Mach dir das Leben so schwer und unerträglich wie möglich. Je mehr du dich selbst in allem verleugnest, desto sicherer wirst du Gott finden. Das waren die Bilder von Gott und Christus, die in Freds Phantasie auftauchten, als er sich Jesus in Kana vorstellte: auf einem Stuhl mit hoher Rückenlehne, weiß gekleidet, die Dornenkrone auf dem Kopf, einen Stab in der Hand und mit einem Blick voller Mißbilligung. Eine solche Vorstellung von Gott und Christus hat nichts mit der Frohen Botschaft zu tun, sondern ist ein Alptraum. Sie stärkt und tröstet nicht, sondern schwächt und versetzt in Schrecken. Genausowenig ruft sie Liebe zu Gott hervor, sondern erzeugt in der Seele eine religiös motivierte Schizophrenie.

Wird die Passion so aufgefaßt, müssen wir Leiden als etwas ansehen, das in sich böse ist und vermieden werden muß, nur zerstörerisch ist und keine rettende Funktion haben kann. Nehmen wir duldsam und unterschiedslos jede Form von Leiden an, als ob wir auf diese Weise Jesus nachfolgen würden, verleugnen wir ihn. Akzeptieren wir wehrlos, daß uns weltliche oder kirchliche Autoritäten zu Opfern von Ungerechtigkeit, Unterdrückung und Betrug machen, und halten wir andere auch noch dazu an, unserem schlechten Beispiel ›um der Liebe Christi willen‹ zu folgen, dann leisten wir dem Bösen keinen Widerstand, sondern machen gemeinsame Sache mit ihm. Christen müssen dem Bösen mit ihrer ganzen Kraft Widerstand leisten, aber auf gewaltlose Weise. Gleichzeitig sollen sie diejenigen Menschen zu lieben versuchen, die das Böse tun, so schwer das auch ist. Wenn wir Jesus in Gedanken auf seinem Leidensweg folgen, dann bitten wir ihn, er möge uns durch sein Menschsein und den damit verbundenen Schmerz lehren, wer Gott ist. Gott offenbart sein Wesen im Leiden Jesu. Der Gott, der mich in jedem Augenblick am Leben erhält, ist ein Gott, der meinen Schmerz und das Leid der Welt auf sich genommen hat. Er entäußert sich seiner göttlichen Gestalt und wird Sklave aus Liebe zu uns (vgl. Phil 2, 6–7).

In Jesus nahm die Liebe des Vaters für seine gesamte Schöpfung menschliche Gestalt an. Jesus machte das Mitgefühl und die Zärtlichkeit des Vaters und seine Liebe für die geringste seiner Kreaturen sichtbar. Er verlieh dem Haß und dem Zorn des Vaters auf jede Form von Ungerechtigkeit und Unterdrückung Ausdruck. Als Abbild der Güte Gottes trat Jesus jenen entgegen und widersprach ihnen, die die eigene Sicherheit auf die Unterdrückung und Versklavung von anderen gründeten. Jesus sah, daß die Armen und Hilflosen Opfer von Ungerechtigkeit und Betrug waren. Er beobachtete, wie das Antlitz seines Vaters durch unzählige Vorschriften und überflüssige Regeln vor den Menschen verborgen wurde, Regeln, die ihnen die religiösen Autoritäten im Namen Gottes auferlegten. Jesus sah diesem Mißbrauch des Namens Gottes nicht tatenlos zu: Er forderte die Autoritäten heraus und trat gegen sie auf.

In Gestalt jener, die sündigten, weil sie Gott keinen Raum in ihrem Leben einräumten, wuchs der Widerstand gegen Jesus an. Gott hätte in Jesus die Macht besessen, jeden Widerstand zu brechen. »Oder glaubst du nicht, mein Vater würde mir sogleich mehr als zwölf Legionen Engel schicken, wenn ich ihn darum bitte?« (Mt 26, 53). Doch Gott, der in Jesus Mensch geworden ist, vernichtet seine Feinde nicht. Er klagt ihre Ungerechtigkeit und Heuchelei an und enthüllt ihren Betrug, aber er wendet sich nicht von ihnen ab. In Jesus nimmt Gott die quälende Last ihrer Sündhaftigkeit auf sich. Es scheint so, als ob sich alle Mächte des Bösen, der Haß, die Gier und die Grausamkeit der Menschen zusammengefunden hätten, um sich auf Jesus zu stürzen, in dem Gott Mensch geworden ist. Paulus sagt: »Er wurde für uns zur Sünde« (2 Kor 5, 21). Menschliche Sünde und Güte Gottes treffen sich in der Person Jesu, der in gleicher Weise Mensch und Gott ist. Jesus nimmt das Leid in sich auf und betet »Vater, vergib ihnen« (Lk 23, 34). Gott antwortet mit Liebe auf den Haß der Menschen. Das ist der Triumph und die Freude des Kreuzes. Gott verwandelt den Tod Jesus in einen Sieg der Liebe.

Wenn wir die Passion Jesu meditieren, wollen wir uns nicht an ein längst vergangenes historisches Ereignis erinnern, sondern wir tun es, um dem lebendigen Gott zu begegnen, der in unsere Dunkelheit, Schwäche und Sündhaftigkeit, in unseren Haß und in unsere Verzweiflung eintritt und sie verwandelt. Wir meditieren den gemarterten Leichnam Jesu, um die Natur des Gottes zu verstehen, der uns am Leben erhält und uns bis in unsere Dunkelheit und Destruktivität hinein nachspürt und unseren Tod in Leben verwandelt. Deshalb können wir unser eigenes Leiden annehmen, unabhängig davon, welchen Ursprung es hat: Krankheit ebenso wie die Verlassenheit, den Schmerz, den wir uns selbst zugefügt haben, ebenso wie das Leid, das andere über uns brachten, aber auch die Schmerzen, die das Erbarmen Gottes, sein Mitgefühl und seine Liebe verursachen, wenn wir ihnen Raum in uns gewähren. In unserem Leid begegnen wir dem leidenden Jesus. Wir erfahren seine Gegenwart und seine heilende Kraft, die aus unserer Verzweiflung Hoffnung hervorbringt.

Wenn wir die Größe und Tragweite des Leidens Jesu realisieren, dann kann uns das eigene Leid im Vergleich dazu so klein erscheinen, daß wir nicht wagen, an seinem Leiden teilzuhaben. Wir erkennen mit schmerzlicher Klarheit, daß die meisten unserer Leiden nicht unserem Kampf um die Verwirklichung der Gottesherrschaft entstammen, sondern auf die Frustrationen angesichts der Fehlschläge zurückgehen, ein eigenes Königreich des Reichtums, des Ansehens und der Macht zu errichten. Wir leiden an der Einsicht in unsere eigene Inkompetenz, an Minderwertigkeitsgefühlen, an Krankheiten oder geistiger Trägheit, an der Unausgeglichenheit unseres Temperaments, an Einsamkeit, an der Unfähigkeit zu lieben, oder an Gefühlskälte. Alle diese Leiden sind stumpf und ohne heroische Rechtfertigung, nichts als pathetisch überhöhtes Mittelmaß. So durchschnittlich und mittelmäßig wir auch sind, in allen unseren Schmerzen und Leiden begegnen wir dem menschgewordenen Gott. Wenn wir die Demut aufbringen, unsere Leiden im Gebet vor ihn zu bringen, dann verwandelt sich unsere Schwäche und Mittelmäßigkeit in eine Ursache der Freude. In unserer Schwäche entdecken wir seine Stärke: »Denn wenn ich schwach bin, dann bin ich stark« (2 Kor 12, 10).

Im Leiden Jesu offenbart sich Gottes Liebe zu uns und zur ganzen Schöpfung. Wir sind berufen, auf seine Liebe Antwort zu geben, nicht indem wir das Leid klaglos über uns ergehen lassen, sondern indem wir der Liebe Gottes, seinem Mitgefühl und seinem Hunger nach Gerechtigkeit im eigenen Leben Ausdruck verleihen. Wenn wir an der Passion Jesu teilhaben, dann spüren wir wie Jesus das Leid dieser Welt. Sein Geist, der in uns wirkt, nimmt den Schmerz auf, verwandelt ihn und reagiert darauf mit Vergebung und Liebe.

Wir würden gern einen anderen Gott vorziehen. Wir wünschen uns einen Gott, der Leid auf jene zurückwendet, die es verursachten, und es dabei noch ein wenig verstärkt, um sie von jeder Wiederholung ihrer Tat abzuschrecken. Doch es gilt: »Das Törichte an Gott ist weiser als die Menschen, und das Schwache an Gott ist stärker als die Menschen« (1 Kor 1, 25).

Es kommt oft vor, daß Leute, die die Leidensgeschichte meditieren und sich ihr ohne Vorurteile und vorgefaßte Meinungen nähern, Leere, Verlassenheit und innere Dunkelheit erfahren. Sie fühlen sich Gott entfremdet und sind Glaubenszweifeln ausgesetzt, obwohl sie darum gebetet haben, mit Jesus in seinem Leiden eins zu werden. In Wirklichkeit sind sie es auch und durchleiden mit ihm seine dunkelste Stunde. Sie haben Anteil an seiner Niedergeschlagenheit und werden mit ihm »zur Sünde für uns«. Sie rufen mit Jesus aus dieser Erfahrung heraus: »Mein Gott, mein Gott, warum hast du mich verlassen?« (Mk 15, 34). Der Schmerz und die Leere, die sie erfahren, sind die andere Seite ihres Verlangens nach Gott. Wenn sie ihm nicht so nahe wären, würden sie seine Abwesenheit nicht auf so schmerzliche Weise empfinden. Sie können seine Nähe aktuell nicht spüren, aber seine wirksame Gegenwart verwandelt die Qualität ihres Lebens. Liebe, Freude, innerer Frieden, Geduld, Toleranz und Güte vertiefen sich und nehmen einen breiteren Raum ein.

Es sollte nicht der Eindruck entstehen, daß die geistliche Besinnung auf das Leiden, den Tod und die Auferstehung Jesu der einzige Weg sind, um an ihnen teilzuhaben. Jede Eucharistiefeier ist eine Feier des Lebens, des Leidens, des Todes und der Auferstehung Jesu, an der die ganze Schöpfung teil hat und in der sie angenommen wird.

»Er ist der Ursprung, der Erstgeborene der Toten; so hat er in allem den Vorrang. Denn Gott wollte mit seiner ganzen Fülle in ihm wohnen, um durch ihn alles zu versöhnen. Alles im Himmel und auf Erden wollte er zu Christus führen, der Friede gestiftet hat am Kreuz durch sein Blut« (Kol 1, 18–20).

Derselbe Gott, der sich selbst im Menschen Jesus ein für allemal mitgeteilt hat, teilt sich uns auch heute in Liebe unter den Gestalten von Brot und Wein mit. Gott ist den Gesetzen von Raum und Zeit nicht unterworfen. Das einmalige Geschehen auf Golgota ist Ausdruck eines Handelns, das die ganze Geschichte der Schöpfung durchzieht. In der Feier der Eucharistie wird diese gewaltige Wahrheit immer wieder vergegenwärtigt.
So wie die Sünde unsere Vorstellung von Gott und unser Verständnis von Leiden, Tod und Auferstehung Jesu beeinflussen und verzerren kann, so kann sie auch zu falschen Auffassungen von der Eucharistie führen. Diese kann zu einem leblosen und formalen Ritual verkommen, das wir mechanisch vollziehen, statt daß uns die Meßfeier mit Freude und Staunen erfüllt. Es geht dann vor allem um die liturgischen Vorschriften und die Kollekte und nicht um Gott und unsere Nächsten. Wir verwandeln ein Symbol, das die Realität der Liebe Gottes für seine ganze Schöpfung zum Ausdruck bringt, in eine starre Ikone. Nicht einmal in diesem höchst einfachen und wunderbaren Zeichen gewähren wir Gott den Raum, er selbst zu sein.
Die Eucharistie ist ein Geschenk, in dem die Gegenwart Christi im Alltag der Menschen Realität gewinnen kann. Seine Gegenwart wirkt sich aus in unseren Einstellungen und Werten, in unserem Denken, in unseren Äußerungen und im Lebensstil, den wir wählen. Es ist wichtig, daß wir Christus im Sakrament der Eucharistie tiefe Verehrung erweisen, aber noch wichtiger ist es, daß er in unserem Leben lebendig wird, denn deshalb hat er uns die Eucharistie geschenkt: »...damit auch ihr so handelt, wie ich an euch gehandelt habe« (Joh 13, 15).
Wir sind alle Reben an dem einen Rebstock und Glieder des einen Leibes, der Christus ist. Seine Gegenwart realisiert sich in der Art und Weise, wie wir miteinander umgehen, und in den vielen Formen der Fürsorge und des Interesses am anderen. In einer Gemeinschaft, deren Mit-

glieder sich fremd bleiben oder die sogar miteinander verfeindet sind, ist Christus nicht gegenwärtig, auch wenn jeder einzelne ein frommer Mensch sein mag. Ebensowenig ist er gegenwärtig in einer Gemeinschaft, die nur mit sich selbst beschäftigt ist und die weder in ihrer Gesamtheit noch durch einzelne Mitglieder Interesse und Mitgefühl für die Nöte der anderen entwickelt. Sie hat vergessen, daß die Hauptaufgabe einer christlichen Gemeinde der Dienst an den Nächsten ist, die in Not sind. Wo Christus gegenwärtig ist, da öffnet sich die Gemeinde für Menschen aller Rassen, Nationalitäten und Gesellschaftsklassen, unabhängig davon, welcher Religion sie angehören oder überhaupt gläubig sind. Eine besondere Aufmerksamkeit aber wird sie für jene haben, die von der übrigen Gesellschaft übersehen und verachtet werden. Auf diese Weise lebt eine Gemeinde wirklich in der Gegenwart Christi und in der Kraft seines Leidens, seines Todes und seiner Auferstehung.

Wie alle anderen Geschehnisse im Leben Jesu ist die Auferstehung ein Geheimnis, und wir können ihr nie in allen Aspekten gerecht werden. Viele Christen, die äußern: »An die Auferstehung kann ich nicht mehr glauben«, bringen eigentlich zum Ausdruck: »Ich kann die naive Auffassung von der Auferstehung nicht mehr nachvollziehen, die mir einmal ganz selbstverständlich erschien.« Sie fürchten deswegen zu Unrecht den Verlust ihres Glaubens, denn bei ihren Zweifeln handelt es sich sehr oft um eine Aufforderung, auch im Glauben erwachsen zu werden. Weil die Auferstehung ein Geheimnis ist, kann nur Gott uns ihre Bedeutung mitteilen und uns in diese Wahrheit einführen, aus der heraus wir leben, handeln und existieren.

So wie wir uns der Leidensgeschichte genähert haben, sollten wir auch die Auferstehungsberichte in den Evangelien soweit als möglich ohne vorgefaßte Meinungen über ihre theologische Bedeutung betrachten. Wir versetzen uns einfach in sie hinein und bitten darum, die Freude der Auferstehung Jesu zu erfahren.

Wenn wir an die Auferstehung glauben, glauben wir nicht nur, daß Jesus von Nazaret gekreuzigt wurde und nach seinem Tod einigen Freunden als Lebender erschienen ist, sondern daß Jesus der Herr der gesamten Schöpfung ist. Man kann diese Wahrheit nicht aus den Erscheinungen begründen oder ableiten, so zahlreich und eindrucksvoll sie gewesen sein mögen. Im Johannesevangelium heißt es, daß Petrus und Johannes am ersten Tag der Woche zum Grab gingen. Johannes, der als erster dort war, sah im leeren Grab die Leinenbinden liegen, ging aber nicht hinein. Als Petrus dann hineingeht, folgt ihm Johannes und »er sah und glaubte« (Joh 20, 8). Der Glaube des Johannes geht den Erscheinungen voraus. Später beschreibt das Johannesevangelium die Zweifel des Thomas. Christus erscheint und sagt zu Thomas: »Streck deinen Finger aus – hier sind meine Hände! Streck deine Hand aus und leg sie in meine Seite, und sei nicht ungläubig, sondern gläubig!« (Joh 20, 27), und Thomas antwortet ihm: »Mein Herr und mein Gott!« Er bekennt seinen Glauben und ist nicht länger auf Beweise angewiesen.
Mit der Vernunft kann man nicht beweisen, daß Jesus Christus der Herr der gesamten Schöpfung ist, aber man kann es im Glauben erkennen. Die Auferstehung Christi, des Herrn der Schöpfung, ist heute so aktuell und real, wie sie es vor zweitausend Jahren war. Durch die Feier der Eucharistie und über die Botschaft der Evangelien erhalten wir Zugang zu dem Geheimnis, aus dem die ganze Schöpfung lebt.
Die Evangelienberichte über die Auferstehung ergeben kein schlüssiges Bild und sind teilweise widersprüchlich. Sie bemühen sich, ein Ereignis sprachlich zu erfassen, das die Kategorien unseres Denkens – Raum und Zeit – und unsere Vorstellungskraft überschreitet. Aber ungeachtet der Widersprüchlichkeiten in den Details gibt es drei gemeinsame Grundzüge in den Berichten der Erscheinungen Jesu. Sie sind entscheidend für unser Verständnis dafür, in

welchem Sinn die Auferstehung unser gegenwärtiges Leben betrifft.
Als erstes kann man feststellen, daß von allen, denen Jesus erscheint, gesagt wird, sie seien auf die eine oder andere Weise außer Fassung geraten. Die Frauen im Markusevangelium sind zu Tode erschrocken; die Jünger auf dem Weg nach Emmaus fühlen sich traurig und enttäuscht; Maria Magdalena ist bestürzt; die Jünger im oberen Saal fürchten sich und halten die Türen verschlossen; Thomas zweifelt. Das deutet auf eine Wahrheit hin, die sich später in der Erfahrung der Christen immer wieder bestätigt. Wir können dem Auferstandenen nur dann begegnen, wenn wir den Tod bereits auf irgendeine Weise erfahren haben: durch Enttäuschungen über uns selbst oder andere, durch Verluste, Gefühle von Verlassenheit und Furcht, durch das Erlebnis der Sinnlosigkeit oder durch Phasen ohne Hoffnung, und wenn wir uns diesen Erfahrungen gestellt haben. Die Antwort liegt im Schmerz. Der Schmerz offenbart uns unsere Armut und unsere Abhängigkeit von Gott. Können wir unsere Bedürftigkeit eingestehen und unsere Armut annehmen, dann erscheint uns Christus in seiner Herrlichkeit.
Eine zweite Gemeinsamkeit in den Auferstehungsberichten ist die Blindheit jener, denen Jesus erscheint: sie brauchen lange, bis sie den Auferstandenen erkennen. Die Jünger auf dem Weg nach Emmaus sind einige Kilometer mit ihm gegangen, bevor sie wissen, wer er ist, und Maria Magdalena hält den Auferstandenen für den Gärtner. Dieser Zug ist uns aus unserem eigenen Glauben an die Auferstehung vertraut. Nur langsam dämmert uns die Wahrheit, daß der Auferstandene lebendige Gegenwart in jedem Aspekt unseres Lebens besitzt. Anfangs wird uns die Auferstehung als ein Ereignis vermittelt, das nichts mit uns zu tun hat und das vor zweitausend Jahren stattfand. Wenn sich unser Glaube weiterentwickelt, dann erfahren wir, daß sich Auferstehung jeden Tag in uns ereignet. Der Aufer-

standene tritt immer wieder durch die verschlossenen Türen unseres Geistes und unserer Vorstellung, so wie er durch die verschlossene Tür in den Raum trat, in dem sich die Jünger aus Furcht vor den Juden versammelt hatten. Er dringt in unser Bewußtsein ein, das sich aus Angst vor uns selbst und vor anderen Menschen allem verschlossen hat, und sagt zu uns: »Der Friede sei mit euch!« Die Wirkkraft seiner Auferstehung verleiht uns Hoffnung in Situationen, die uns vorher aussichtslos erschienen. Wir gewinnen den Mut, uns Aufgaben zu stellen, vor denen wir weglaufen wollten. Christus gibt uns Kraft und befähigt uns dazu, offen zu werden und uns verletzbar zu machen, auch wenn wir zuvor an nichts anderes als unseren Selbstschutz und unsere Sicherheit denken konnten.

Der dritte gemeinsame Zug der Auferstehungsberichte besteht darin, daß alle, denen Jesus erscheint, von ihm beauftragt werden, hinzugehen und den anderen davon zu erzählen: »Wie mich der Vater gesandt hat, so sende ich euch« (Joh 20, 21). »Darum geht zu allen Völkern, und macht alle Menschen zu meinen Jüngern« (Mt 28, 19). Auch die Apostelgeschichte ist ein Auferstehungsbericht. Sie berichtet davon, wie der Geist des auferstandenen Christus sich in den frühen christlichen Gemeinden ausgewirkt hat. Es ist ein Geist der Vergebung, der Versöhnung, der Freude und des Friedens mitten in Auseinandersetzungen und Verfolgungen. Er reißt die Barrieren zwischen Juden und Heiden ebenso nieder wie die zwischen Sklaven und Freien oder Männern und Frauen. In einer kurzen Darstellung der Urgemeinde wird dieser Geist so geschildert:

»Die Gemeinde der Gläubigen war ein Herz und eine Seele. Keiner nannte etwas von dem, was er hatte, sein Eigentum, sondern sie hatten alles gemeinsam. Mit großer Kraft legten die Apostel Zeugnis ab von der Auferstehung Jesu, des Herrn, und reiche Gnade ruhte auf ihnen allen. Es gab auch keinen unter ihnen, der Not litt. Denn alle, die Grundstücke oder Häuser besaßen, verkauften ihren Besitz, brachten den Erlös und legten ihn den Aposteln zu Füßen. Jedem wurde davon so viel zugeteilt, wie er nötig hatte« (Apg 4, 32–35).

Wer nicht die Zeit und den Raum findet, um das Leben Jesu zu meditieren, sollte sich auf keinen Fall dadurch entmutigen lassen. Wenn man am Ende des Tages Rückblick hält, kann man Christus zu sich eintreten lassen und hören, wie er sagt: »Der Friede sei mit dir!« Er zeigt uns die Wundmale an Händen und Füßen, die Zeichen seines Leidens und seines Todes, in dem er alle Mächte des Bösen und der Zerstörung überwunden hat. Es gibt keine negativen Erfahrungen, denen man aus eigenem Verschulden oder durch das anderer Menschen ausgesetzt ist, in denen er nicht mit uns ist. Er führt uns zu einer tieferen Erkenntnis der Kraft und Herrlichkeit seiner Auferstehung.
Woher sollen wir wissen, daß wir uns nicht selbst täuschen und einem nach unserem Bild von uns geschaffenen Jesus begegnen, wenn wir ihn sagen hören »Der Friede sei mit dir«? Könnte es nicht ein eingebildeter Jesus sein, der »Friede sei mit dir« ruft, obwohl gar kein Friede herrscht, ein Jesus, der uns in unseren Vorurteilen und in unserer Verstocktheit bestärkt? Das nächste Kapitel bietet einige Orientierungen in solchen Schwierigkeiten an. Sie werden durch ein paar kurze Bemerkungen ergänzt, wie man Entscheidungen treffen kann. Die Überlegungen zur Entscheidungsfindung basieren auf den »Geistlichen Übungen« des Ignatius.

Die folgenden Abschnitte aus der Bibel eigenen sich als Ergänzung. Sie können neben der Leidensgeschichte und den Auferstehungsberichten eine Hilfe sein, wenn man das Leiden, den Tod und die Auferstehung Jesu meditiert:

Das Letzte Abendmahl: Ps 113 – 118 (Psalmen, die beim Passah-Mahl gebetet wurden).

Die Angst im Garten Getsemane: Hebr 4, 14 – 5, 10.

Jesu Verhaftung und sein Prozeß: Ps 35, 38; 40, 55, 57, 64, 69, 70, 102, 142, 143; Jes 50, 4 – 7; 52, 13 – 53, 12.

Jesus trägt das Kreuz: Ps 55, 72; Kol 1, 15 – 20.

Kreuzigung: Ps 22, 31, 88; Phil 2, 6 – 8; 2 Kor 5, 7 – 18

Kreuzabnahme und Grablegung: Ps 42, 74, 130; Jes 42, 1 – 9; 1 Kor 1, 17 – 31; Hebr 9, 11 – 28; Weisheit 3, 1– 9; 4, 7 – 15.

Auferstehung: Ps 2, 8, 19, 24, 62, 116, 118; Jes 30, 18 – 26; 35, 1 – 10; 43, 8 – 13; Eph 1, 15 – 23; 2 Kor 1, 3 – 7.

12. Die Grundentscheidung – Gott oder der Mammon

Gott ist in allen Erscheinungen gegenwärtig und wirkt deshalb auch in jeder Erfahrung unseres Lebens, in der Freude ebenso wie in der Niedergeschlagenheit, wenn wir ruhig sind und wenn wir uns ereifern, im Vergnügen und im Schmerz. Das ist eine Tatsache, und sie kann uns in unseren dunklen Momenten Rückhalt geben. Sie gibt jedoch keine Auskunft darüber, wie wir uns zu diesen inneren Erfahrungen verhalten sollen. Wir tun uns selbst und anderen nicht nur in Kriegszeiten die schlimmsten Dinge an. Wenn wir Böses tun, verspüren wir vielleicht große innere Widerstände, aber entweder halten wir diese Gefühle einfach aus, oder wir immunisieren uns gegen sie, indem wir im Namen eines kategorischen Imperativs, den wir ›Pflicht‹ oder ›Wille Gottes‹ nennen, über sie hinweggehen. Wie können wir beurteilen, ob wir Gottes Willen folgen und nicht einem destruktiven inneren Zwang? Das führt uns zur ersten Regel:

Es ist ein Kennzeichen Gottes, daß er uns wirkliches Glück und innere Freude schenkt. Niedergeschlagenheit und innere Unruhe verschwinden.
Den Geist der Destruktion erkennt man daran, daß er uns dazu anhält, diesem Glück und dieser Freude zu mißtrauen und sie mit falschen und spitzfindigen Argumenten in Frage zu stellen.

Die erste Regel ist von grundsätzlicher Bedeutung. Das Handeln Gottes drückt sich in Glück und innerer Freude aus, und dementsprechend sollte auch das Leben eines Christen, das dem Lob Gottes, seiner Verehrung und dem Dienst an ihm gewidmet ist, in charakteristischer Weise durch Glück und innere Freude bestimmt sein. Eine destruktive Haltung bringt Niedergeschlagenheit und Verwirrung hervor und gibt einem kluge und wohlbegründete Vorschläge an die Hand, warum man weiter in einem solchen Zustand verharren sollte.

Wenn wahres Glück und innere Freude herrschen, so heißt das nicht, daß man in einem seelischen Dauerhoch lebt. Man kann dieses Glück und diese Freude mit dem Ballast in einem Schiff vergleichen. Das Schiff wird auch mit Ballast im Sturm hin- und hergeworfen, genauso wie ein Mensch, der zu wahrem Glück und wahrer Freude fähig ist, in einer Krise Schmerz empfindet, aber der Sturm kann das Schiff nicht zum Kentern bringen. Wenn es von einem Brecher überrollt wurde, richtet es sich schnell wieder auf. Dementsprechend stellen wahres Glück und innere Freude nicht einen ununterbrochenen Hochzustand dar, dem Kummer, Niedergeschlagenheit, Verluste und Verletzungen durch andere nichts anhaben könnten, aber es ist garantiert, daß wir unter solchen Schlägen nicht völlig in Verzweiflung versinken, sondern daß sich Ruhe und Frieden nach dem Sturm wieder einstellen werden.

Wenn wir bei dem, was wir tun oder wofür wir uns entscheiden, große innere Widerstände verspüren, die den inneren Frieden und die Freude zerstören, dann können unsere Handlungen und Entscheidungen nicht auf Gott zurückgehen. Wir müssen in einem solchen Fall kritisch reflektieren, was wir für unsere ›Pflicht‹ oder den ›Willen Gottes‹ halten und sie im Gebet überprüfen. Wenn uns unsere Lebenssituation – der gesundheitliche Zustand, das Eheleben, die Verpflichtungen als Ordensleute oder unsere Arbeit – in einen Zustand anhaltender Niedergeschlagenheit oder Angst versetzen, dann dürfen wir diesen Zustand nicht religiös überhöhen, indem wir ihn als den ›Willen Gottes‹ passiv hinnehmen. Wir müssen um Einsicht in das beten, was den inneren Frieden und die Freude verhindert, die Gott uns schenken möchte. Es könnte sein, daß er uns

aufruft, unser Leben grundsätzlich zu ändern oder zumindest die Art und Weise, wie wir es leben.
Wer öfters von Depressionen oder lang anhaltenden Stimmungstiefs heimgesucht wird, wird vielleicht über das, was ich geschrieben habe, verärgert sein. Ich wollte damit nur unterstreichen, daß Gott uns auch in der tiefsten Verzweiflung treu bleibt und bei uns ist. Das ist nicht eine bloß subjektive Überzeugung, sondern sie stimmt mit dem Glauben der Kirche überein. Die Anwesenheit Gottes in unserem Leben bedeutet nicht, daß wir unser Ziel schon erreicht hätten. Er ist der Gott der wahren Tröstung und ruft uns deshalb aus unserer Niedergeschlagenheit und Depression heraus.
Wenn man in niedergedrückter Stimmung ist, sollte man beten und die Auferweckung des Lazarus im elften Kapitel des Johannesevangeliums zum Gegenstand der geistlichen Besinnung machen. Zunächst betrachtet man Lazarus in seinem Grab ganz genau. Er ist tot, sein Körper zerfällt, er ist in der Dunkelheit gefangen. Dann hört man eine Stimme außerhalb des Grabes, die sagt: »Ich bin die Auferstehung und das Leben. Wer an mich glaubt, wird leben, auch wenn er stirbt, und jeder, der lebt und an mich glaubt, wird auf ewig nicht sterben« (Joh 11, 25). Ohne etwas zu erzwingen, lassen wir zu, daß wir unsere Niedergeschlagenheit und Depression bewußt wahrnehmen. Wir erkennen, daß wir im Grab der eigenen Niedergeschlagenheit eingeschlossen sind. Der Stein wird entfernt. Jesus ruft uns bei unserem Namen: »Komm heraus!« (Joh 11, 43). Manche Menschen, die so beten, machen dabei die Erfahrung, daß sie das Grab nicht verlassen möchten. Ihr Gebet war nicht vergebens, sondern sie haben eine bedeutsame Entdeckung gemacht: Nicht weil Gott es so wollte, befinden sie sich im Grab der Niedergeschlagenheit, sondern aus eigenem Entschluß und weil sie ihre eigenen Gründe dafür haben. Widerfährt einem das, sollte man nicht erschrecken, sondern die eigene Verfallenheit an das Grab anerkennen und Christus weiterhin darum bitten, uns zu befreien.

Gewöhnlich drückt sich der Geist der Zerstörung in Niedergeschlagenheit und Angst aus, aber manchmal wirkt er auf indirekte Weise, indem er uns mit Begeisterung erfüllt und Trost, Frieden und Freude vortäuscht. Daraus ergibt sich die zweite Regel:

Die wahre Consolatio kann durch ihre Wirkungen von der falschen unterschieden werden. Handelt es sich um eine falsche Tröstung, ergeben sich daraus Gedanken, die auf etwas Böses oder weniger Gutes hinzielen und schließlich ebenfalls zu Unruhe, Niedergeschlagenheit usw. führen. In der wahren Tröstung tauchen Gedanken auf, die zum Guten führen.

Im Augenblick scheinen wahre und falsche Consolatio kaum unterscheidbar, aber die Unterschiede zwischen ihnen werden später deutlicher werden. Ein Beispiel. Nehmen wir an, zwei Menschen spüren in sich die Kraft Gottes, der möchte, daß sie sich für seine Gerechtigkeit einsetzen. Im einen Fall soll die Consolatio von Gott, im anderen aber vom Geist der Zerstörung kommen. Die subjektive Überzeugung, von einem Gefühl für Gottes Gerechtigkeit getragen zu sein, ist bei beiden identisch. Es gibt keinen wahrnehmbaren Unterschied in der Consolatio, die sie erfahren, und beide tun recht daran, sie anzunehmen und darauf zu vertrauen, daß sie von Gott kommt. Sie sollten jedoch auf die Zielrichtung der Gedanken achten. Der Unterschied zwischen wahrer und falscher Consolatio wird erst aus den Plänen und Handlungen ersichtlich, die ihr entstammen. Wenn der destruktive Geist der Ursprung der Consolatio war, dann werden sich die aus ihr ergebenden Gedanken und Entscheidungen allmählich als zerstörerisch herausstellen. Auch wer durch diese falsche Consolatio motiviert ist, macht sich mit großer Begeisterung an die Arbeit, aber in den enthusiastischen Einsatz für eine gerechtere Welt schleicht sich eine verächtliche und aggressive Abwertung jener Bedauernswerten ein, die die eigene Weltsicht nicht teilen. Die Geschichte der Kirche bietet hinreichend Belege für die Existenz der falschen Tröstung und das Unheil, das sich aus ihr ergibt, wenn sie nicht erkannt wird.

Die tägliche Gewissenserforschung ist eine große Hilfe, um eine falsche Consolatio zu erkennen. In der wahren Consolatio wachsen Liebe, Freude, innerer Frieden, Geduld, Freundlichkeit, Güte, Vertrauen und Selbstbeherrschung allmählich an. Lachen, Freude und Unbeschwertheit sprechen von der Gegenwart Gottes. Steifheit, Unnachgiebigkeit, Dogmatismus oder hektischer Übereifer sind für das Handeln Gottes untypisch. Ständig darüber nachzudenken und um Klarheit darüber zu ringen, ob wir aus wahrer oder falscher Tröstung heraus handeln, ist kontraproduktiv. Wir sollten uns nicht an einer solchen Fragestellung festbeißen und statt dessen auf die Güte Gottes vertrauen. Wenn wir uns tatsächlich getäuscht haben, dann findet er Mittel und Wege, um uns unmißverständlich darauf aufmerksam zu machen.

Ich wende die genannten Regeln zusammen mit denen, die im achten Kapitel formuliert wurden, im folgenden auf die Entscheidungsfindung in unserem Leben an. Unsere Entscheidungen bestimmen die Richtung, die unser Leben nehmen wird.

Dazu gehören nicht nur die großen Entscheidungen des Lebens hinsichtlich Beruf und Karriere, ob man heiratet oder nicht, wen man heiratet, ob man einem Orden beitritt oder nicht, ob man Priester werden soll oder nicht. Auch diejenigen Entscheidungen sind von Bedeutung, die nach der Grundentscheidung für einen bestimmten Lebensweg immer wieder zu treffen sind: Wie soll man das Eheleben oder das Leben in einem Orden gestalten? Wie verhält man sich zu seinem Beruf? In welche Richtung lenkt man die Karriere? Oder auch, was heute für viele wichtig ist: Wie geht man mit Arbeitslosigkeit um? Wie lebt man im Ruhestand oder wenn man alleine ist?

Wenn unsere Entscheidungen dem Willen Gottes entsprechen sollen, so müssen wir uns, wie wir bereits gesehen haben, an dem orientieren, was unsere innere Stimme sagt. Die Grundoption unseres Lebens muß im Streben nach dem Lob Gottes, seiner Verehrung und dem Dienst an ihm bestehen. Die Kraft dieses Strebens erlaubt uns, alle geschaffenen Dinge loszulassen, wenn es nötig wird. Anders gesagt: Unsere Entscheidungen entsprechen nur dann dem Willen Gottes, wenn wir den Alternativen gegenüber, die sich abzeichnen, gleichmütig/indifferent sind. Diese Gleichmütigkeit/Indifferenz angesichts der Alternativen bildet das Zentrum jeder Entscheidungsfindung eines Christen. Wenn diese Indifferenz nicht vorhanden ist, entspricht die Entscheidung nicht dem Willen Gottes, und auch noch so viele Winkelzüge können sie nicht dazu machen.

Angenommen, es wird einem eine besser bezahlte Stelle angeboten. Die normale Reaktion heißt: schnell zugreifen. Vor die Wahl gestellt, lockt uns das Geld, und wir wissen, daß unser Interesse am Geld die Entscheidung mitbeeinflußt. In dieser Situation versuchen wir so zu leben und zu handeln, als ob uns das Geld gleichgültig wäre. Wir geben vor, mit dem zufrieden zu sein, was wir besitzen, und beten sogar darum, nicht mehr Geld zu bekommen. Das klingt ziemlich hart. Damit soll die Entscheidung nicht vorweggenommen werden, sondern man stellt sicher, daß sie frei und im Sinne Gottes getroffen wird und nicht allein durch die Gehaltserhöhung bestimmt ist. Trotzdem kann die endgültige und richtige Entscheidung auch darin bestehen, die Stelle anzunehmen.

Es kommt vor, daß man sich in einer kleineren oder größeren Angelegenheit zweifelsfrei sicher ist, wie die Entscheidung ausfallen muß. Etwas in uns scheint die Entscheidung bereits getroffen zu haben. Menschen, die ein Bekehrungserlebnis hatten oder die zum Priestertum oder Ordensleben berufen wurden, sind mit solchen Erfahrungen vertraut. Ist die Entscheidung jedoch einmal getroffen und hat zu Konsequenzen geführt, dann ergibt sich aus ihr die Notwendigkeit vieler weiterer Entscheidungen über Dinge, an die man nicht im Traum gedacht hatte. Nur indem man erneut entscheidet, kann man zu seiner Bekehrung stehen oder der eigenen Berufung treu bleiben.

Weit häufiger jedoch ist es nicht auf Anhieb klar, was wir tun sollen, wenn wir vor einer Entscheidung stehen. Kein noch so intensives Gebet kann uns von der Mühe befreien, das Pro und Contra der anstehenden Frage zu erwägen. Aber gesetzt den Fall, wir haben alle Aspekte der Entscheidung so sorgfältig wie möglich erwogen, dann sollten wir die Entscheidung in unser Gebet hineinnehmen. Wir bitten darum, unsere Entscheidung möge in jedem Fall der größeren Ehre Gottes dienen, sein Lob vermehren und den Dienst an ihm verstärken. Wenn man über längere Zeit beobachtet, wie sich eine versuchsweise Entscheidung im Gebet und in unserem Gefühlshaushalt auswirkt, können wir unter Umständen herausfinden, welches die richtige Entscheidung ist. Führt die vorläufige Entscheidung während des Gebets und auch danach regelmäßig zur Desolatio, etwa wenn man sich in Gedanken für eine Stelle entscheidet, Consolatio aber nur eintritt, wenn man das Gegenteil annimmt, dann ist es ratsam, der Alternative zu folgen, die mit Consolatio verbunden ist.

Falls uns diese Methode nicht weiterbringt, weil uns die Alternativen gleichwertig erscheinen, kann man auf die folgende Möglichkeit zurückgreifen, um Entscheidungen zu untermauern, die zunächst unter Berücksichtigung der Erfahrung von Consolatio und Desolatio getroffen wurden. Nachdem man um den Geist der Indifferenz gebetet hat, um nicht im Interesse des eigenen Egoismus zu entscheiden und ihn nachträglich als den Willen Gottes auszugeben, teilt man ein Blatt Papier in zwei Spalten. Die erste heißt ›Ja zu X‹, die zweite ›Nein zu X‹. Das ›X‹ steht für die zu entscheidende Angelegenheit. Dann unterteilt man jede Spalte noch einmal. Unter ›Ja zu X‹ bildet man eine Rubrik ›Vorteile und Nutzen‹ und eine zweite mit der Überschrift ›Nachteile und Gefahren‹. Genauso verfährt man mit der Spalte ›Nein zu X‹, so daß man jetzt über vier Rubriken verfügt. Hat man die vier Rubriken ausgefüllt, dann überlegt man, welche Alternative am vernünftigsten erscheint, und trifft die entsprechende Entscheidung. Diese Entscheidung bringt man im Gebet vor Gott und bittet ihn, sie zu bestätigen, wenn sie seiner Ehre und seinem Lob dient. Alternativ kann man sich auch vorstellen, welchen Rat man einem Freund geben würde, wenn er vor dem gleichen Problem stünde. Oder man versetzt sich in die eigene Sterbestunde und fragt sich, welche Entscheidung man in der Rückschau gerne getroffen haben wollte.

Viele Menschen schrecken vor den beschriebenen Methoden zurück, weil sie der Überzeugung sind, sie könnten die nötige Indifferenz nicht aufbringen, um auf diese Weise Entscheidungen zu treffen. Es ist gar nicht notwendig, daß wir den Zustand völliger Gleichmütigkeit erreichen. Wir sollen diesen Zustand aber herbeiwünschen und auf ihn hinarbeiten. Manche, die sich der genannten Methoden bedienten, um dann zu einer Entscheidung zu kommen, die sie später als ›falsch‹ betrachteten, geben es auf, sich um Indifferenz zu bemühen. Wer sich so verhält, hat den Zweck dieser Methoden mißverstanden. Sie stellen keine narrensicheren Wege zur ›richtigen‹ Entscheidung dar, sondern helfen, die Aufmerksamkeit stärker auf das Handeln Gottes in unserem Leben zu richten und sich seinem Willen zu öffnen.

Was wir über die Entscheidungsfindung einzelner gesagt haben, läßt sich auch auf Gruppenentscheidungen anwenden.

Viele Bewegungen und Organisationen in Kirche und Gesellschaft entstehen aus einem schätzenswerten und großherzigen Impetus heraus, ziehen kluge und verantwortungsbewußte Menschen an und blühen kurz auf.

Dann aber gewinnt in ihnen die Beschäftigung mit den Interna der Institutionen so die Überhand, daß das eigentliche Ziel aus dem Blick gerät. Schließlich lösen sich die Institutionen wieder auf. Wie erklärt sich das? Diese Frage kann man auch im Blick auf die Kirche in ihrer Gesamtheit stellen. Die Bewegung, die mit einer kleinen Gruppe verschreckter Menschen in einem verschlossenen Raum begann, breitete sich rasant über die ganze römische Welt aus und wurde schließlich zur Staatsreligion des Imperiums. Von diesem Zeitpunkt an beschäftigte sich die Kirche vorwiegend mit Fragen der inneren Verwaltung, mit Organisationsproblemen und den Abstufungen der Hierarchie. Im 20. Jahrhundert faßte ein Bischof auf dem Zweiten Vatikanischen Konzil dieses Problem zusammen und erklärte, Triumphalismus, Klerikalismus und juristisches Denken hätten die Kirche vollständig verkrüppelt.
Es ist keine Frage (wie wir im zweiten Kapitel gesehen haben), daß eine Kirche sich organisieren muß und institutionelle Strukturen, ein Lehramt und gesetzliche Regelungen benötigt. Aber die überzogene Betonung des institutionellen Elementes geht auf Kosten der kritischen und mystischen Dimension und läßt die Kirche erstarren. Sie beschäftigt sich derart mit sich selbst und dem Erhalt ihrer Institutionen, daß sie ihren Sendungsauftrag aus den Augen verliert. Das innere Leben der Gläubigen, das den eigentlichen Reichtum der Kirche darstellt, verkümmert.
Die Krise, in der sich die Kirche heute befindet und die durch Schwund von Kirchenmitgliedern, Desinteresse und innere Streitigkeiten charakterisiert ist, kann zur Chance werden, wenn wir im Glauben auf die Probleme reagieren können. Die Kirche ist aufgefordert, sich von ihren unzulässigen und versteckten Bindungen an falsche Sicherheiten und ihrem Hang zu Besitz, Ansehen, Pomp, Macht und Prestige zu lösen, um ihre wahre Bedeutung als wirkendes Zeichen wiederzuentdecken. Sie ist Ausdruck der Kraft des auferstandenen Christus, dessen Macht sich in seiner

Machtlosigkeit zeigte. Christus hatte eine besondere Liebe zu den Armen und Unterdrückten. Er war offen für das Leid dieser Welt, das er in sich aufnahm und auf das er mit Vergebung antwortete. Überall in der Welt gibt es Anzeichen dafür, daß Gläubige und damit die Kirche selbst auf Gottes Ruf antworten.

Die subtile Bindung an unsere Götzen ist ganz besonders wirksam, wenn es um individuelle oder kollektive Entscheidungen geht. Oft sind wir uns dieser unterschwelligen Bindung nicht einmal bewußt. Die folgende Karikatur, die ich mit Absicht ziemlich überzogen habe, soll verdeutlichen, welchen gewichtigen Einfluß die verdeckten Bindungen an unsere Götzen haben. Sie beeinflussen die Entscheidungen, die wir für uns selbst und im Blick auf andere treffen. Als Beispiel wähle ich eine Pfarrgemeinderatssitzung, aber die verborgenen Motive, die hier hinter den wohltönenden Worten am Werk sind, entsprechen jenen, die sich auch bei kollektiven Entscheidungen von Konzilien, Kabinettssitzungen oder Eigentümerversammlungen auswirken. Ich gebe das Protokoll der Pfarrgemeinderatssitzung wieder. Es dokumentiert, was die Mitglieder in der Sitzung öffentlich äußerten, ich ergänze aber in Klammern, was tatsächlich hinter ihren Worten steht. Vielleicht wirken die Kommentare in Klammern zynisch, aber ich will damit deutlich machen, daß es in jeder Gruppe verborgene Motive gibt, wenn auch nicht immer so viele wie in meinem Beispiel.

Protokoll der Gemeindeversammlung Pfarrei St. Judas, 18 Uhr, 10. November 1995

Anwesend:

P. Simon (Gemeindepfarrer)
Herr W. Oxbridge (Direktor der Gesamtschule St. Judas)
Frau G. Grey (ehemalige Direktorin der Grundschule St. Judas, im Ruhestand)

Frau MacPhail (dienstälteste Lehrerin der Grundschule St. Judas)
Herr S. Springer (Jugendreferent)
Herr A. Fisher (Stadtrat, verantwortlich für Öffentlichkeitsarbeit)
Herr McCollum (leitender Bankangestellter)

Das Protokoll der Sitzung vom 10. Oktober wurde verlesen und gebilligt. Die Versammlung diskutierte anschließend den ersten Punkt der Tagesordnung: »Nachdem die Baugenehmigung vorliegt, ein geeigneter Bauplatz gefunden und der Bankkredit bewilligt ist: Entscheidung über den Bau eines Jugendheimes in Trägerschaft der Pfarrei.«

Pfarrer P. Simon: Stand dem Vorschlag ›Jugendheim‹ durchaus positiv gegenüber, riet aber dazu, die Entscheidung aufzuschieben, weil er befürchtet, daß das Vorhaben die finanziellen Möglichkeiten und die Kräfte der Pfarrei übersteigt. Außerdem gab er zu bedenken, ob gerade mit einem Jugendheim der Jugend und der Ökumene, welche oberste Priorität in der Kirche habe, am besten gedient sei. (Pfarrer P. Simon ist sich seines fortgeschrittenen Alters sehr wohl bewußt, hat aber immer noch Ambitionen, Bischof zu werden. Er fürchtet alles, was zu finanziellen Schwierigkeiten führen oder ihm zusätzliche Arbeit einbringen könnte. Mit der heutigen Jugend kann er nichts anfangen.)

Frau Grey: Stimmte Pfarrer Simon zu. Findet die heutige Jugend zu verwöhnt. Ist der Meinung, daß freiwillige Arbeitseinsätze gut für sie wären und Geld für wichtigere Angelegenheiten einsparen würden.
(Frau Grey hat einen neuen Bungalow mit einem großen Garten. Dieser schließt sich an den vorgesehenen Bauplatz für das Jugendzentrum an. Sie fürchtet um ihre Ruhe.)

Herr Oxbridge: Stimmte den Vorrednern zu. Vertritt die Meinung, daß es in der Stadt bereits genügend Jugendtreffs gibt. Außerdem biete die Schule ausgezeichnete Möglichkeiten der Begegnung. Eine klare religiöse Unterweisung sei für die Jugend wichtiger als Billard- und Pool-Tische. (Herr Oxbridge ist ein ehrgeiziger Mann, dessen Leben sich allein um möglichst gute Leistungen der Schüler dreht. Er ist gegen alles, was Schüler und Schülerinnen vom Lernen abhalten könnte.)

Frau MacPhail: Ist der Meinung, daß ein Jugendheim dringend notwendig sei, und untermauert ihre Meinung mit zahlreichen Beispielen. Macht den Vorschlag, die Jugendlichen könnten das Jugendheim mit entsprechender Unterstützung doch selbst bauen. Der Jugendtreff müsse für alle Konfessionen offen sein. Der gemeinsame Bau würde die Jugendlichen zusammenbringen, sie stolz auf ihre Leistung machen, ihnen ein Gefühl für den Wert der Arbeit vermitteln und ein Beispiel für praktizierte Ökumene sein. (Das Leben von Frau MacPhail war die letzten zwanzig Jahre durch einen sie völlig vereinnahmenden Haß auf Frau Grey bestimmt, die an ihrer Stelle zur Schuldirektorin ernannt worden war. Egal, was Frau MacPhail vorschlägt, Frau Grey ist auf jeden Fall dagegen.)

Herr Springer: Stimmte mit Frau MacPhail überein, daß das Jugendheim eine Notwendigkeit sei. Seine Erfahrung in der Jugendarbeit bestätige das immer wieder. Rät dringend zur Anstellung eines qualifizierten und angemessen bezahlten Sozialpädagogen für das Heim. Gleichzeitig betont er, daß er kein persönliches Interesse an einer solchen Stelle habe. (Herr Springer, der seine Stelle eben erst angetreten hat, befürchtet, er solle den Jugendtreff in seiner Freizeit und unentgeltlich leiten.)

Herr Fisher: Herr Fisher bejaht das Projekt enthusiastisch und versichert dem Pfarrgemeinderat, daß der Stadtrat ein katholisches Jugendheim begrüßt und nicht als Hindernis für die Ökumene betrachtet. Ist zuversichtlich, daß das

Heim in Eigenleistung gebaut werden könnte, was die Kosten senken und für Beschäftigung sorgen würde.
(Herr Fisher hat Ambitionen und will auf Landesebene in die Politik einsteigen. Er begrüßt alles, was ihm öffentliche Aufmerksamkeit einbringen könnte.)

Herr McCollum: Sprach sich für das Jugendheim aus.
(Herr McCollum verwaltet ehrenamtlich die Finanzen der Gemeinde. Er fürchtet die zusätzliche Arbeit durch das Projekt, glaubt aber, daß ein Bedarf für das Heim besteht, und trifft seine Entscheidung deshalb unabhängig von seinen persönlichen Vorbehalten.)

Die Argumente, die die Mitglieder des Pfarrgemeinderates für und gegen den Antrag vorbrachten, sind nicht an sich schlecht. Überlegt man aber, welche Argumente wirklich sachbezogen sind, dann stellt sich heraus, daß mit Ausnahme von Herrn McCollum alle ihre persönlichen Interessen verfolgen, und wenn sich ihre Grundhaltung nicht ändert, kommt einschließlich der Jugend auch jede andere Gruppe zu kurz, deren Interessen im Pfarrgemeinderat verhandelt werden sollten. Mißt man die Mitglieder des Pfarrgemeinderats am äußeren Anschein und ihren Worten, dann liegen ihnen die Interessen der Gemeinschaft am Herzen. In Wirklichkeit jedoch dient ihnen die Gemeinschaft dazu, den eigenen Lobpreis, das eigene Ansehen und den Eigennutz zu vermehren. Ihren Worten nach dienen sie, tatsächlich jedoch nutzen sie die anderen aus. Sie verehren den Mammon.
Wir alle sind durchaus mit den Mitgliedern dieses Pfarrgemeinderates vergleichbar. Ich möchte ein paar Vorschläge machen, wie man versteckte Motive auffinden und ihnen gegensteuern kann, wenn es um Gruppenentscheidungen geht. Die vorgeschlagene Methodik eignet sich eher für wichtige Entscheidungen einer Gruppe oder einer Organisation als für die Regelung von Verwaltungsvorgängen.

Weder intensives Gebet noch guter Wille oder die präzise Einhaltung einer bestimmten Methodik befreien denjenigen, der entscheiden will, von der Mühe, die Alternativen klar zu formulieren und die Entscheidung im Vorfeld sorgfältig vorzubereiten.
Nach seiner Bekehrung ging Ignatius von Loyola nach Paris, um an der dortigen Universität zu studieren. Er sammelte eine Gruppe von Freunden um sich, die seine Ideale teilten. Gemeinschaftlich entschieden sie, eine Pilgerfahrt ins Heilige Land zu unternehmen. Zu diesem Zeitpunkt, in Paris, war nur einer aus der Gruppe Priester, nämlich Pierre Favre. Während der Wartezeit bis zum Aufbruch nach Jerusalem wurden auch die übrigen Gruppenmitglieder zu Priestern geweiht. Als der Krieg mit den Türken den Plan einer Pilgerfahrt endgültig vereitelt hatte, reisten sie nach Rom und boten dem Papst ihre Dienste an. Sie beabsichtigten, immer dort für die Kirche zu arbeiten, wo die Not am größten war, und sie hielten den Papst für denjenigen, der die Nöte der Kirche am genauesten kannte. Da sie wegen ihrer Kompetenz sehr gefragt waren, wurde in verschiedenen Regionen von Italien und auch darüber hinaus nach ihren Diensten verlangt. Die Gruppe drohte zu zerfallen, und sie mußten eine Entscheidung treffen. Am Anfang konzentrierte sich die Entscheidung auf zwei Fragen: »Sollen wir als Gruppe zusammenbleiben?« und: »Sollen wir einem aus unserer Mitte ein Gehorsamsgelübde ablegen?« Anders gesagt ging es darum, ob sie innerhalb der Kirche einen neuen Orden gründen sollten. Jeden Abend trafen sie sich, um diese Fragen zu bedenken. Sie hatten keine Schwierigkeit damit, die erste Frage »Sollen wir als Gruppe zusammenbleiben?« einstimmig mit ›Ja‹ zu beantworten. In Blick auf die zweite Frage waren sie auch nach drei Tagen noch zu keinem Konsens gekommen. Sie unterbrachen die Beratung für einige Zeit, um zu beten und zu fasten. Dann sollte reihum jeder die Argumente vorbringen, die gegen das Gehorsamsgelübde sprachen. Während einer sprach, hörten die

anderen schweigend zu und enthielten sich auch danach jeder Äußerung. Nachdem jeder seine Argumente vorgetragen hatte, zogen sich alle zum Gebet zurück. Genauso verfuhren sie im Blick auf die Argumente, die für den Vorschlag sprachen. Schließlich trafen sie sich erneut, um die endgültige Entscheidung zu treffen. Sie waren übereinstimmend zu der Ansicht gekommen, daß sie einem aus ihrer Mitte ein Gehorsamsgelübde ablegen sollten.

Ich fasse diese Methode noch einmal kurz zusammen: Alle, die an der Entscheidung interessiert sind, müssen grundsätzlich aus dem Wunsch heraus leben, Gott zu loben, ihn zu verehren und ihm zu dienen (vgl. Kapitel 5). Es ist eine Grundhaltung, in der gilt: ›Dein Reich komme, nicht das meine. Dein Wille geschehe, nicht der meine.‹ Nur in dieser Haltung sind wir in der Lage, alles loszulassen, was in einer bestimmten Entscheidung gegen die Herrschaft Gottes gerichtet ist. Ohne diese Grundhaltung gibt es keine wahre Erkenntnis des Willens Gottes.

Wenn man nun aber der Meinung ist, daß keiner aus der Gruppe, auch man selbst nicht, aus dieser Grundhaltung heraus lebt? Dann steht man in der Versuchung, überhaupt keine Anstrengungen zu unternehmen, um den Willen Gottes festzustellen. Es ist unwahrscheinlich, daß ein einzelner und noch viel weniger eine Gruppe den Zustand völliger Indifferenz erreicht. Für Gruppen ist entscheidend, daß sich ihre Mitglieder im Gebet darum bemühen, den Geist der Indifferenz für die jeweilige Entscheidung zu erlangen. Wie jedes Wachstum kommt auch die Zunahme der inneren Freiheit von Bindungen nur langsam voran. Im Bild einer Wanderung gesprochen ist jede Entscheidung, die aus dem Geist der Indifferenz heraus getroffen wird, ein Schritt auf dem Weg zu Gott. Auch viele kleine Schritte bringen voran. In Luxemburg gibt es eine jährlich stattfindende Springprozession: Man geht zwei Schritte nach vorne und dann drei zurück. Ähnlich verhält es sich mit unseren Fortschritten auf dem Weg zu Gott.

Wenn der zu entscheidende Vorschlag klar formuliert ist, kann jeder vorbringen, was gegen ihn spricht. Die anderen hören zu. Eine Diskussion ist nicht zulässig, allenfalls Klärungsfragen sind erlaubt. Nach jedem Beitrag hält man einen Moment lang Stille, um über die Einwände nachzudenken.

Dann werden die Argumente gegen den Vorschlag von jedem im Gebet meditiert. Man achtet dabei darauf, ob Gefühle von Consolatio oder Desolatio auftreten. Sollte eine Ablehnung des Vorschlags dem Willen Gottes entsprechen, ruft die Betrachtung der Gegenargumente im Gebet wahrscheinlich Gefühle von Ruhe und Frieden hervor. Entspricht eine Ablehnung nicht dem Willen Gottes, äußert sich das in Unbehagen, Unruhe oder Angst.

Dieselben Schritte hält man ein, um sich über die Argumente klarzuwerden, die für den Vorschlag sprechen. Danach gibt jeder seine Entscheidung bekannt.

Diese Methode wirkt sehr einfach, erweist sich in der Praxis aber als komplizierter und schwieriger, als man vermutete. Das sollte einen jedoch nicht davon abhalten, sie zu benutzen.

Schwierig und kompliziert ist sie deshalb, weil wir schwierige und komplizierte Geschöpfe mit einem verwickelten Innenleben sind, ganz im Sinne des Propheten Jeremias: »Arglistig ohnegleichen ist das Herz und unverbesserlich. Wer kann es ergründen?« (Jer 17, 9). Was uns wirklich bei einer Entscheidung motiviert, wird den anderen nicht deutlich und kann auch uns selbst verborgen bleiben. Man muß sich sein ganzes Leben lang darum bemühen, Indifferenz und innere Freiheit zu erlangen, und besonders mühsam ist das, wenn es um Gruppenentscheidungen geht. Zwei Punkte sollte man deshalb nicht vergessen: Selbst wenn wir uns nicht grundsätzlich von unseren Bindungen an die geschaffene Welt lösen können, kann man doch im Blick auf eine Einzelentscheidung einen Zustand der Indifferenz erreichen. Das ist das erste. Auch Herr McCollum zum

Beispiel ist nicht völlig frei, aber was das Jugendheim betrifft, konnte er sich seinen Widerstand erklären. Er überwand seine Bedenken wegen der zusätzlichen Arbeit, die ihm drohte. Zweitens dient die Praxis der ›Unterscheidung der Geister‹ nicht in erster Linie dazu, die ›richtige‹ Entscheidung zu treffen – das heißt eine Entscheidung, die wir nie wieder revidieren müßten. Ihr Ziel ist es, unsere Sensibilität für die Gegenwart Gottes in jedem Aspekt unseres Lebens zu vergrößern und früher auf sie zu reagieren. Wenn wir die ›Unterscheidung der Geister‹ praktizieren, fallen unsere Entscheidungen mit größerer Wahrscheinlichkeit im Sinne Gottes aus als ohne diese Praxis.

Im abschließenden Kapitel möchte ich einige der Überlegungen, die ich dargelegt habe, zu der uns allen drohenden Vernichtung des menschlichen Lebens durch einen weltweiten Atomkrieg in Beziehung setzen.

13. Das Tal spricht – Gott und die atomare Bedrohung

Du und ich sind eins
(aus einer alten Homilie für den Ostersamstag)

Gott wirkt nicht nur in jedem Element seiner Schöpfung und in unserer gesamten Erfahrung als Menschen, sondern er nimmt seine Wohnung in uns. Er ist der Schatz, der in unserer eigenen Erfahrung verborgen liegt. Er teilt jede Angst, jede Dunkelheit, jede Verzweiflung und jeden Schmerz mit uns. Er reicht uns immer wieder die Hand, nicht weil wir gut, tugendhaft, angesehen oder fleißig wären, sondern weil er alles liebt, was er geschaffen hat, und sein Geist in allem lebendig ist. Wir begegnen ihm auch in unserer Angst vor einem Atomkrieg. Wenn wir uns der Angst stellen können, bemerken wir, daß er uns näher ist, als wir es uns selbst sind. Wenn wir uns der Auseinandersetzung mit dieser Frage verweigern, ignorieren wir die Stimme Gottes, der durch die Schöpfung zu uns spricht. Eine Spiritualität, die uns vom Leid und den Schrecknissen dieser Welt abschottet und uns unempfindlich dafür macht, ist eine götzendienerische Spiritualität. Der Gott, den wir verehren, ist ein Gott des Mitgefühls, der in Christus unser Leid auf sich genommen hat.
Ich reflektiere das Problem der atomaren Bewaffnung in Form eines fiktiven Gesprächs, das ich vom Fenster eines Turmzimmers in St. Beuno aus führe, einem Geistlichen Zentrum der Jesuiten im Norden von Wales.
Das Gespräch ist fiktiv, aber es bringt Wahrheiten zum Ausdruck, die sich im Lauf der letzten vierzig Jahre langsam ihren Weg durch einige Schichten meines ichbezogenen Geistes gebahnt haben. Das Gespräch führte mich zu

Überlegungen und Schlußfolgerungen, die von einem Großteil der Christen einschließlich der Katholiken und einer Reihe meiner Mitbrüder im Jesuitenorden nicht geteilt werden. Niemand von uns hat die Wahrheit gepachtet. Jeder besitzt seine eigene Perspektive, die sich aus den Erfahrungen der je eigenen und einzigartigen Lebensgeschichte erklärt. Deshalb sind wir aufeinander angewiesen. Ich erwarte nicht, daß die Leserinnen und Leser dieses Buches mit meinen Schlußfolgerungen einverstanden sind; ich lege einfach meine eigene Überzeugung dar. Ich weiß, daß meine Schlußfolgerungen durch gut getarnte Elemente von Selbsttäuschung, Selbstbeweihräucherung oder uneingestandener Aggressivität mitbeeinflußt sind. Ich weiß aber ebenso, daß niemand, weder ich selbst noch jemand anderes, sich durch eine solche Einsicht davon abhalten lassen darf, in der Kirche Zeugnis von dem abzulegen, was man fühlt oder denkt. Ich jedenfalls tue es und vertraue darauf, daß Gott meine Irrtümer auf lange Sicht korrigieren wird.
Wenn ich in St. Beuno Zeit hatte, stand ich gerne am Fenster meines Turmzimmers und schaute über das Clwyd-Tal. Eines Tages stellte ich fest, daß ich mich mit ihm unterhielt. War ich aus irgendwelchen Gründen schlechter Laune, wütend, unsicher, ängstlich oder voller Sorge, warf ich das alles aus dem Fenster ins Tal und sagte für gewöhnlich: »Nimm du das!« Das Tal zeigte keinerlei heftige Reaktionen, sondern blieb so heiter wie immer. Es schien, als könne das Tal meine Kümmernisse teilen und sie sogar aufsaugen. Es schuf eine Verbindung zwischen uns und stellte meinen inneren Frieden soweit wieder her, daß ich zurücklächeln konnte und mein inneres Chaos sich relativierte. War ich dagegen in guter Stimmung und aus irgendwelchen Gründen glücklich und dankbar, dann reagierte das Tal auf meine Freude. Es wurde für mich zu einem Symbol Gottes, einem Sakrament und wirksamen Zeichen seiner Gegenwart: Er begleitet uns und teilt unsere Schmerzen; er nimmt sie auf sich, schenkt uns an ihrer Stelle Frieden und

ist die Erfüllung unserer Sehnsucht. Das Tal wurde mir auch zum Symbol der Unermeßlichkeit, Schönheit und schöpferischen Kraft Gottes. Es war eine Manifestation seiner Herrlichkeit, in der sich seine verborgene Gegenwart in der Schöpfung ausdrückt.

Aber ich konnte das Tal auch auf eine andere Art betrachten. Ich blickte dann auf eine versengte, öde und trostlose Wüste, in der sich nichts mehr regte außer der weißen Asche, die sanft auf das verbrannte Tal fiel. Aber mein Blick blieb nicht auf das Tal beschränkt, sondern er weitete sich auf die ganze Welt, ihre Täler, Hügel, Ortschaften und Städte, die alle verbrannt waren. Es war ein Alptraum, der in jedem Moment Wirklichkeit werden konnte. Ich bin kein Schwarzmaler. Aber die Wahrheit ist: Obwohl wir nicht in der Lage sind, mehrere Millionen Menschen in der Dritten Welt mit Wasser und Nahrung zu versorgen, verfügen wir über genügend Sprengkraft, um jeden Erdbewohner mit dem Gegenwert von zwei Tonnen TNT zu bedenken.

Nachdem ich das Tal in dieser Perspektive gesehen hatte, klangen die in ruhigem und gepflegtem Ton und in behaglich eingerichteten Kirchen vorgetragenen Gebete unter dem Motto »Herr, schenke uns Frieden« leer und sinnlos. Man müßte solche Gebete laut herausschreien, aber wozu angesichts eines Gott, der diesen unvorstellbaren Wahnwitz zuläßt? Welchen Sinn hat unsere Rede von der Güte Gottes, wenn es möglich ist, daß alles, was unser Leben ausmacht, unsere Kämpfe, Hoffnungen, Träume und die ganze Schönheit, Anmut und Vielgestaltigkeit der Schöpfung ein so schreckliches Ende finden kann? Sind alle unsere Gebete und unser geistiges Leben nichts als ein verzweifelter Versuch, sich etwas vorzumachen, weil wir die Wirklichkeit sonst nicht ertragen könnten? Ist es falsch, wenn wir von der Liebe Gottes sprechen? Sind die Liebesbeteuerungen, die wir an ihn richten, nur der verzweifelte Versuch, die Aufschreie zu ersticken, weil wir unsere Haut retten wollen?

Was ich hier schreibe, faßt viele Jahre voll Zweifel und Dunkelheit zusammen. Diese düsteren Zweifel verbergen sich gewöhnlich tief in meinem Bewußtsein, wo sie in Schach gehalten werden, aber hin und wieder brechen sie hervor. Dann erfüllt mich Zorn und Enttäuschung über die naive Selbstgefälligkeit der Kirche, die sich in ihren offiziellen Verlautbarungen spiegelt. Wie weltfremd ist das oft, was gelehrt oder gepredigt wird! Man scheint es richtig zu finden, die dämonischen Machenschaften der Mächte und Gewalten dieser Welt entweder nicht zur Kenntnis zu nehmen oder sie sogar zu rechtfertigen und zu unterstützen. Die Kirche segnet Atom-Unterseeboote, während sie diejenigen verurteilt, die Empfängnisverhütung betreiben. Sie denunziert Priester und Ordensleute als Marxisten und wirft ihnen vor, sie würden den Geist des Evangeliums verraten, weil sie nach Antworten auf die Skandale unserer Zeit suchen und den Kapitalismus in Frage stellen. Manchmal schaute ich aus meinem Fenster und schrie in meinem Herzen: »Herr, wo bist du?«

Wie Gott, so gab auch das Tal bei solchen Gelegenheiten keine Antwort. »Du und ich sind eins.« Es war eine innere Stimme. Ich wußte, daß der Satz von einem anonymen christlichen Schriftsteller stammte, der sich vorstellte, daß Christus nach seinem Tod zu den Pforten der Hölle ging und diese Worte zu Adam sagte. Wenn ich auf das Tal blickte, hörte ich Abwandlungen seiner Worte: ›Wir sind eine, ungeteilte Person‹; ›Du und ich‹; ›Du bist in mir, und ich bin in dir‹; ›Sei bei mir zu Hause, wie ich bei dir zu Hause bin.‹ Eine plötzlich aufsteigende Welle innerer Freude schwemmte dann meinen Unglauben weg, bis ich mich beruhigt hatte, das Tal ignorierte und mit mir selbst zu reden begann. ›Sei vernünftig. Du bist dabei, in eine diffuse Naturmystik zu versinken. Vermutlich bist du übermüdet.‹ Anschließend stellte sich die ernste Stimme meines Gewissens auf die Seite des gesunden Menschenverstandes: ›Du weißt, daß du launenhaft bist, eitel, dumm, eine hoffnungslose Mischung aus Glauben und Unglauben. Die Blätter im Herbstwind sind entschiedener und beständiger als du. Vergiß die Wirrheiten deiner erschöpften Vorstellungskraft, vergeude deine Zeit nicht länger mit Träumereien und tue etwas Vernünftiges!‹ Zum Glück zauderte ich dann oft und hörte schließlich eine andere Stimme: ›Wer ist größer, du oder ich? Was ist größer, deine Sündhaftigkeit oder meine Güte, dein Wankelmut oder meine Treue, deine Dummheit oder meine Weisheit?‹

Sobald diese Worte tiefer in mich eindrangen, wurde mir meine eigene Unaufrichtigkeit bewußt, und ich erkannte die Fragwürdigkeit meines gesunden Menschenverstandes und meines Gewissens. Sie drängten mich, meine Aufmerksamkeit vom Tal weg auf mich selbst zu richten, um ohne Gott in einem Gefängnis aus Vernunft und Rechtschaffenheit Sicherheit zu finden. In diesen Momenten war mir klar, daß der Gott, der durch das Tal zu mir sprach, der Gott der ganzen Schöpfung war. Er ist es, der in allem wohnt, der sich seiner Göttlichkeit entäußerte, der für mich und die ganze Schöpfung zum Sklaven wurde und ihr ganzes Leid auf sich genommen hat. Es ging nicht darum, daß ich vernünftig und redlich sein wollte, sondern ich wollte nicht mit dem Gott des Mitgefühls konfrontiert werden, der das Leid der Welt teilt. Deshalb entfernte ich mich von ihm. Wäre ich in einem anderen Milieu aufgewachsen, dann hätte ich vielleicht Drogen, Alkohol, Reichtum oder die gesellschaftliche Stellung als Fluchtwege benutzt, so gebrauchte ich eben meine konventionelle Frömmigkeit dazu. »Arglistig ohnegleichen ist das Herz und unverbesserlich. Wer kann es ergründen?«

Auch heute noch ist Götzenanbetung die Kardinalsünde. Ich entdecke einen Aspekt meiner eigenen Götzenanbetung, wenn ich feststelle, daß ich fern von Gott nur mir selbst vertraue. Zwar rufe ich seinen Namen an, aber ich benutze ihn, mich vor der Gegenwart Gottes zu schützen. »Nichts verbirgt das Antlitz Gottes so sehr wie die Religion.«

Ich verstehe dann auch meine düsteren Stimmungen besser, meine Wut und Frustration angesichts einer bestimmten Art zu predigen oder hinsichtlich bestimmter Lehräußerungen, meine Abneigung gegen die unerschütterliche Selbstgefälligkeit in der Kirche. Wir beten in behaglichen Gottesdiensten um Lösungen für die Probleme der Welt, ohne auf den Gedanken zu kommen, daß wir selbst etwas dazu beitragen könnten. Ich verstehe dann, warum ich mit mir selbst zerfallen bin, denn eine Hälfte von mir hungert nach Gott, während die andere diesen Hunger ignoriert, indem sie nur auf sich selbst vertraut, dieser Selbstgewißheit aber den Namen Gottes gibt. Immer noch redet Gott zu uns, wie er zu den Propheten geredet hat: »Wenn ihr eure Hände ausbreitet, verhülle ich meine Augen vor euch. Wenn ihr auch noch so viel betet, ich höre es nicht ... Sorgt für das Recht! Helft den Unterdrückten!« (Jes 1, 15–17).
Mir wird klar, daß der entscheidende Kampf nicht darin besteht, die Strukturen der Kirche und der Gesellschaft zu verändern. Wir müssen uns zuerst bemühen, in der eigenen Psyche Veränderungen herbeizuführen. Mag das auch sehr individualistisch und ichbezogen klingen, das einzige, was wir verändern können, sind wir selbst, und nur Gott kann schöpferische Veränderungen herbeiführen. Man kann Gott nicht zähmen und ihm vorschreiben, was er tun soll. Auch wenn man die besten Absichten verfolgt, bleibt uns nur die Möglichkeit, seine Herrlichkeit in uns einzulassen und ihm im eigenen Leben Raum zu gewähren.
Ich richte meinen Blick erneut auf das tote und verbrannte Tal, und jetzt wird es zum Symbol für mich selbst und jeden Menschen, der sich fern von Gott befindet. Jeden von uns quält die Angst, das Leben sei ohne Bedeutung und nichtig. Wir kämpfen mit allen Kräften gegen diese Angst an. Wir gestehen sie uns nicht ein und vertrauen auf uns selbst, um uns vor ihr zu schützen. Ist unsere Sicherheit bedroht, dann verteidigen wir sie mit jedem Mittel, das uns zur Verfügung steht. Aus Angst tun wir einander die schrecklichsten Dinge

an. Wenn Ratten in Panik geraten, nehmen sie mehr Rücksicht auf ihre Artgenossen, als es Menschen in einer vergleichbaren Situation tun würden. Stellt man sich aber der Angst, kann sie uns zur Rettung werden.

Fern von Gott gleichen wir dem verbrannten Tal. Unsere Selbstgewißheit, die den Gott des Mitgefühls ausschließt, wird zum Mittel der Selbstzerstörung. »Wer an seinem Leben hängt, verliert es« (Joh 12, 25). Sicherheit gibt es nur in Gott, der die Liebe ist und allem zugetan, was er geschaffen hat. Wir finden Erlösung, wenn wir seine Schöpfung lieben und bewahren und wenn wir so leben, daß auch andere das Leben haben. Es gibt keine andere Erlösung. Die einzige Alternative ist das verbrannte Tal. Ignatius drückte diese Wahrheit in einem Satz aus, den wir bereits kennen: »Der Mensch wurde geschaffen, um Gott, unseren Herrn, zu preisen, zu verehren und ihm zu dienen und auf diese Weise unsere Seele zu retten.« Der größere Teil der Menschheit weiß nichts vom christlichen Gott und ruft dessen Namen nicht an. Dennoch begegnet jeder Mensch Gott in seinem Herzen, wenn er die Hungrigen speist, den Durstigen zu trinken gibt, den Obdachlosen Unterkunft gewährt, Schmerzen lindert, Verständnis zeigt, gerecht ist und sich selbst treu bleibt. Wer so handelt, in dem weint Gott seine Tränen und zeigt seine Liebe. Wenn Menschen Mitgefühl zeigen, gehen sie auf Gott zu. Sie weisen ihn zurück, wenn sie das menschliche Leiden von sich fernhalten und um der eigenen Sicherheit und des eigenen Wohlstandes willen Millionen von Menschen in Abhängigkeit halten oder deren Leben riskieren.

Wir horten Atomraketen und richten sie auf andere. Blind wie wir sind, glauben wir, uns selbst zu verteidigen. Es geht uns nicht auf, daß sich der wirkliche Feind in uns befindet und mit denselben Mitteln, die wir zu unserer Verteidigung einsetzen, erfolgreich unsere Zerstörung betreibt.

Es ist äußerst unwahrscheinlich, aber nehmen wir einmal an, wir könnten uns mit Hilfe der Atomwaffen von der so-

wjetischen Bedrohung zu befreien (siehe dazu das Vorwort zur zweiten Auflage, S. 13). Wie lange würde es dauern, bis wir einen anderen Feind gefunden hätten?
Wir würden einen neuen Anlaß für einen Kalten Krieg finden, wiederum aufrüsten und unsere Politik mit der altvertrauten Lügenpropaganda rechtfertigen. Bevor wir uns dem wirklichen Feind nicht gestellt haben, ist früher oder später mit dem Holocaust zu rechnen.
Aber müssen wir denn nicht unser Leben und unser Land gegen die Tyrannei verteidigen? Selbstverständlich müssen wir das, aber es gilt sicherzustellen, daß wir auch den tatsächlichen Tyrannen identifiziert haben. Niemals jedoch dürfen wir uns mit Atomwaffen verteidigen, die unsere Welt endgültig zerstören können. Und schon höre ich einen christlichen Philosophen einwenden: »Sie müssen erst einmal beweisen, daß Atomwaffen an sich schlecht sind, bevor sie solche Behauptungen aufstellen.« Wie alle anderen Argumente, die die nukleare Abschreckung rechtfertigen, konfrontierte ich auch dieses mit der Erfahrung des Tales. Wenn die weiße Asche fällt, klingt der Einwand des Philosophen nicht sonderlich überzeugend. Die Frage, die sich jedem Philosophen im Anblick des Tales stellt, lautet: »Welche Kriterien haben Sie, und in welchem Horizont besitzen sie Geltung?«
Dann legte ich dem Tal die anderen Argumente vor, die von den christlichen Vertretern der Abschreckung vorgebracht werden: »Wir müssen der Tatsache ins Auge sehen«, so sagen sie, »daß in der Welt die Sünde herrscht. Es gibt böse Menschen und böse Regierungen, denen das menschliche Leben nichts gilt und die dazu bereit sind, jeden zu vernichten, der ihre Ideologie nicht akzeptieren will.« Das Tal bleibt ohne Bewegung, denn es hat Generationen von Menschen kommen und gehen sehen und weiß nur zu gut, wie wahr der Einwand ist. Das Tal schweigt und antwortet nicht mehr. Aber ich höre andere Stimmen, wenn ich mir den Wahnwitz des Argumentes vor Augen führe:

»Du liebst alles, was ist, und verabscheust nichts von allem, was du gemacht hast; denn hättest du etwas gehaßt, so hättest du es nicht geschaffen. Wie könnte etwas ohne deinen Willen Bestand haben, oder wie könnte etwas erhalten bleiben, das nicht von dir ins Dasein gerufen wäre? Du schonst alles, weil es dein Eigentum ist, Herr, du Freund des Lebens. Denn in allem ist dein unvergänglicher Geist« (Weisheit 11, 24–12, 1).

Und noch eine Stimme spricht: »Ihr habt in meinem Namen Millionen von Menschen vernichtet, die in meinen Augen wertvoll waren, die ich schätzte und für die ich gestorben bin. Ihr seid mir in eurem Leben ausgewichen, weil ihr es nicht ertragen konntet, daß ich alles Geschaffene liebe. Weicht von mir! Ich kenne euch nicht, denn ihr habt eure Sicherheit meiner Herrlichkeit vorgezogen.«

Wo befindet sich der wirkliche Feind? Der wirkliche Feind ist in uns. Es ist unsere Furcht vor dem Gott des Mitgefühls und Herrn der Schöpfung, der das Leid der Welt teilt. Auch als Nation weisen wir diesen Gott zurück und ziehen ihm unsere Sicherheitspolitik vor. Wir wählen eine Regierung, von der wir am ehesten erwarten, daß sie unsere Sicherheitsbedürfnisse umfassend befriedigt. Weil Politiker das wissen, wird bei Wahlen in Demokratien die Wirtschaft zum zentralen Thema. Weder kümmert uns der Ursprung unseres Reichtums, noch wollen wir wissen, daß unser Überfluß auf Kosten der Unterdrückung und des Elends anderer Menschen geht. Ein Teil unseres Reichtums stammt aus Waffenexporten an die Regierungen in der Dritten Welt. Wir liefern zuverlässige Präzisionswaffen, mit denen die Schreie der Armen und Unterdrückten wirkungsvoll zum Schweigen gebracht werden können. In unserem eigenen Land herrschen allein die Gesetze der Wirtschaft. Wir finden das völlig in Ordnung.

Noch verwerflicher und tiefer verwurzelt als unsere Habgier ist unser Stolz darauf, eine ›große‹ Nation zu sein. Wir sind in Großbritannien nicht in der Lage, ausreichend Geld für die Kranken, Alten und Obdachlosen oder für die Hungernden in der Welt aufzubringen. Dagegen ist es kein Problem, große Geldsummen zur Verfügung zu stellen und zahlreiche Menschenleben zu opfern, wenn es um die Verteidigung unserer Souveränität geht.

Im Angesicht des Tales wurde mir bewußt, daß die Politik der atomaren Abschreckung eine Blasphemie ist, ein Ausdruck unseres Atheismus. Unser Feind sind Habgier und die Eingenommenheit von uns selbst. Als Christen dürfen wir nicht behaupten: »Ich glaube an Gott«, wenn wir nicht hinzufügen: »und ich weise jede Verteidigungsstrategie zurück, die das Leben unserer Generation und aller zukünftigen Generationen bedroht.« Gott ist ein Gott des Lebens, der alles liebt, was er geschaffen hat. Er hat keine Freude an sinnloser Zerstörung und blindwütiger Vernichtung.

Während ich diese Sätze niederschreibe, ist mir bewußt, daß viele Freunde und Menschen aus meinem Bekanntenkreis, die ich schätze und für bessere Christen als mich selbst erachte, weiterhin an den Sinn der nuklearen Abschreckung glauben. Ich behaupte, daß sie sich irren und ihre Ansichten dem verborgenen Atheismus in ihnen entstammen. Aber Gottes Handeln ist ein Geheimnis, und sie können ihm trotzdem viel näher sein als ich. Gott spricht durch den Mund der Toren, aber daraus folgt nicht, daß Toren keine Toren sind und denen überlegen wären, an die sich die Worte Gottes richten.

Wenn man die Politik der nuklearen Abschreckung für sinnvoll hält, dann sollte man sich Zeit dafür nehmen, die Schönheit und die Vielgestaltigkeit von Gottes Schöpfung wahrzunehmen: Täler und Hügel, Ortschaften und Städte, die Augen der Kinder dieser Welt. Dann spreche man mit dem Christus am Kreuz und lege ihm dar, daß man sich gezwungen sieht, in seinem Namen und um seiner größeren Ehre willen alles zu zerstören, was vor einem ausgebreitet liegt und was man je zu sehen erhoffte. Wenn man diese Übung täglich wiederholt, führt uns Christus durch die Gefühle und Stimmungen, die in uns aufsteigen, auf den richtigen Weg.

Die nukleare Bedrohung ist eine Wirklichkeit. Aber die Wirklichkeit ist uns wohlgesonnen, weil Gott in ihr wirkt. Wir müssen sie aufmerksam wahrnehmen, über sie meditieren und Gott um Einsicht in das bitten, was uns die Schrecken der atomaren Vernichtung lehren sollen. Atomwaffen sind Ausdruck innerer Einstellungen. Sie stehen für Furcht, Habgier und Hartherzigkeit. Wir müssen nicht nur die Atomwaffen loszuwerden, sondern vor allem die Einstellungen, aus denen heraus wir sie produzieren. Wir müssen radikal umkehren, damit wir erkennen können, daß nicht die Habgier zu nationaler Sicherheit führt, sondern eine gerechte Verteilung der Güter. Erbarmungsloser Konkurrenzkampf garantiert unseren Wohlstand nicht. Es geht darum, die Natur zu schützen, nicht sie auszubeuten, zu verstehen und nicht zu richten, die Würde jedes Menschen anzuerkennen und seinen Wert nicht an seiner Arbeitskraft oder dem sozialen Status zu messen.

Wenn wir uns die Frage der Gewaltanwendung und der atomaren Bewaffnung vor Augen führen, die in einem Atomkrieg ihre äußerste Zuspitzung finden würde, erschlägt uns die Tragweite und Komplexität des Problems, für das es offensichtlich keine Lösung gibt. Es ist so, als ob wir einen gewaltigen Moloch mit bloßen Händen aufhalten wollten, der unerbittlich auf uns zukommt. Springen wir gemeinsam mit der überwiegenden Mehrheit auf den Moloch auf und setzen einen Weg fort, der in der Konsequenz Millionen Menschen und schließlich auch uns selbst vernichtet? Oder stecken wir den Kopf in den Sand, indem wir das Problem nicht zur Kenntnis nehmen? Oder wählen wir eine Form der Spiritualität, die garantiert, daß uns Christus beim Armageddon garantiert und unversehrt zu sich aufnimmt, während der Rest der Menschheit in dem Feuersturm verzehrt wird, auf den wir systematisch hingearbeitet haben? Dann können wir den evangelikalen Fundamentalisten in den Vereinigten Staaten die Hand reichen, die stets starke Befürworter der atomaren Bewaffnung waren. Gott fordert uns zu einer radikalen Umkehr auf. Wir sollen im Innersten auf ihn vertrauen und zulassen, daß seine Kraft sich in unserer Schwäche entfaltet, seine Weisheit in unserer Verwirrung offenbar wird und seine Wahrheit unsere Enttäuschung überwindet. Wir müssen die eingeschliffenen Denkwege verlassen und unsere egoistischen Handlungsmuster aufgeben, bevor die Macht und schöpferische Kraft Gottes wirksam werden kann. Dann erst können wir Paulus zustimmen:

»Viel lieber also will ich mich meiner Schwachheit rühmen, damit die Kraft Christi auf mich herabkommt. Deswegen bejahe ich meine Ohnmacht, alle Mißhandlungen und Nöte, Verfolgungen und Ängste, die ich für Christus ertrage; denn wenn ich schwach bin, dann bin ich stark« (2 Kor 12, 9–10).

Epilog

Der größte Teil dieses Buches wurde auf der Insel Skye geschrieben, wo ich in einem Zimmer hinter der katholischen Kirche von Portree wohnte. Oft ist das Schreiben eine Quälerei, vor allem, wenn die Tagesproduktion am Ende nur aus einem Haufen zerknüllter Entwürfe besteht und der Kopf so leer ist wie eine ausgedrückte Tube Zahnpasta. In solchen Phasen half es mir sehr, wenn ich an Angus dachte. Angus war vier Jahre alt und kam öfters mit seiner Mutter zum Gottesdienst. Die Messe hatte noch nicht richtig begonnen, da schlief er schon friedlich in ihren Armen. War die Messe zu Ende, wachte er auf und half seiner Mutter den Altar aufzuräumen und die Wasser- und Weinkännchen in die Sakristei zu bringen, wo es auch einen Vorrat von Süßigkeiten gab. Er hegte keine ehrgeizigen Ambitionen und strebte nicht nach Höherem. Er machte keine großen Pläne, und die Verlockungen jenseits seines Horizonts berührten ihn nicht. Er war ruhig und ausgeglichen, wenn er in den Armen seiner Mutter mit der Gewißheit einschlafen konnte, daß es beim Aufwachen etwas zu naschen gab.

Dachte ich an Angus, dann fiel mir auch Psalm 131 wieder ein, was mich auf das Wesentliche zurückbrachte. Wir leben wahrhaftig umgeben von der Güte Gottes, die den Raum bildet, in dem wir handeln und uns bewegen. Das helle Bewußtsein dieser Tatsache ist unser Schatz.

Wir sind komplizierte Geschöpfe, aber um einen Weg durch das verschlungene Labyrinth von Bewußtsein und Unterbewußtsein zu finden, bedarf es eines kindlichen Herzens. Wenn man verwirrt, ratlos, enttäuscht oder verängstigt ist, dann soll man mit der Unbefangenheit eines Kindes auf Gott vertrauen, der in unserer Konfusion gegenwärtig ist und uns einlädt. Wer ihm in seinem Herzen vertraut, fühlt sich an der Hand genommen und geführt.

»Auch wenn dir der Herr bisher nur wenig Brot und nicht genug Wasser gab, so wird er, dein Lehrer, sich nicht mehr verbergen. Deine Augen werden deinen Lehrer sehen, deine Ohren werden es hören, wenn er dir nachruft: Hier ist der Weg, auf ihm müßt ihr gehen, auch wenn ihr selbst rechts oder links gehen wolltet« (Jes 30, 20f.).

Gott ist überall gegenwärtig. In allen unseren Erfahrungen und in jedem noch so kleinen Element seiner Schöpfung zeigt sich sein Wirken. Aus diesem Grund pflegen wir eine falsche Spiritualität und dienen einem Götzen, wenn sie uns von der Wirklichkeit und ihrem Leid abschottet oder behauptet, daß sich die Kirche aus politischen und sozialen Fragen heraushalten sollte. Selbstverständlich darf sich die Kirche niemals mit einer bestimmten politischen Partei identifizieren. Verlangt man jedoch, sie solle sich aus der Politik überhaupt heraushalten, impliziert man, daß die Beziehungen zwischen Menschen kein Thema der Religion wären. Politik befaßt sich mit einem Teil der Institutionen, durch die wir unsere Beziehungen organisieren. Jede Form, in der sich Menschen aufeinander beziehen, ist für die Religion von Interesse, denn indem wir uns auf andere Menschen beziehen, beziehen wir uns auch auf Gott. Als Jesus das Jüngste Gericht schilderte, das hier und heute bereits stattfindet, urteilte er über jene, die sich nicht um die Hungrigen, Durstigen, Nackten und Gefangenen gekümmert haben: »Amen, ich sage euch: Was ihr für einen dieser Geringsten nicht getan habt, das habt ihr auch mir nicht getan« (Mt 25, 45).
Wenn wir über unsere Beziehung zu Gott oder zu Christus sprechen, müssen wir auf Analogien zurückgreifen, die immer unvollkommen bleiben. Wir sprechen davon, daß ›Christus in unseren Herzen lebt‹ und ›in uns Wohnung nimmt‹, und solche Analogien sind hilfreich, aber zutreffender ist es, wenn wir sagen: ›Wir müssen im Herzen Gottes leben‹ oder ›Wir müssen in Christus unsere Wohnstatt

nehmen‹. Das Herz Gottes ist immer größer als alles, was wir gedanklich erfassen oder uns vorstellen können. Es ist eine Wohnung, die das ganze Universum beinhaltet. Deshalb konnte Katharina von Genua den außerordentlichen Satz formulieren: »Gott ist das, was mich ausmacht, und ich erkenne kein anderes Ich als meinen Gott.«
Ein abschließendes Gebet soll uns dabei helfen, unsere Wohnung in Christus zu nehmen, statt ihn in unsere bescheidenen Behausungen zu zwängen. Wann immer ich es bete, gedenke ich derer, die dieses Buch lesen, und bitte meine Leserinnen und Leser, auch meiner zu gedenken. Das Gebet findet sich gegen Ende der Betrachtungen in den »Geistlichen Übungen« des Ignatius:

»Nehmt, Herr, und empfangt meine ganze Freiheit, mein Gedächtnis, meinen Verstand und meinen ganzen Willen, all mein Haben und mein Besitzen. Ihr habt es mir gegeben; euch, Herr, gebe ich es zurück. Alles ist euer, verfügt nach eurem ganzen Willen. Gebt mir eure Liebe und Gnade, denn diese genügt mir.« Amen.

Anmerkungen:

Die Zitate aus den Gedichten von Gerard Manley Hopkins sind der 1954 im Kösel Verlag München erschienenen deutschen Auswahl-Ausgabe seiner Werke entnommen (*Gedichte – Schriften – Briefe*) und wurden in gemeinsamer Arbeit von Ursula Clemen und Friedhelm Kemp übertragen.

Die Übersetzung der Abschnitte aus Tolstois »Auferstehung« stammt von August Scholz (Deutsche Buchgemeinschaft. Berlin und Darmstadt 1958).

Die Passagen aus den »Geistlichen Übungen« des Ignatius sind der im Echter Verlag erschienenen Werkausgabe entnommen (*Gründungstexte der Gesellschaft Jesu*. Übersetzt von Peter Knauer. Würzburg 1998).

Die Zitate aus der Bibel folgen der Einheitsübersetzung der Heiligen Schrift.

Matthias Wörther